고고학과 국가

ARCHAEOLOGY
AND STATE THEORY

고고학과 국가

브루스 라우틀리지 지음 | 김경택 옮김

사회평론아카데미

목차

그림 목록

오리엔테이션

국가가 마치 자발적인 자동 메커니즘에 따라 개인들을
강압하고, 스스로 발전하는 존재인 듯이 말할 수는 없다.
국가는 실천[1](practice)이다. 즉 국가는 실제로 통치하는
방식, 행동하는 방식, 정부와 관계를 맺는 방식에 따른 일련의
관행들과 분리될 수 없다.[2]

— 미셸 푸코(Michel Foucault 2007: 276-277)

오늘날 우리는 현실적인 동시에 비현실적인 대규모 정치 공동체에서 살고 있는데, 이들은 우리 대화의 주제인 동시에 좌절의 대상이 되는 일상 경험의 현실이다. 그러나 이러한 정치체들은 뚜렷한 물질적 실체가 없다는 점에서 비현실적이기도 하다. 우리는 정치체들을 단지 우리 모두의 총합 이상으로 이해하지만, 정부를 자세히 살펴볼 때마다 자신의 업무를 계속 수행하고 있는 다른 사람들을 발견할 뿐이다. 정부, 특히 국가로서의 정치 집단은 전쟁, 징세, 법적 판결 및 집행, 사회 기반 시설 확충, 사회 복지, 대중 교육 등 개인 차원에서는 수행할 수 없는 매우 실질적인 중요한 실질적 결과를 산출하는 것으로 보일 것이다. 그러나, 이러한 집단 에이전시(agency)와 친족(kinship),

....

1 practice는 관행 또는 실천으로 번역될 수 있는데 문맥에 따라 보다 적절하다고 생각되는 표현이 채택되었음을 밝힌다.

2 "사물로서의 국가에 대해 그것이 자기를 출발점으로 해 발달하는 존재, 자발적인 장치를 통해 마치 자동적으로 개인에게 부과되는 존재인 것처럼 논의할 수 없습니다. 국가는 실천입니다. 국가는 실천의 총체와 분리될 수 없습니다. 이 총체적 실천이 국가를 통치의 방식, 행동방식, 통치와 관계를 맺는 방식으로 만든 것입니다." 이는 참고용 프랑스어판 번역이다[오트르망 번역 2011 『안전, 영토, 인구』(미셸 푸코 콜레주드프랑스 강의 1977~1978년) p. 384, 난장, 서울].

종교, 계급, 종족성(ethnicity), 젠더(gender), 시장 원리(market force) 등 결사(association)와 사회 권력의 다른 접점들 사이의 관계는 불분명하며, 맥락과 쟁점들 사이의 관계는 변화한다. 우리는 불확실성에도 불구하고, 추방을 막아 주는 여권의 거주 허가증 같은, 집단 에이전시가 남긴 흔적 위에 삶을 구축한다. 이러한 방식으로 사람들의 직접적인 개입 없이 우리는 통제되고 허락되며, 또 지휘되고 조장된다. 그렇지 않았다면, 우리는 우리 삶에 근본적으로 중요한 지속적인 관계들을 기대했을 것이다. 실질적 효과를 지닌 가상 원인에 대한 이러한 집단적 정치 경험은 친숙하고, 흥미롭고, 개념적으로 어렵다. 다시 말해서 생각해 볼 만한 가치가 있다.

이러한 집단적 정치 경험의 여러 측면은 매우 현대적으로 보이지만, 모두 그렇지는 않다. 전쟁과 세제(稅制)는 분명 18세기에 발명되지 않았고, '피통치(被統治, administered)' 경험 역시 그렇다. 이름이 알려진 과거 정치체들은 인구 집중, 자원 추출, 무력 행사, 집단 프로젝트 수행, 그리고 심지어 우주 재해석의 정당화 및 그 맥락상에서 역할을 해 왔다. 동시에 우리는 모든 사람이 대규모 공동체를 형성하고 살아온 것은 아니며, 또 인류사의 거의 모든 기간 이러한 대규모 공동체는 존재하지 않았다는 사실 역시 알고 있다. 오랫동안 주목해 왔듯이, 정치 공동체들이 어떻게 그리고 왜 존재하는지 설명 가능한 고고학적 관점이 있다. 그러나 이러한 질문들은 고고학자와 고대사학자들에게 특별한 난제를 안겨 준다. 이는 우리가 현대 세계와 전근대 세계를 구분하는 '매직 라인(magic line)'의 잘못된 면을 연구하기 때문이 아니라, 우리가 훨씬 오랜 과거의 대규모 정치 체제들의 연구와 개념화에 문제를 야기하는 역사적·학문적 구분들의 '잘못된 면(wrong side)'에 서 있기 때문이다.

늦어도 18세기 이후 정치 이론은 훨씬 간단명료하고 신비로운 국가의 범주에서 집단 정치학, 복합 정치체, 대규모 정치 지배를 주로 다루어 왔다. 최근 학회에서는 '국가 이론(state theory)'이라는 표현이 이러한 서양 정치 사상 전통을 구체적으로 언급하게 될 정도로 국가 범주에 대한 추상적 성찰을 충분히 발전시켰다(예: Marinetto 2007). 그러나 범주로서의 국가는 고고학자에게 몇 가지 심각한 어려움을 선사한다.

우선 정의(定義, definition)의 문제가 있다. 실제로 켄트 플래너리(Kent Flannery 1998: 14)의 지침을 따르면서 고고학보다는 사회인류학과 정치학에서 국가의 정의를 찾으려 했던 고고학자들은 모두 그 결과에 실망했을 가능성이 높다. 국가는 정의의 정밀도가 높아짐에 따라 심지어 국가 이론에서도, 그 효용성이 축소되는 골치 아픈 용어이다. 국가가 제도(institution)의 집합인지, 사회의 일종인지, 통치의 구조인지, 강압의 구조인지, 사회 계약인지 계급 지배의 도구인지 누구도 확신하지 못하는 듯하다. 예를 들어 정부의 공식 직무와 기관 측면에서 국가를 좁게 정의하면 사회적으로 내재된 국가 권력의 본질은 무시된다. 다른 한편으로 국가를 일종의 포괄적 사회 체계로 폭넓게 정의하면, 국가 권력의 진정한 한계들이 무시된다.

엔스 바르텔손(Jens Bartelson 2001: 10-11)의 지적대로, 국가의 정의는 애매모호하다. 그런데 [오히려]³ 국가가 애매모호하게 정의된 덕분에 국가가 정치 담론에서 중심적 역할을 하게 되었다. 이러한 국가의 중심성(centrality)은 국가가 스스로에게 의미를 부여하고 또 그 의미를 다른 용어들에 귀속시킴을 의미한다(Bartelson 2001: 11 참조). 그러므로 국가의 정의를 구성하거나 제한하는 역할을 할 수도 있는 주권, 권위의 합법성, 영토 또는 시민 사회와 같은 단어들은 국가의 범주에 따라 그 의미가 부분적으로 달라진다. 이는 지난 수 세기 동안 집단 정치의 형성 및 묘사 양측 모두에 국가 범주가 사용되어 왔기 때문이다. 국가를 이야기하는 것이 국가를 이끌어 내는 것을 도왔고, 오늘날 국가를 재현하는 것을 계속 돕고 있다. 국가에 대한 담론에서 이러한 적극적 역할은 고고학자에게 두 번째 과제, 즉 이러한 적극적 역할이 없을 경우 어떻게 해야 하는가를 제시한다. 다시 말해서, 어떤 역사상의 주체도 스스로 그렇게 하지

----

3 소괄호 사용의 중복을 피하기 위해 사용된 대괄호 이외에 사용된 대괄호 내부 표현은 역자 삽입.

않았던 정황에서 국가에 대해 말하는 것이 가능한가라는 과제를 제기한다.

　　마침내 고고학자들은 고고학사상(考古學史上)의 특별한 문제에 직면한다. 지난 30년 동안 고고학적 담론에서 국가는 연장된 신진화론적 숙취에 시달려 왔다. 많은 사람에게 국가라는 바로 그 용어는 의도적으로 심각한 논의를 피하거나 오래 전에 죽은 신진화론이라는 말을 채찍질하고, 소생시키고, 또 유전적으로 변형하려 에너지를 낭비할 만큼이나 신진화론과 동의어이다. 이 난국을 이겨 내기 위해서는 신진화론 비판 이후 우리가 어디에 있는지를 생각해 볼 필요가 있다. 국가가 신진화론자들이 말한 것과 다르다면, 그렇다면 국가는 무엇인가? 고고학자들이 국가를 사회 진화 궤도에서 분리해 내는 것이 가능한가? 만약 그렇다면, 우리는 사회적 불평등, 위계, 규모, 그리고 시공에 걸친 중앙집권화의 차이를 어떻게 식별해 낼 것인가? 인간의 정치 조직은 비교 연구될 수 있는가? 국가와 관련하여 이러한 프로젝트에 참여(또는 비참여)하는 정치적 의미는 무엇인가? 결국 이런 프로젝트가 가치가 있을까? 그들이 묘사한다고 주장하는 것을 만드는 데 기여하는 다른 모든 총체적 개념(예: 인종, 민족, 문화)과 함께 국가를 완전히 포기하고 땅에 묻어 버리는 편이 어떨까?

　　이러한 질문은 고고학자가 정치를 다시 한번 생각해 볼 필요가 있다는 새로운 인식을 여실히 반영한다. 탈과정주의 고고학 초기에 고고학적 관점에서 대규모 정치체 문제를 비판적으로 생각해 본 것은 의미 있는 출발이었다. 그러나 비판의 반본질주의자적(反本質主義者的 또는 반실재론자적, anti-essential-ist) 토대는 바로 문제를 야기했다. 즉, 현재 해체되고 있는 개념(예를 들어 국가)을 구체화하는 과정 없이 어떻게 과거의 대규모 정치체를 다룰 수 있겠는가라는 문제가 야기되었다.

　　고고학계는 지난 30년 동안 적어도 두 가지 문제 해결책을 제안해 왔다. 종종 미셸 푸코를 인용하는 집단은 비판적 탐구는 사회생활의 이러한 '총체적(total)' 특성화의 거부에 기반하기 때문에 비판적이면서 상대적이었던 과거 대규모 정치체의 특성화를 구성할 수 없었다고 꽤 간단하게 말했다(Tilley

1990: 325-328). 대신 많은 탈과정주의 고고학자들은 사회적·정치적 분석을 위한 기초로 자신의 경험, 신체, 감각의 직접성(immediacy)을 내적으로 돌리는 전략을 추구했다(비판적 검토는 Barrett and Ko 2009; Brück 2005 참조). 테러와 고문, 경제·환경 위기의 시대에 이러한 내부로의 후퇴는 [조지 오웰(George Orwell)의 『고래 뱃속에서(*Inside the Whale*)』처럼] 제한적이고 심지어 기묘하게 보인다. 흥미롭게도 이는 푸코가 추구했던 전략도 아니다. 푸코(Foucault 2007: 109)는 니체의 냉혹한 국가라는 괴물 같은 전반적 범주에서 시작하기를 거부하고, 다른 수단들을 통해 전반적 현실로 가는 길을 끈질기게 추구했다(예: Foucault 2007, 2008: 76-78, 185-188). 특히, 이러한 수단들은 권력이 분배되고 증폭되는 실제 행위들, 지점들, 그리고 성향 등 구체적이고 상황에 맞는 권력의 실행이었다.

이런 의미에서 과거 대규모 정치체들을 어떻게 비판적으로 다룰 것인가에 대한 두 번째 답변은 자기 이해가 훨씬 혼란스럽기는 하지만 사실상 푸코에 더 가깝다. 과거 30년 이상 우리는 특정 국가를 구성하는 구체적 실천들(예: 공예 생산, 향연, 대중 행사, 재정 정책, 기념비 건설 등)에 대해 상세한 연구를 수행했지만, 국가의 범주에는 거의 의문을 제기하지 않는 것으로 보이는 고고학 연구의 확산을 보아 왔다(Stein 1998: 3-5에서 이미 지적되었듯이). 이러한 경향은 국가는 무엇인가에서 국가는 무엇을 하는가로 관심이 이동한 것으로 설명될 수 있다. 다시 말해서 특성을 지닌 개체들에 대한 관심에서 결과가 있는 실천들에 대한 관심으로의 이동이 있었다. 이러한 경향은 암묵적 성격에도 불구하고, 고고학에서 이루어지는 대규모 정치체의 개념화에서 커다란 변화를 의미한다. 특정 국가를 구성하는 물질적 실천에 초점을 맞추게 되면서 고고학자들은 국가를 적응 메커니즘에서 존재와 형태가 결정되는 하나의 '실체(thing)'로 다루는 것을 중단하고, 정치를 사회 과정으로 다루기 시작했다.

본질적으로 이 책은 고고학 분석에서 이러한 두 번째 경향을 찾아 이를 분명하게 하고, 생산적인 고고학 연구를 위해 이를 잠재력 있는 특정 방향으로 약간 밀어 넣고자 한다. 푸코의 정부 분석에 대한 토마스 렘케(Thomas Lem-ke)의 간결한 요약에 따라 개체들 대신 실천, 기능 대신 전략, 기관 대신 기술을 강조하고 싶다(Lemke 2007: 58). 동시에 필자는 이처럼 특정 사람이 우리를 대규모 정치적 지배의 물적 실재 및 글로벌 효과(global effects)로 인도하기 위해 하는 것에 대한 관심을 원한다.

필자는 이러한 연구가 엄격하고 생산적이길 바라지만, 또 이러한 연구가 집단으로 생각하고 행동하는 가장 넓은 의미의 정치와 관련됨이 입증되기를 바란다.

이 책은 특이할 수 있지만, 근본적으로 새롭지 않다. 필자는 스스로 다소 다른 형식으로 지면에 발표했던 아이디어들(Routledge 2004)을 포함하여 이미 통용되고 있는 아이디어들을 선택하고 발전시켰다(Smith 2011 참조). 이 책은 무엇이 어려운 주제일 수 있는가에 대해 간단하고 비교적 접근하기 쉬운 진입점을 제공한다. 이 책은『Debates in Archaeology』시리즈의 테마에 걸맞게, 일반적 개괄보다는 논쟁의 확장 측면에서 서술되었다. 따라서 이 책은 어떤 의미에서도 교과서는 아니다. 필자는 고고학에서 논의된 국가 이론의 역사에는 거의 주목하지 않았고, 다양한 관점들을 분별력 있게 대변하기보다는 주장의 전개에 초점을 맞추었다. 국가 형성이 주요 역사적 시점에서 중요한 사회 변혁에 기여했음은 인정하지만, 이러한 변혁을 위한 초기 촉매들(예: 전쟁, 무역, 인구압 등)에는 거의 주목하지 않았다. 한편으론 (정말!) 많은 고고학자들이 이미 이러한 촉매들을 상당히 꼼꼼하게 다루어 왔고, 다른 한편으론 초기 촉매에 초점을 맞추면, 약간의 배고픔과 전쟁만이 필요하다고 말하는 듯 보이기 때문이다. 다시 말해서 제대로 된 조건들이 조성되면, 국가는 저절로 형성되고, 일단 형성된 국가는 (붕괴될 때까지) 그 상태를 유지하는 것이라고 이해될 수 있다. 그러나 이 책에서는 정반대의 주장을 하고 싶다. 정치적 권위는 일상의 노력과 지속적인 문화적·사회적·경제적 생산으로 구성된다. 실제로 우리가 국가라고 부르는 것은 이러한 진행 과정 외에는 존재하지 않는다. 필자가 이 책에서 주장한 바를 요약하자면, '국가를 잊는 대신 국가 형성에 초점을 맞춰라'라고 할 수 있다.

다소 대담한 이러한 진술은 정제 및 정당화될 필요가 있는데, 이 책의 상당 부분은 양자(兩者)의 논의에 할애될 것이다. 제1장에서는 신진화론 비판을 전제로 하는 대규모 정치체들에 대한 고고학적 접근 방식을 검토 및 수정하면서 우리의 관심 대상을 좀 더 신중하게 구체화한다. 최근 애덤 스미스(Adam Smith 2011)는 이러한 접근들을 '통치(권)의 고고학'이라 말해 왔다. 제2장에서는 안토니오 그람시(Antonio Gramsci)의 정치적 문건들을 검토한다. 이를 통해 강요와 동의 문제에 특히 주목하면서, 통치권하에서 왜 권력이 일관된 방식으로 행사되어야 하는지를 고찰한다. 제3장에서는 그람시의 헤게모니(hegemony) 이해를 다양한 관련 고고학적·역사적 맥락에서 설명하기 위해 19세기 마다가스카르 중앙 이메리나(Imerina) 왕국을 고찰한다. 제4장에서는 물질적으로 서로 의존적인 사회 요소들과 힘(force)들을 분명하게 함으로써 복합 정치체에서 헤게모니 전략들이 어떻게 '조화를 이루어' 작동하는지를 묻는다. 특히 고전기 아테네와 잉카 제국 양자와 관련하여 정치, 젠더, 생산, 물질문화의 교차점이 검토된다. 제5장에서는 극단적인 스펙터클(spectacle)과 루틴(routine)[4]으로 정의된 연속체와 함께 통치권의 실천과 전략을 좀 더 직접적으로 고찰한다. 고전기 마야 정치체들에서 물 관리와 물 의식의 관행과 맥락은 어떻게 스펙터클과 루틴이 하나의 퍼포먼스적 동전의 양면을 형성하는지를 보여 주는 사례 연구 역할을 한다. 제6장은 이 책의 주요 주제들을 연결해 주는 마지막 사례 연구로 우르 왕릉군의 장례 광경에 내재된 일상화된 폭력을 살펴본다. 마지막으로 제7장 결론에서는 통치권 고고학의 필요성, 잠재력, 그리고 (상대적/정치적 차원에서 연루된) 문제점들을 살펴볼 것이다.

....

4   spectacle과 routine이란 단어는 각각 특별한/볼만한 구경거리, 즉 광경[光景, 또는 장관(壯觀)]과 (평범한) 일상(日常)의 의미로 사용된 것으로 이해된다. 그러나 이 두 단어를 장관(또는 광경)과 일상으로 번역하면 한글 문장이 매우 어색하다. 따라서 스펙터클과 루틴이란 표현을 채택했고, 루틴은 문맥상 허용되는 선에서 일상으로 표현하기도 했다.

제1장

(신)진화론과 그 이후

… 국가는 특정 실체나 사물이 아니다. 그렇다면 국가는
어떻게 통일된 실체인 것처럼 작동하며, 하나의 '사물'로서
국가의 통합을 가능하게 한 것은 무엇인가? 그리고 어떻게
사회적 행위자들은 국가가 진정한 실체나 단순한 도구인
것처럼 행동하게 되는가?
― 밥 제솝(Bob Jessop 2007: 3)

위에 소개된 밥 제솝의 제사(題辭, epigraph)는 우리에게 핵심적 문제를 제시한다. 국가가 사물이 아니라 실천, 담론, 처분의 결과라면, 이러한 결과는 어떻게 그리고 왜 명백한 집단적인 대리인이나 수단을 만들어 내는가? 제1장에서 필자는 우선 이 문제를 명시하고 좀 더 자세히 설명하고자 한다.

이는 항상 국가를 가장 사랑했던 것으로 여겨지는 과정고고학(processual archaeology)의 한 가닥인 신진화론 비판과 함께 시작된다. 신진화론적 국가 이론은 적어도 30년 이상 격렬하게 비판받아 왔고, 심지어 신진화론 자체가 이미 영향력을 상실했음에도 그 비판은 계속 증폭되어 왔다(예: Chapman 2003; Lull and Mico 2011; Pauketat 2007; Pluciennik 2005; Smith 2003; Yoffee 2005). 한편 신진화론의 재공식화에 대한 논의도 있었다(Marcus 2008; Prentiss et al. 2009). 이러한 비판의 핵심 대상을 특징짓는 단어 하나를 꼽을 수 있다면, 아마도 '통합(unity)' 또는 '총체(totality)'가 될 것이다. 그 다양성에도 불구하고, 일반적으로 신진화론 국가 이론은 사회들을 시간과 공간에 걸쳐 실현되는 주요 특성들로 정의되는 제한된 수의 사회적 형태들(설계도 또는 청사진)에 순응할 수 있는 전체 또는 총체들이라 상정했다. 또한 이러한 사회 형태들은 주

어진 자극에 대한 적응적 대응으로 결정되는 단일 궤적(예: 무리, 부족, 족장, 국가)의 구성 요소들로 용해될 수 있는 것으로 상정된다. 이러한 일원화된 견해는 동시대 부족과 농민 공동체들을 화석화된 조상으로 범주화시켜 역사, 특히 식민주의 역사를 부정했다는 비판을 받았다(Fabian 1983; Pluciennik 2005). 상정된 단일 국가 사회들은 국가 사회의 형태와 제도적 구조의 가변성을 무시하면서도(Chapman 2003: 88-100; Pauketat 2007: 133-162), 실제 존재하는 국가들의 핵심 역학으로 보이는 계급과 젠더 구분(Payter 1989; Pyburn 2004), 파벌 경쟁(Brumfiel 1992), 혼계적 권력 조정(Ehrenreich et al. 1995)은 감추었다. 1980년대에는 엘리트 전략, 위세품, 그리고 억압적 권력에 초점이 맞추어졌지만(예: Brumfiel and Earle 1987), 이러한 모델에서 엘리트 권력의 '총체적(total)' 성격은 국가가 헤겔(Georg W. Hegel)의 신성 사상(divine idea)이 아닌 홉스(Thomas Hobbes)의 『리바이어던(*Leviathan*)』으로서 단일성을 유지했음을 의미한다. 국가가 이러한 단일성을 유지했다는 가정은 복합 정치체들(complex polities)의 실제적·불연속적·공간적 실재 역시 무시했다(Smith 2003; Smith 2005). 비평가들은 정치 권력이 추상적이고 동질적인 영역보다는 구체적 관행, 건물, 취락과 경관 속에 내재되어 있음에 주목해 왔다. 불규칙적으로 분포하는 정치 권력 역시 국가를 객체(object)가 아닌 네트워크(network)에 가깝게 만든다(Smith 2005).

국가에 선행하는 치프덤(족장사회, chiefdom)과 같은 단일한 보편적 궤적은 전반적으로 목적론적이고 비역사적임(Kohl 1984; Pauketat 2007)은 물론, 특정 지역에서는 경험적으로 지지될 수 없다고 비판되어 왔다(Yoffee 1993; McIntosh 1999). 이러한 목적론은 다윈주의자에게 신진화론이 충분히 진화적이지 않음을 보여 주었다(Dunnell 1980; Leonard and Jones 1987). 특히, 분명한 변이와 유전 메커니즘, 신진화론의 방향성, 분명한 유전 단위의 결핍은 신진화론이 진화 과정상 사회 진화를 생물학적 진화와 별개의 것으로 다루었음을 의미했다.

신진화론적 국가 이론 비판은 고고학 분석에서 국가 개념의 새로운 장을 열었다. 즉 국가는 더 이상 정치 구조, 인구, 경제 생산, 사회 분화, 그리고 사회적 위계를 함께 묶은 단일 패키지로 상정되지 않는다. 오늘날 국가로 명명된 정치체들은 내적 갈등과 책략으로 특징지어지고, 특정 에이전트들의 우발적인 사회적·문화적 실천에 좌우되는(예: Flannery 1999) 제도적 장치들에서 상당한 간극을 보일 수도 있음(예: Blanton 1998)이 인정된다. 그러나 이 패키지의 해체 역시 항상 신진화론적 국가 이론에 잠재되어 있던 몇 가지 해결되지 않은 개념적 문제점들을 부각시켜 왔다.

국가의 정의에 대한 질문보다는 국가가 어떻게 존재하는가에 대한 존재론적 질문이 더욱 시급하다. 국가가 단순히 또는 분명히 단일 실체가 아님을 인지하는 동안 특정 국가가 특정 인간들의 실천, 담론, 전략에 따라 어떻게 명확하게 구성되는가는 대부분의 신진화론 비판에서 논의되지 않고 가정된 채로 남아 있다.

예를 들어, 노먼 요피(Norman Yoffee)의 사회 진화 이론의 '새로운 규칙들(new rules)'은 사회 진화를 일종의 대규모 비교역사학으로 재창조한 대단한 성취이다(Yoffee 2005: 180-195). 중앙집권적 정치 기구로서의 국가와 엘리트 문화 생산의 역사적 구성으로서의 문명 간의 분석적 구분(Yoffee 2005 17-19; Baines and Yoffee 1998: 2000)은 계급, 정치 권력, 문화적 관행 사이의 관계에 관한 여러 흥미로운 질문을 제기한다. 더 나아가 요피는 내적으로는 경쟁하는 이해관계와 상충되는 역할의 측면에서, 외적으로는 제도적 조정과 사회 구성의 측면에서, 즉 내외적 측면에서 국가의 다양성에 대해 예리한 인식을 보여 준다. 그러나 앞에서 지적했듯이 요피는 이러한 주관성(subjectivity)이 어떻게 구성되는지 탐구하지 않은 채 국가를 통일된 주체(예: 국가는 X, Y, Z를 행한다 또는 가진다)로 계속 다룬다.

고전적 마르크스주의 방식으로(예: Lenin 1976[1917]), 국가를 단지 계급 지배의 합법적·강압적 도구로 정의함으로써 고르디우스의 매듭(Gordian

Knot)[1]을 끊으려 했던 로버트 채프먼(Robert Chapman 2003: 95-99, 193-196; Lull and Mico 2011 참조)의 시도 역시 이와 유사하다. 채프먼은 국가가 사실상 생산 수단에 대한 접근성의 차이(예: 토지 소유권) 때문에 발생했다고 인식한다. 이러한 접근은 우리의 관심을 추상적 분류 체계가 아닌 구체적인 사회관계로 돌리는 성과는 있었지만, 국가가 어떻게 특정 도구로 형성되고, 특정 사물(말하자면, 지배 계급의 도구로서)로 활용되는지 설명하는 데는 실패했다.

최근 네트워크 분석의 응용은 전근대국가들을 연속적인 주권 영토가 아닌, 좁은 길들로 연결된 교점들[그래프 이론 용어로는 '모서리들(edges)']에 집중된 관행, 권력 및 자원의 네트워크들로 모델링함으로써 국가를 어느 정도는 '조각조각 분해해(fragmented)' 왔다(Smith 2005; Mizoguchi 2009). 그러나 결국 이러한 네트워크는 사람, 장소, 자원 및 활동의 격자 구조로 구성된 국가라는 실체가 어떻게 일관성을 유지하고 지속되는지에 대한 성찰을 거의 배제한 채로 국가라는 실체의 구성 요소로 남는다.

특정 문화 특성의 진화에 초점을 맞추는 다윈주의 성향 진화고고학자는 관행, 전략, 기술 분석으로 국가를 대체하는 도전을 수용할 만한 위치에 있다고 생각할 수도 있다(예: O'Brien et al. 2010). 그러나 우리는 여기서 몇 가지 흥미로운 문제들과 조우한다. 국가처럼 복합적 문화적 결과의 재생산은 유기체나 특성의 관점에서 원자론적으로 분석될 수 없다. 이러한 현상들은 본질적으로 상관적이며, 따라서 상호 의존적인 여러 관행의 지속적 표현에 의존한다(Kuper 2000; Rosenberg 2009 비교). 또한 이러한 관행들은 선택의 근접적 원인과 궁극적 원인이 본질적으로는 요피의 비교역사학적 사회 진화를 연상시키

....

1 프리기아(Phrygia) 왕 고르디우스(Gordius)와 마케도니아 왕 알렉산더(Alexander)의 설화에서 비롯된 표현으로, '풀기 어려운 문제'를 의미한다. 고르디우스는 자신의 마차를 제우스 신전에 봉안하고 복잡하게 매듭을 지었고, 이 매듭을 푸는 사람이 아시아의 왕이 된다는 신탁을 남겼다고 한다. 많은 이가 매듭 풀기에 도전했으나 모두 실패했다. 이 매듭에 얽힌 이야기를 듣고 제우스 신전을 찾은 알렉산더도 매듭 풀기를 시도했다. 그러나 여의치 않자 칼로 매듭을 잘랐고, 이후 실제로 아시아의 일부를 정복했다(출처: 네이버 지식백과).

는 특정 역사적 시퀀스들과 사실상 동일한 복잡한 구조의 적소(適所, niche)에서 재현된다(Yoffee 2005: 192-195). 이러한 쟁점들은 '밈의 관점(meme's-eye view)'에서 복합 정치체들에 접근하는 연구의 부족을 설명할 수도 있다. 실제로, 가장 흥미로운 특성 연구는 국가 형성 그 자체와는 관련이 없고, 오히려 이미 국가의 존재를 상정하는 틀 안에 주어진 특성들의 역학 관계 탐구를 위해 진화생물학에서 유래된 개념과 방법들을 활용한다(예: Glatz et al. 2011).

국가 형성이 진화적 관점에서 직접 논의될 때 특성에서 '집단(group)' 또는 '다단계(multi-level)' 선택으로 주안점이 바뀌는 경우가 상당히 많다. 생물학에서 다단계 선택은 특정 개체의 생식 적합성을 감소시키는 경우에도, 집단의 생식 적합성을 향상시키는 특성이 자연 선택을 통해 확산될 수 있는 조건들을 조사한다(Wilson and Sleak 1994). 이러한 관점에서 선택은 집단 내부는 물론 집단 간 차이와 경쟁 사이의 관계에 따라 유전자, 세포, 유기체, 모집단 등 모든 수준에서 발생할 수 있다.

안타깝게도 다단계 선택이 복잡한(또는 복합적 complex)[2] 인간 정치체들에 적용되면, 모든 익숙한 속임수가 돌아온 것처럼 보인다. 집단이 리플리케이터(replicator, 재생산되고 선택되는 것)로 취급되면, 일종의 새로운(neo)-신(neo) 진화론이 출현한다. 정치 조직을 위한 바우플란(bauplan)으로서의 국가에는 유기체나 종의 유사체로서의 일관성과 실체가 부여된다(예: Rosenberg 2009; Spencer and Redmond 2001). 집단이 초사회적 인간 행동이라 불려 온 것의 선택 수단으로서 강조되면(예: Richerson and Boyd 2001; Turchin 2011), 인간 집단과 조직의 '단계들(levels)'은 새로 등장한 정황적이면서 문제가 있는 것이 아니라 이미 주어진, 안정적이고 문제가 없는 것으로 취급된다(Latour 2005: 27-42). 마찬가지로 인간 에이전트들은 행위적으로 1차원적이고 비정

....

2   국가를 포함한 복합사회 논의에서 'complex'는 주로 '복합(적)'으로 번역되지만, 이 책의 경우는 '복잡한'이란 표현이 훨씬 자연스러운 경우도 많이 있는데, 이 점을 염두에 두고 읽어 나가기 바란다.

상적으로 일관된 것으로 모델링된다(예: 이타주의자/사회에 이로운 vs. 부정행위자/'무임승차자'). 이 중 어느 것도 국가가 어떻게 그리고 왜 비물질적인 '것'이 되는가라는 제솝의 질문을 거의 조명하지 못한다.

집단 정치, 복합 정치체, 그리고 대규모 정치적 지배에 대한 논의에서 핵심 쟁점은 일관성 있고, 이론적으로 포괄적인 국가의 대안이 결핍되었다는 점에 있다. 후기 구조주의 성향의 사람들에게 이는 마땅히 그래야만 하는 것일 수도 있다. 해체 이론의 요점은 환원적인 총체적 프레임워크(totalizing frame-work)를 다른 프레임워크로 대체하는 것이 아닌 그 프레임워크를 완전히 훼손하는 것이다. 따라서 국가와 같은 총체적 개념의 적절한 상속자는 대안적 전체성이 아니라 무수한 지역적 가능성들이다.

그러나 실제로 지난 30년 동안 단일 국가 개념이 산산조각으로 붕괴되지는 않았다. 개별 학자들의 이론적 편애와는 상관없이, 고고학자가 대규모 정치적 지배로 관심을 돌릴 때마다 국가 또는 이와 매우 비슷한 것이 다시 몰래 들어왔다. 명백하게 반본질주의적(反本質主義的) 목적을 지닌 프로젝트에 참여하는 흠잡을 데 없는 탈과정주의 경력의 학자들마저 여전히 대규모의 구체화된 정치체의 관점에서 자신들의 연구 프레임을 짠다.

린 메스켈(Lynn Meskell)은 자신의 저서 『*Private life in New Kingdom Egypt*』(Meskell 2002)에서 고대 이집트의 사생활이란 개념을 가능하게 하는 공간을 생각하며 '신왕국 이집트(New Kingdom Egypt)'라는 실체를 상정해야 했다. 한편 마이클 샹크스(Michael Shanks)는 자신의 저서 『*Art and the Early Greek State*』(Shanks 1999)에서 국가를 지위, 성욕, 남성성, 폭력에 대한 비유적, 문학적 담론의 배경으로 일관되게 유지하기 위해 국가 개념을 보다 직접적으로 다루었다. 두 사람은 보편적 사회 형태를 영속화하지 않고, 단지 토착적 범주(이집트와 그리스 폴리스)를 재현했다고 주장할 수 있지만, 이는 그 자체만으로 다소 흥미로운 질문을 시사한다. 고대 작가, 현대 신진화론자, 포스트모던 비평가들은 왜 실제로 어떤 물리적 의미에서도 존재하지 않는 구체화된 실체의 관점에서 대규모 정치체를 상상해야 했을까? 우리가 제숍(Jessop 2007: 3)에 공감하면서 어떻게 역사의 주체들은 이러한 실체들이 마치 실제로 존재했던 것처럼 생각하게 되었는지 물어볼 수도 있음이 훨씬 더 중요하다. 우리는 어떤 역설에 직면한 것 같다. 일종의 단일국가로의 회귀 없이 어떻게 대규모 정치적 지배의 명백한 일관성을 설명할 수 있을까?

이러한 문제들에 대한 애덤 스미스(Adam Smith 2003)의 접근은 특징적이다. 특히 그가 후기 구조주의의 거부를 넘어서서 단호하게 대처하는 방식은 고려할 만한 가치가 있다. 맥락주의 역사학자들(예: Skinner 1989)에 동조하는 스미스(Smith 2003: 84-87)는 통치자와 피통치자 양자 모두와 구별되는 이중적인 비개인적 체계(edifice)로서 국가가 갖는 어의론적(語義論的) 의미는 16세기 이후 유럽의 정치 발전과 연계된 뚜렷한 근현대사와 무관하지 않음을 지적한다. 따라서 국가란 정치적 목적을 위한 자연물로 제시된, 역사적으로 특유한 개념이다. 스미스는 이러한 국가 개념을 고고학적 맥락에 소급 적용하면, 과거의 정치적 관행에 대한 불충분한 분석적 설명이 제공된다고 주장한다. 다시 말해서 이는 실제 정치 과정 분석을 기껏해야 분류 작업으로 전환시켜 버린다. 최악의 경우 전근대적 맥락으로의 국가 투영은 오늘날 비대칭적 권력 구조를 확장하고 이식한다. 이런 방식으로 고고학자들은 피에르 부르디외(Pierre Bourdieu 1999: 54)가 '여전히 생각하려 시도하는 사람들을 통해 스스로를 생각한다 …'고 말하는 국가의 희생양이 된다.

'초기 복합 정치체들(Early Complex Polities)'이라는 대안적 플레이스홀더를 채택한 스미스는 다른 여러 학자들처럼 원칙적으로 국가 개념을 거부한다(Smith 2003: 102-105). 그러나 스미스의 입장은 초기 복합 정치체들의 구체화를 의심의 여지없이 내버려두지 않으려 했다는 점에서 강점이 있다. 다시 말해서 스미스는 이러한 정치체들을 '고대국가(Archaic State)'의 특성들과 구분할 수 없는 특성들의 관점에서 느슨하게 정의하고(Smith 2003: 102-105), 이들을 '검토 중인 대상들의 부류'로 지정하는(Smith 2003: 102) 한편, 특성들로부터 '정치적 행위 영역권을 구성하는 관계들'로 관심을 전환했다(Smith 2003: 102).

스미스는 분석 정밀도를 높이기 위해 이러한 관계들을 정치체들 사이의 관계들에서 정권들, 주체들, 기관들 사이의 관계로 옮겨 네 가지 수준의 관점에서 설명한다. 그런데 스미스의 조직 체계에서 한 걸음 물러난다면, 우리는 집단 정치와 복합 정치체들의 분석에서 근본적으로 중요한 무엇인가를 깨닫게 된다. 실제 검토되는 것은 초기 복합 정치체라 명명된 것들의 부류도, 정권, 기관, 또는 주체와 같은 각각의 대상들의 앙상블도 아니다. 스미스는 결과적으로 이들을 구성하는 관계, 실천, 담론들을 검토한다. 종합하면, 이러한 결과들이 스미스가 정치적 권위라고 일컫는 것을 구성하며, 그는 초기 복합 정치체들의 정치 분석에서 바로 이 정치적 권위의 구성을 핵심에 둔다(Smith 2003: 105).

스미스에게 정치적 권위는 '화자(話者)와 청자(聽者) 사이에 상정되거나 인식되거나 제도적으로 귀속된 비대칭적' 결과를 의미하는 권위인데[Lincoln 1994: 4 (Smith 2003: 106에서 재인용)], 이는 주어진 영토적 맥락에서 최후 수단의 권위로 확장된다. 정치적 권위 분석은 '… 어떻게 다양한 사회문화적 구성상에서 특정 권위적 정치 기구가 다른 모든 사회관계에 대해 다양한 정도의 우위를 얻게 되었는가'에 대한 분석이다(Smith 2003: 108).

잘 알려져 있듯이 모든 공동체나 사회가 일부 개인이나 기관이 모든 구성원에게 권위적이고 구속력 있는 결정을 내린다는 의미에서 '결정권(last word)'을 지닌 정치적 관계들로 조직되어 온 것은 아니다(Clastres 1977; Graeber 2004 참조). 따라서 스미스는 인간 사회에 존재하고, 존재해 온 정치적 관계의 종류에는 중요한 차이가 있음을 계속 인정한다. 이러한 차이는 의미 있는 비교 연구는 물론 새로운 관점의 사회 진화를 위한 토대를 형성할 수 있다. 그러나 스미스가 정치적 관계들과 이를 구성하는 관행과 환경에 초점을 맞춘다는 사실은 고고학자들이 이러한 비교 연구에 접근하는 방식의 변화를 시사한다. 특히 새로운 접근은 우리의 관심을 실체나 시스템 고유의 특성들로부터 권력이 구성되는 실제 사회적·공간적 네트워크(socio-spatial network)로 돌린 다(Mann 1986: 1-18 비교).

이 새로운 접근은 정치적 권위 자체가 대규모 정치적 지배의 이해에 요구 되는 모든 도구를 제공하지는 않는다고 말한다. 첫째, 정치적 권위의 중앙집 권적 논리에도 불구하고, 어떤 정치적 기구도 '다른 모든 사회적 관계들에 대 해 상이한 정도의 우위'를 결코 얻지 못한다. 마이클 만(Michael Mann 1986: 16)의 지적대로, 만약 우리가 관계들의 사회적·공간적 네트워크의 측면에서 권력을 이해한다면, 이 네트워크에는 항상 빈틈이 있다. 반란, 범죄, 형식적 굴 복, 또는 주장되지 않는 영역에 대한 암묵적 인식의 형태이든 아니든 간에, 정 치적 권위는 그 실현에서 항상 한계에 직면한다(Hansen and Stepputat 2006). 이러한 한계들은 실질적이고 기술적일 수도 있지만, 우발적이거나 배타적이 지는 않다. 간단히 말해서, 정치적 권위의 한계는 저항과 불화의 가능성에 내 재한다.

혼계(混階, heterarchy) 관련 문헌이 상기시켜 주듯이, 정치적 권위는 중앙 에서도 다중심적(多中心的)일 수 있고, 여러 지역으로 분산될 수도 있으며, 맥 락과 이슈에 따라 강하거나 약할 수도 있다(예: Ehrenreich et al. 1995). 정치적 권위에 있어 중요한 것은 정치 기구가 다른 모든 사회적 관계에 대해 우위를 점하는가, 그렇지 않은가가 아니라, 특정 맥락에서 그 권위가 실제로는 부재 할 경우에도 그 우위의 약속과 잠재력이 생산 및 재생산된다는 점이다. 이는 적어도 두 가지를 암시한다. 먼저 정치적 권위는 설사 그렇지 않더라도 연속 적인 것으로 상상되거나 표현될 필요가 있다. 다른 한 가지는 독자적으로 성 립할 수 없는 정치 기구 형태의 정치적 권위(개인이든 일련의 기관이든)가 연속 적인 것으로 상상되기 위해서는 다른 사회적 힘, 이익, 질서와 상호 보완적인 방식으로 연계되어야 한다(제4장 참조).

무력 수단(means of force)은 정치적 권위의 실현이 한계에 이르렀을 때,

정치적 권위를 재현한다. 실제적이든 상징적이든 강제력에 근거한 위협은 (Bourdieu 1999: 56 참조) 스미스가 정의한 정치적 권위에 따른 '마지막 수단(last resort)'에 기반하는 것으로 생각해야 한다. 물론 힘의 관계는 고전적 국가 이론에서 매우 중요한 부분인데, 여기서 분명하게 구별되는 두 가지 강조점이 발견된다. 먼저 국가의 기능[클라우제비츠(Carl von Clausewitz)의 '다른 수단에 의한 정책 지속']이자 국가 형성의 촉매제(역사적/조직적으로)로서 전쟁을 통해 외부로 향하는 힘에 관심이 있다. 이러한 관점에서 찰스 틸리(Charles Tilly 1975: 42)를 인용하자면, "전쟁은 국가를 만들고 국가는 전쟁을 만들었다." 다른 하나로 입법권, 사법권, 경찰권을 이용하여 내부로 향하는 무력에 대한 관심을 들 수 있다. 이는 주어진 영토 내에서 합법적 폭력의 독점을 주장하는 정치 조직으로서의 막스 베버(Max Weber)의 국가이다(Weber 1978: 54). 두 가지 힘의 관계는 정치적 권위의 한계(동의가 흔들리는 지점)에 서 있기에 서로 구별이 유지되는 방식이 흥미롭다. 간단히 말해서, 전쟁은 정체성의 구조(예: 내부/외부; 우리/그들)와 폭력 사용의 합법성 개념에 따라 법 및 치안과 구별된다.

일단 정치적 권위와 연계되면, 자원을 얻고 방어하는 수단으로서의 전쟁의 중요성은 결코 부정할 수 없다. 또 전쟁은 권위 그 자체의 정당성, 심지어 그 토대 역할을 할 수도 있다(Agamben 2005). 그러나 집단 폭력은 공동체/정체성의 경계를 넘어 발생하기 때문에 스미스의 관점에서 전쟁은 정치적 권위에 전적으로 의존하지는 않는다. 전쟁은 '마지막 수단'에 대한 권한이 없는 공동체 사이에서 일어난다. 실제로, 피에르 클라스트르(Pierre Clastres 1977)는 아마존 분지 공동체들 사이의 지속적인 전쟁은 공동체 족장들의 자원 및 권위 축적을 막는 전술이라 주장하기도 했다. 토머스 홉스는 국가 밖의 삶은 '만인에 대한 만인의 투쟁'이라 주장했지만(Hobbes 1968[1651]: 188), 진짜 문제는 강압적인 무력의 배치나 위협과 전쟁이 구분되어야만 하는 국가 내부에 있는 것 같다. 베버의 인식대로, 전쟁은 합법성 문제를 정치적 권위 문제의 중심으로 가져온다. 따라서 정치적 권위를 구성하는 관행과 관계에 대한 분석 이외에도 (물리적·상징적 양자 모두와 관련된) 강제력의 관행과 관계(Bourdieu 1999 참조)를 비롯하여, 이에 수반되는 합법성 문제에도 주의를 기울일 필요가 있다.

사실 정치적 권위와 강제력 사이의 연관성을 인지해 왔던 스미스의 최근 연구(Smith 2011: 416)는 폭력에 기반을 둔 정치적 권위의 관계를 지칭하며 '통치권(sovereignty)'이란 용어를 채택한다(푸코의 전근대 통치권 이해의 일반화는 Agamben 1998과 Hansen and Stepputat 2006을 따랐다. 이에 대해서는 Routledge 2014: 21-22 참조). 하지만 마지막으로 한 가지 문제가 남아 있다. 스미스가 국가와 같은 구체화된 실체에서 출발하는 오류를 피했음은 분명하지만, 이러한 실체는 여전히 그의 분석적 틀에 추상적으로(예: 초기 복합 정치체), 실제 정치 형태에 역사적으로(예: 우라르투 왕국) 구성되어 있다. 스미스(Smith 2002: 149-183)는 정치체 논의에서 이 구체화의 공간적 관행들에 충분한 관심을 기울였지만, 왜 그러한 구체화가 발생할 필요가 있는지는 그의 개념적 틀에서 분명하지 않다. 마지막 수단으로서 정치적 권위가 이러한 가상적 용어들로 경험되고 분석되어야 하는 이유는 무엇인가?

국가의 탈중심화

현대국가는 가상 조건에서 구현된 정치적 권위의 한 사례이며, 국가의 가상적 본질을 비판적으로 분석하려는 시도에서 많은 것을 학습할 수 있음에 주목하여 논의를 시작해 보자. 스미스(Smith 2003: 96-97)는 널리 인용되는 두 논문(Philip Abrams 1988; Timothy Mitchell 1999)을 근거로 '국가가 존재하지 않는 느낌' 자체가 하나의 실체로 연구되어 왔음을 명확하게 지적했다(Abrams 1988: 82). 그런데 학자들의 주장은 이미 스미스가 만들어 온 용례들을 넘어섰음에 주목할 필요가 있다. 실제로 이러한 국가 이론의 비판적 가닥들은 국가를 탈중심화(de-centre)하려 노력한다. 즉, 단순히 실제로 존재하지 않음에 주목하지 않고 오히려 그 존재의 가정이 어떻게 실제 물질적 결과를 지니는가를 검토한다.

일례로 에이브럼스(Abrams 1988: 73)는 계급사회에서 사회 결속력이 정치의 한 기능임을 인정하지만, 국가가 이러한 결속 기능을 제공한다면, 이는 국가에 잘못된 구체성을 부여하여 실제 정치 관행을 단순화·신비화하는 오류를 범하게 된다고 주장했다. 한편 에이브럼스의 국가 관념과 국가 시스템 구분에서 국가 관념은 다음과 같은 담론적 구성('국가')을 지칭한다.

… 한때 통합되었다가 고립된 형태의 제도화된 힘을 우리에게 제시하고, 이두 조건 모두를 충족시켜 우리 사회에 묵인을 수용할 만한 기반을 조성한다. 이것은 우리에게 정치 기관의 실제 성격, 의미 또는 기능을 꼭 말하지 않고 결속, 목적, 독립성, 공동 이익, 도덕성의 측면에서 정치 기관을 설명한다 (Abrams 1988: 68).

그러므로 국가 관념은 '… 통합·도덕·독립을 정부 관행의 분열적·비도덕적·종속적 작동' 탓으로 돌린다(Abrams 1988: 82). 에이브럼스가 국가 시스템이라 칭하는 이러한 정부 관행은 현대 자본주의 사회에서 핵심 부문 이익의 지속적 지배 보장을 위해 작동하는 기관, 구조, 그리고 에이전시의 이질적 앙상블로 구성된다. 국가 관념이 없다면, 국가 시스템을 통해 성취된 지배의 타산적·불법적 본질이 노출되므로 에이브럼스에게 국가 관념은 필수적이고 실질적이다. 널리 인용되는 그의 주장에 따르면, "요컨대, 국가는 정치적 관행이란 가면 뒤에 서 있는 현실이 아니라, 우리가 정치적 관행을 있는 그대로 보는 것을 막는 가면 그 자체이다(Abrams 1988: 82)."

티머시 미첼(Timothy Mitchell)은 에이브럼스의 주장을 인정하지만, 에이브럼스의 이야기처럼 국가 관념과 국가 시스템의 구분이 쉽지 않음을 지적한다. 왜냐하면 국가 관념이 없다면 정부 관행은 뚜렷한 대상이 없는 단지 일반적인 징계적 힘의 사회적 실행이기 때문이다. 현대국가의 핵심 질문은 어떻게 그리고 왜 징계 권력의 일상적 관행이 추상적 형태로 국가 관념을 구성하는가 하는 것이므로 미첼에게 국가의 실제적·환상적 측면의 구별은 무의미하다. 미첼(Mitchell 1999: 77)의 지적대로, "우리가 '국가'라 명명한 현상은 일상적·물질적 관행이 추상적·비물질적 형태의 외양을 취할 수 있도록 하는 테크닉들에서 비롯한다."

미첼 덕분에 우리는 현대국가에서 국가 관념과 권력의 물질적 관행 사이에 밀접한 관계가 있음을 알 수 있다. 미첼이 시사했듯이 국가 관념은 겉보기에 평범해 보이는 반복적인 규제, 감시, 정의 및 집행 관행에 의해 구성되고 그 실체가 부여된다. 동시에 실행 순간 국가 시스템을 지향하고 명료하게 표현하는 국가 관념은 권력 작용의 은폐나 정당화 이상의 역할을 수행한다. 국가 관념은 사람들이 국가라는 이름으로, 또는 국가와 관련하여 행동하는 것을 용인한다. 이는 사람들의 행동을 일상적 인간 관계의 영역에서 이동시켜 시민과 국가 사이의 관계라는 가상 영역에 놓는 역할을 한다. 분명하게 말하면, 국가 관념은 사회적 이익과 세력을 새로운 배치에 맞춰 정렬하는 것, 즉 필요한 정치적 결속을 제공한다. 다시 말해서, 국가 관념은 푸코(Foucault 2007: 286)가 정부 관행을 위한 '가지성(可知性)'의 원리(principle of intelligibility)'라 명명한 것을 제공한다.

특히 궁극적으로 전근대적 맥락에 초점을 맞춘 책에서, 국가라는 관념을 논의하면서 푸코를 떠올림은 이상하게 보일 수도 있다. 국가 이론에 무관심하다고 널리 알려진 푸코는 심지어 다음과 같이 말하기도 했다. "소화가 잘 안 되는 식사를 포기할 수 있고, 포기해야만 하는 것처럼, 나는 국가 이론 없이 하고, 하기를 원하고, 해야만 한다(Foucault 2008: 76-77)." 더욱이 일부 사람들에게 실체로서의 주민 관리를 전제로 하는 일련의 테크닉이나 예술로서 푸코가 개진한 정부의 '통치성(governmentality)' 개념은 개념적으로는 고전적 국가 이론과 연관하여, 또 역사적으로는 뚜렷하게 현대적인 평가 기준과 연관하여 급진적 변화를 보인다. 그러나 통치성과 관련하여 푸코가 생각을 발전시켜 온 폭넓은 강좌 시리즈를 토대로 펴낸 책(Foucault 2007)에 따르면, 푸코가 국가 개념에 관여하지 않았다는 주장(라우틀리지가 Routledge 2004: 16-17에서 그랬던 것처럼)은 사실과 다름이 분명하다(Jessop 2007: 140-154; Lemke 2007 참조).

푸코는 근대(특히 18세기 말 이후)는 중앙 정치 기구에 국한되지 않는 거버넌스 관행(practices of governance)(예: 보험, 여론 조사, 공공 보건 등)으로 조장되고 관리되는 자신만의 메커니즘과 자질을 지닌 존재로서의 주민 인식을 특징으로 한다고 주장한다. 그러나 그는 국가에 대한 이러한 통치성에 반대하지 않는다. 실제로 그는 추상적 범주로서의 국가에 대한 재귀적 인식이 주민을 다스리는 새로운 기술과 함께 나타나며, 이들의 가지성의 원리로 작용한다고 주장한다(Foucault 2007: 247-248, 276-278)

푸코 역시 국가 관념을 '이미 주어진 특정 요소들과 기관들의 구체적 성격, 관련성, 그리고 관계들을 생각하는 한 방식'으로 인식함은 중요하다(Foucault 2007: 286). 다시 말해서 통치 기술과 가지성의 원리 양자에서 이러한 변화들은 이미 존재하는 정치적 정황 내에서 발생했다. 예를 들어 푸코는 "통치 기구로서의 국가는 수천 년 동안 존재해 왔으며(Foucault 2007: 120)," 통치 문제는 주민을 지배한다는 생각에 선행하고 긴박한 관심으로의 통치성과 함께 지속되어 왔음을 인정한다(Foucault 2007: 106-108). 그에게 통치권이란 주어진 영토 내에서 구속력 있는 방식으로 지시하고, 금지하는 능력이다(Foucault 2007: 11). 간단히 말해서, 스미스가 내린 정치적 권위의 정의와 매우 유사하다. 그러므로, 16세기 말과 18세기 말 사이에 변화된 것은 통치권이 구성되고 명시되는 테크닉들(단지 법과 무력이 아닌 주민 관리)과 이러한 테크닉들의 이해를 돕는 원칙들(예: 신성한 권리 및 신의 율법이 아닌 국가와 국가 이성)이다. 푸코가 강의 전반에서 누차 언급했음에도 발전되지 않고 남겨진 것은 전근대적 정치 당국과 그 통치 기구 역시 스스로의 가지성의 원리를 지닌 특정 테크닉들과 관행에 의존했다는 사실이다.

요약하자면, 국가 개념에 실체와 효과를 부여하는 특정 거버넌스 관행에 의존하는 현대국가는 우리에게 가상 정치 권위의 사례를 제공하며, 이 개념은 (방향성과 분명한 표현을 제공함으로써) 이러한 관행을 이해할 수 있게 해 준다. 국가 개념과 적어도 이러한 거버넌스 관행의 일부는 모두 현대의 발명일 수는 있지만, 새로운 발명은 아니었다. 세속적이면서 초월적 성격의 이중 비인격적 조직으로서의 현대국가는 비인격적이거나 세속적이지 않더라도 동등하게 초월적이었던 더 이른 시기의 정치적 권위 구조들(예: 왕의 신성한 권리)을 대체했다.

고대 그리스의 폴리스(polis)를 잠시 생각해 보라. 그리스의 폴리스는 추상적 범주로 표현될 수 있겠지만, 결코 정치 공동체 자체와 별개로 볼 수는 없고(폴리스는 사회이므로 통치될 수 없다; Anderson 2009; Hansen 1998 참조), 따라서 폴리스는 국가 관념과 분명하게 구분된다(제4장 참조). 동시에 주요 사회적 이해관계 및 세력(예: 노예제도와 가부장제)과 조화를 이루며 구성된 공동체의 한 형태인 폴리스의 집단 의지를 상상하고 경험하는 것은 일종의 가상적 정치적 권위를 형성했다. 이러한 정치적 권위는 스미스의 정의에 부합하며, 미첼의 제안과 비슷한 맥락에서 분석될 수 있을 것이다.

의심할 여지없이 이러한 수준의 추상화 역시 대부분의 군주국에서 보기 어렵고, 명시적 정치 이론은 대체로 루이 14세(Louis XIV)의 '짐이 곧 국가다(l'état c'est moi)'의 복제였다. 그러나 우리는 가장 개인적 형태의 정치적 권위에서도 비판적 현대국가 분석에서 일반적 의미를 지닌 무엇인가를 학습할 수 있음을 시사하는 가상적 요소를 찾는다.

예를 들어 파라오 이집트에서 정치적 권위는 뚜렷하게 전적으로 파라오에게 부여되었다. 그러나 파라오와 그/그녀의 모든 신하는 여러 물질적 관행에 따라 다소 흥미로운 방식으로 변형되었다. 물론 가장 잘 알려진 것은 생전

(生前)에는 호루스(Horus)[3], 사후(死後)에는 오시리스(Osiris)[4]의 화신으로 파라오를 신격화한 것이다. 즉, 파라오는 궁지에 몰린 혼란의 힘을 막고, 지상에서 '올바른 질서(right order)'를 유지하는 임무를 맡았다(Teeter 1997). 고대 이집트는 공직과 공직자를 공식적으로 뚜렷하게 구분하지 않았지만, 이 경우는 파라오 개인의 인격이 아닌 왕으로서의 그(종종 그녀)의 역할에 부여된 신격화임이 분명하다(O'Connor and Silverman 1995: xxv). 실제로 많은 물질적 관행이 왕좌에 오르는 파라오 개개인의 성격을 변화시키는 역할을 했다. 파라오라는 칭호 자체가 '큰 집(the great house)'(말하자면 궁전)을 의미하므로, 파라오로서의 왕은 단순히 개인이 아닌 궁전과 그 가계 재산으로 구현되었다(O'Connor 1995). 신왕국까지 이 칭호는 현직 파라오의 이름과 상관없이 모든 의례·행정 문서에 사용될 수 있었으므로, 특히 수백 년에 걸쳐 필사와 예술 장르에서 추상적 성격을 지닌 것으로 인식될 수 있었다. 카르투슈(cartouche)로 에워싸거나 항상 '삶, 번영, 그리고 건강'이라는 문구가 뒤따르도록 왕명(王名, throne name)을 표시하는 관습에는 이러한 역사적 배경이 깔려 있다. 즉 오랜 기간에 걸친 파라오 계승의 반복은 각 개인들을 더 넓은 파라오의 범주로 동화시키는 역할을 했다. 실제로 왕명과 칭호의 채택 그 자체가 왕위 계승자를

·········

3 고대 이집트 신화에 등장하는 태양의 신으로 죽음과 부활의 신 오시리스(Osiris)와 최고 여신 이시스(Isis)의 아들이자, 사랑의 여신 하토르(Hathor)의 남편이다. 이시스가 오시리스를 부활시켜 주문으로 잉태해 태어났다. 이시스의 마법으로 위험과 병을 이겨내고, 오시리스에게 병법을 전수 받아 아버지의 동생이자 원수인 세트(Seth)를 죽이고 통일 이집트의 왕이 된다. 통일 이집트를 다스리면서 이집트 왕들의 화신으로 이집트에 머물렀다. 이집트의 모든 왕들은 '살아 있는 호루스'로 불렸다(출처: 두산백과 "호루스" 참고).

4 이집트 신화에서 죽은 자들의 신으로 숭배된 신으로 땅의 신 게브(Geb)와 하늘의 신 누트(Nut)의 아들로 누이동생 이시스(Isis)와 결혼했고, 성(城)의 주인이자 동생 세트의 아내인 네프티스(Nephthys)는 여동생이었다. 아우 세트(악의 신)에게 살해되었다. 오시리스는 저승의 왕이 되고, 아들 호루스가 세트를 물리치고 새로운 왕이 되었다. 오시리스는 죽은 자들의 지배자인 동시에 식물 싹이 나는 것부터 나일 강의 연례적 범람에 이르는 모든 것에 지하세계의 생명을 부여하는 힘을 갖고 있어 이집트 제1위 신으로 여겨졌으며, 제5왕조부터는 파라오(왕)도 죽은 후에는 오시리스로 간주되었다(출처: 두산백과 "오시리스" 참고).

단순히 왕좌에 오르는 인간이 아닌 다른 존재로 변신시키는 역할을 했다.

　파라오의 신하들 역시 그들을 둘러싸고 있는 것들과 구별되며 집단적 경계가 있는 물적 관행들로 정의되었다. 앤서니 기든스(Anthony Giddens 1985)와 같은 학자들의 기대와는 대조적으로, 이집트 국가에는 지리적 경계 개념이 있던 것으로 보인다. 일례로 고대 이집트의 리비아 국경 요새 자위야트 엘라흐만(Zawiyat er-Rahman)에서 최근 발견된 비문에 따르면, 사령관 네브레(Neb-Re)는 '국경 위반자들을 끝장내는 자'라는 칭호를 지녔다(Steven Snape와의 개인적 교신). 잘 알려진 대로(예: Leahy 1995), 이집트인이 아닌 사람들은 제한된 수의 정형화된 특징(머리/수염 스타일, 의복, 피부색)으로 시각적으로 묘사되는데, 이 특징들은 제한된 외국 국적(예: 누비아, 리비아, 시리아, 히타이트 등)의 확인 및 토착 이집트 사람과의 대조에 이용된다. 대개 이러한 외국인들은 의기양양한 외국인 혐오(예: 머리 때리기, 결박된 죄수, 공물 운반인) 장면의 소품으로 등장한다. 그런데 더욱 미묘한 것은 특정 이집트 사람을 묘사하지 않는 경우에는 남성 또는 여성에 대한 단어들을 쓸 수 없게 만든 상형문자의 시각적 특성이다(Goldwasser 2002: 21-22 참조).

　이러한 여러 물질적 관행들은 고대 이집트의 정치적 권위를 사람들 사이의 비대칭적(그래서 참가자들 사이의 상호 인정에 종속되는) 관계에서 파라오와 그(또는 그녀)의 신하들 간의 가상적 관계로 변모시키는 역할을 했다. 이러한 관계의 가상적 특성은 특정 참가자들 간 성격, 특성, 맥락보다는 범주적·선험적으로 정의되었다. 즉, 그렇지 않다면 정치적 권위가 강요할 능력을 제한할 수도 있는 제약에서 풀려나는 기준 틀을 제공하였다. 예를 들어 파라오의 권력과 권위를 알기 위해 어떤 특정한 파라오와 직접적으로 상호 작용할 필요는 없었다. 좀 더 정확히 말하자면, 물리적·상징적 강요가 (어느 정도) 규정될 수 있는 맥락상의 문화적·사회적 제약에서 정치적 권위를 해방시킨 것이다. 물론 기본적으로 '평등(egalitarian)'한 관계가 유지되었을 젠더나 연령 간에서 또는 친족 집단 내에서 물리적 폭력을 포함한 지배관계가 종종 승인된다. 그러나 공동체의 한계, 즉 노골적인 강압은 거부되지만, 성별 또는 연령 기반 정체성이 차별화되고 다르게 평가되는 맥락(예: 평등주의 가부장적 공동체의 모순)에서 이러한 승인이 가능해진다. 강압 가능성에 대한 이러한 한계를 인정하지 않는다는 점에서 정치적 권위의 가상적 관계는 근본적으로 다르다(Agamben 1998; 2005).

그러나 초월성(transcendence)은 폭력에 대한 도덕적 제약으로부터 권위를 해방하는 한편, 중앙집권적이고 획일적인 권위를 포기하지 않아도 위임되고 반응하며 단속적(斷續的)인 권위를 얻을 수 있게 한다. 일례로 잉카의 통치자들은 표면적으로는 전쟁, 종교, 정치의 유일한 지도자였지만, 실제로는 장군, 태양 대사제, '잉카 대리자(Incap rantin)'로 불린 행정 관리와 같은 다양한 대리인의 업적을 자신의 공적에 포함시켰다. 피터 고즈(Peter Gose 1996: 17)에 따르면, "… 잉카 군주는 자신의 정체성 아래에 하위 개인들로 이루어진 모든 지원 캐스트들을 위계적으로 포함시킨 일종의 대표자 또는 집합적 페르소나가 되었다."

가상적 정치 권위에 대한 필자의 서술은 일상생활을 초월하는 왕권을 구성할 경우 의식의 역할에 관한 모리스 블로흐(Maurice Bloch 1987: 271-274)의 주장과 많은 점을 공유한다. 그러나 가장 넓은 의미에서의 습관적 실행으로 정의되지 않는다면, 이러한 초월성의 구성을 의례적 행위로 제한할 필요는 없다. 또 초월성을 특별히 왕(족)의 (즉, 개인의) 정치적 권위에 국한시킬 필요도 없다. 확실히 현대국가는 사람 사이의 실제 관계를 시민과 국가 사이의 가상 관계로 변화시키는 초월적(예: '통치자와 피통치자와는 전혀 다른') 관념으로 구성된다. 따라서 초월적 통치자와 주권 국가는 같은 것이 아니라, 이 책 제1장 서두에서 제솝이 강조한 문제의 다른 표명이다.

요약

필자는 본서 제1장에서 우리가 종종 국가 형성이라 지칭하는 것은 실체의 형성이 아닌 폭력에 기반한 초월적인 정치적 권위를 둘러싼 관계들의 형성을 수반한다고 주장했다. 필자는 본서의 나머지 부분에서 애덤 스미스(Smith 2011)와 다른 사람들처럼 이러한 구성을 '통치권'이라 칭하고, 통치권이 권위와 폭력을 행사하는 만큼 초월성이라는 정치적 효과를 수반함도 인정한다. 이러한 술어들로 이해되는 통치권이 다른 시대 및 공간에서 어떻게 그리고 왜 성취되어 왔는가에 대한 탐구가 본서의 나머지 부분에서 다루어야 할 과제이다.

제2장

강요와 동의

문을 통과한 악당 무리가 국가 체제로 등장한다.

— 스탠리 쿠니츠(Stanley Kunitz), 『*The System*』(1971)

통치권을 상상하기는 매우 쉽다. 그러나 총체적 계획이 불분명하고, 특정 사람들이 특정 프로젝트를 지지하거나 저항하거나 무시하고, 필수 자원이 결핍되고, 잠재적 통치자, 공직자, 백성의 물질적 이해관계가 서로 직접적으로 갈등을 빚을 수도 있는 현실적인 방식으로 통치권을 상상하기는 매우 어렵다. 모든 가능성은 물론, 적어도 일부 관련자들의 물질적 이익에 반하는 경우가 적지 않음에도 관행과 전략들이 이러한 방식으로 일관성을 유지해야 하는 이유는 무엇인가?

질서[1], 합법성, 그리고 부

이러한 쟁점들에 부합하는 혁신적 시도로 존 베인즈와 노먼 요피(John

....

1   역자는 'order'를 '질서'로 번역했는데 경우에 따라서는 '명령'이라 번역하는 편이 더 나은 경우도 있다. '질서'란 표현이 어색하면 '명령'으로 바꾸어 이해해도 무방하다.

Baines and Norman Yoffee 1998; 2000)가 초기 이집트와 메소포타미아에서의 권력과 문화의 관계를 비교한 연구가 있다. 베인즈와 요피는 두 초기 문명에서 정치적 권위의 생산과 재생산을 이해하려면 문명 요소를 정확하게 파악해야 한다고 주장한다. 특히 베인즈와 요피는 초기 국가의 정치적 권위는 자신들이 '상위 문화(high culture)'라 지칭된 것의 매트릭스에 내재되어 있다고 주장한다. 두 학자는 이집트와 메소포타미아 두 지역 모두에서, 내부 엘리트의 문화적 활동이 특히 포괄적인 우주 질서의 상상에 근거하는 의미의 지배 체계를 조성했다고 주장한다.

질서(order)는 이러한 의미에서 종교·사회·정치·경제 생활을 통합할 수 있는 단일 지적 체계를 제공했다. 즉 의식, 판결 또는 강제력으로 질서를 유지 또는 갱신해야 하는 상황에서 질서는 왕과 엘리트의 행동, 의무, 존재가 우주 자체의 안정성과 지속성의 중심이 되도록 만들었다. 이는 물론 합법적인 특정 왕조에 공헌하기도 했지만, 개별 정권과는 무관한 합법성의 정의와 기준을 제공했고, 따라서 주어진 정권의 시간 및/또는 공간의 한계를 넘어 활성화될 수 있었다. 시간이 흐르면서 공통의 우주론적 질서의 복제는 특정 정권의 잦은 붕괴에도 불구하고, 정치적 권위와 정치적 중앙집권화를 부활시키는 일관성 있는 틀을 제공할 수 있었다.

예를 들어 파라오 이집트 사례에서 정치적 권위의 매트릭스로서 '상위 문화'의 재현은 정치적 분권기(즉, 제1, 2, 3 중간기 이후) 이후 상징적으로 일관성 있는 형태로 표출된 중앙집권적 통치의 부활을 허용했다. 이는 특히 종족적으로 명백하게 이집트 계통이 아닌 프톨레마이오스 왕조(Ptolemies) 통치자들에게 심지어 문학적·시각적 권위를 지닌 언어를 제공하기도 했다. 초기 메소포타미아 사례에서 지역의 '상위 문화'는 경쟁하는 도시국가들 사이는 물론 도시국가들 내부에서도 정치적 권위에 대한 공통 매트릭스를 제공했고, 여기서 서로 다른 사원과 궁전 시설은 반독립적이면서도 도시의 인구, 자원 및 영토의 통치와 관리에 함께 참여했다.

張光直(Chang 1983: 9-33, 107)는 초기 중국의 경우 신성한 출계에 기반한 씨족 위계라는 공유된 이데올로기가 서로 다른 씨족이 통치권을 두고 합법적으로 경쟁할 수 있는 신화적 틀을 제공했다고 주장해 왔다. 상말(商末)과 '세 왕조(Three Dynasties)[2]' 시대의 분절적·경쟁적 정치 경관과는 대조적인 이리 두(二里頭)와 이리강(二里岡) 시기의 이른 중앙집권화의 증거는 분절된 이러한 정치 경관은 張光直가 시사한 것보다 훨씬 더 역사적이고, 덜 구조적으로 보여야 함을 시사할 수도 있다(Liu 2009 참조). 베인즈와 요피의 우주론적 질서에의 치중은 변화하는 특정 정권과 종족의 운명에도 불구하고, 상말과 주대 (周代)의 정치적 권위의 재현에서 보이는 연속성 이해에 다소 도움이 된다.

이러한 맥락에서 부의 축적과 활용은 우주론적 질서의 구체화, 기념, 그리고 재현에서 중요한 요소였고, 이는 군사 작전은 물론 신전과 장례 의식을 통해 직접 발생했다. 또 이는 감각을 압도하거나 황홀하게 하는 건물, 기념물, 구경거리(spectacles)[3], 그리고 제품 생산을 통해 간접적으로도 일어났다. 둘째로, '상위 문화'의 산물의 접근과 그 총명한 소비는 초기 이집트와 메소포타미아의 '내부 엘리트(inner elite)' 사이에 공유된 경험과 응집력 있는 세계관을 구축하며 정체성의 징표 역할을 하기도 했다. 따라서 부의 생산으로서 경제적 생산은 정당성을 요구하는 자체가 목적이 아니라 목적(질서의 생산과 복제)을 위한 수단이었고, 그 정당성은 인지된 목적의 합법성에 달려 있었다.

베인즈와 요피는 정부 기구의 한계에 포함되지 않거나 그 내부에서 생산되지 않는 더 넓은 질서의 관점에서 정치적 권위의 구성을 이해했는데, 이는 두 학자의 광범한 이집트와 메소포타미아 비교 연구에서 특히 통찰력이 돋보이는 측면이라 할 수 있다. 이 비교 연구 덕분에 특정 정권의 흥망성쇠에도 불

....

2   세 왕조(Three Dynasties)란 중국사의 하(夏), 상(商), 주(周) 왕조를 지칭한다(Change 1983: 1).
3   본서에서 'spectacle'이란 단어는 'routine'이란 단어와 대비되는 개념으로 자주 사용된 것으로 보인다. 각각 광경(光景)/구경거리와 일상(日常)이란 번역이 적절하겠지만, '스펙터클'과 '루틴'이란 표현이 내용 이해에 훨씬 더 적절한 경우도 적지 않아 그대로 표현하기도 했음을 밝힌다.

구하고, 권위 표출에서 드러난 역사적 연속성이 이해되고 있다. 그리고 이는 정치체 형성이 단순히 관리통제주의의 적응 논리나 정치경제학의 개발 논리가 아닌 문화적 논리의 통합임을 강조한다. 따라서 질서와 그 정당성은 주민을 조직하거나 착취를 위장하기 위해 필요 이상으로 엄격하게 정제되고, 믿어지고, 추구된다.

그러나 여러 논평자가 지적해 왔듯이(Richards and Van Buren 2000 참조), 베인즈와 요피의 접근은 '상위 문화'의 배타적 성격을 지나치게 강조했기 때문에 심각한 한계를 노출해 왔다. 즉, 이 두 학자는 비엘리트의 통합 문제를 계속 제기해 왔다(Baines and Yoffee 1998: 232-233, 240, 246; 2000: 15, 16-17). 그러나 두 사람은 이집트와 메소포타미아의 '상위 문화'에 비엘리트가 참여했다는 증거는 거의 없고, 또 어떤 대안적 이데올로기가 구체화된 증거 역시 거의 없었다고 주장해 왔다(Baines and Yoffee 1998: 240). 초기 이집트와 메소포타미아 모두에서 '상위 문화' 이외의 문화는 문화가 아님이 분명하다. 그런데 베인즈와 요피의 접근 방식에 동조하는 학자들도 이러한 입장에는 반대해 왔음은 그리 놀랍지 않다.

예를 들어 재닛 리처즈(Janet Richards 2000)는 이집트 제1중간기에 있었던 대규모 공동묘지의 발전과, 상형문자의 배타적 영역으로 상정된 상징과 기호를 포함한 이집트 '상위 문화'의 상징과 기호를 끊임없이 복제해 신체에 부착시킨 부적의 광범위한 분포 관련 자료를 제공한다. 리처즈는 중왕국기(中王國期) 이집트의 국가 의례와 상위 문화 관행에 사람들을 초대하거나 참가시킨 공간적 산물(예: 사원, 행렬 길)과 물질적 산물(예: 석비, 조각상)을 강조하고, 그 확산 정도 역시 늘어났음을 지적한다. 이는 도덕적 질서와 관련된 문헌의 등장과 엘리트의 이러한 질서에 대한 사적 지향과 짝을 이룬다(Parkinson 2002와 비교). '말 잘하는 농부 이야기' 같은 사례에서 이러한 도덕적 질서는 분명하게 비엘리트들에 대한 대우로 확장되었는데, 비엘리트들은 베인즈와 요피가 사용하는 엄격하게 이중분기된 용어들(bifurcated terms)로 상상하기 어려웠을 엘리트들의 도덕적·이념적 문제들을 제시했음이 시사된다(Routledge 2003 참조).

노먼 요피(Norman Yoffee 2000)의 초기 메소포타미아 법정 및 분쟁 해결 관련 연구와 제자 안드레아 세리(Andrea Seri 2005)의 구 바빌로니아 지방의회 관련 연구는 서기전 2천년기 초 중앙 정부의 일부에 대한 지방 형태 권력의 복합적 합의(또는 조정)와 양자 간의 상호 관계를 지적한다. 다시 말하지만, 이는 베인즈와 요피의 개괄적인 비교 설명으로 묘사된 다소 편향된 모습의 배타적인 엘리트와는 대조적으로 보인다.

신석기시대 말부터 상주대(商周代)까지 초기 중국의 복골(卜骨, 또는 甲骨) 점술(占術) 발전을 추적한 로언 플래드(Rowan Flad 2008)의 연구는 장기간에 걸친 고고학 증거의 활용에서 더욱 두드러진다. 점술의 기반이 되는 뼈의 균열을 촉진하기 위해 뼈를 불태웠기에 명명된 뼈-불점(술)(osteo-pyromancy, 骨火占卜)의 증거는 서기전 3천년기 龍山文化 유적부터 서기전 1천년기 초 서주(西周) 유적까지 계속 추적된다(Flad 2008: 406-418). 잘 알려진 대로 서기전 2천년기 말, 즉 상대말(商代末) 통치자와 밀접하게 관련된 점술 의식의 일부로 많은 복골[특히 소 견갑골(肩胛骨)과 거북 복갑(腹甲)]이 정성스럽게 준비되고 글자가 새겨졌다. 엘리트 전문가들이 참여하는 초기 중국의 질서와 합법성 개념과 밀접하게 연결된 관습이었던 상(商) 궁정(宮廷)의 점술은 베인즈와 요피가 '상위 문화'라 지칭했던 것 중 하나의 사례임이 분명하다. 한편 글자가 새겨진 복골 점술에 앞서 글자가 새겨지지 않은 뼈를 이용한 덜 전문화된 뼈-불점(술)이 오랜 기간 널리 확산되어 있었다. 심지어 상대(商代)에도 글자가 새겨지지 않은 뼈가 수적으로 훨씬 우세했으며, 이러한 점술 행위가 국가 독점이었을 가능성은 희박해 보인다(Campbell 2008; Jing 2008 참조).

상대의 뼈-불점(술)은 필자가 엔트레인먼트(entrainment)라 지칭해 온 사례로 보인다(Routledge 2004: 185-190 참조). 이는 자체 역사 및 사회적 분포와 함께 문화적 관행을 정치적 권위와 연계함을 의미하는데, 이 문화적 관행은 정치적 권위의 재생산에 기여함은 물론 스스로에 의해 변형되기도 한다. 이러한 변화는 문화적 관행 자체의 메커니즘과, 정치적 권위의 신호로서의 맥락 의존적 가치(indexical value) 모두에서 발생할 수 있다. 필자의 원래 사례는 철기시대 레반트(Levant)에서 음소문자(音素文字, alphabetical writing)의 사용이었는데, 레반트의 청동기시대 발명과 철기시대 초기의 발전은 '상위 문화' 또는 국가의 배타적 산물로서 효율적으로 분석되지 않는다. 동시에 음소문자는 철기시대 왕권의 기능 및 표출과 연계되었고, 결과적으로 변형되었다. 이와 마찬가지로, 중국에서 오랜 역사가 있는 뼈-불점(술)의 상(商) 통치자와 상 왕실(王室) 점술가의 전문 기술에 내재된 권력에의 호소는 점술이 훨씬 폭넓은 문화적 맥락에 내재되고, 가치를 인정받았다는 사실에 근거한다. 점술의 폭넓은 문화적 맥락과 왕실의 새로운 선택 사이의 긴장은 아마도 서기전 4세기 문헌인 『國語』에서 인정될 것이다. 『國語』에 따르면, 과거에는 모든 사람이 재능 있는 샤먼(覡/巫)을 통해 땅과 하늘 사이에서 의사소통을 할 수 있었는데, 가족(家族)마다 자신의 종교 의식을 수행하기 시작하면서 이는 깨졌고, 인간과 영혼이 자유롭게 뒤섞여 재앙적 결과를 낳았다. 질서 회복을 위해 하늘과 땅 사이의 자유로운 의사소통은 단절되고, 왕실을 통해서만 신중하게 관리돼야 했다(Chang 1983: 44-45 참조).

오랜 문화적 관행에 뿌리를 두고 있었지만, 상 통치자들의 뼈-불점(술) 엔트레인먼트는 명문 추가 및 전문화된 뼈 표면 처리 등의 발전을 이루어냈고, 이는 숙련된 점술가가 의미하는 바를 변화시켰을 것이다. 따라서 상 통치자들이 전문적인 점술 기술로 권력을 얻기 위해 뼈-불점(술)을 독점해야 했다고 가정할 필요는 없다. 일단 정치적 권위와의 유대를 통해 주목받게 된 문화적 관행들은 정치적 권위가 저작자나 위임자로 직접적인 역할을 하지 않는 정황에서도 권위를 상기시키는 맥락 의존적 신호(indexical sign)의 역할을 수행할 수 있다.

합리적 선택?

리처드 블랜턴(Richard Blanton)과 레인 파거(Lane Fargher 2008)의 기념비적인 비교-문화적(cross-cultural) 연구는 전근대국가의 맥락에서 홉스의 딜레마를 언급하며 베인즈와 요피와는 거의 전적으로 다른 주장을 제시한다. '홉스의 딜레마'는 '자신의 이익을 추구하는 인간의 성향을 고려할 때 (국가와 같은) 집단을 하나로 묶는 것은 무엇인가?'라는 간단한 질문으로 요약된다. 블랜턴과 파거는 엘리트 지배라는 단방향적 관점에서는 이 질문에 답변할 수 없음을 시사한다. 두 학자는 합리적 에이전트인 전근대국가 국민들[자신들의 용어로 '납세자들(tax-payers)'] 이 '내부 엘리트들(inner elites)'[베인즈와 요피의 용어로 '국가 주역들(state principals)']에게 넘겨준 자원의 대가로 핵심 '공공재(public goods)'(예: 판결, 법 집행, 물 공급, 수송로 등) 제공을 적극적으로 협상하고 요구했을 것이라는 주장을 위해 합리적 선택 이론(rational choice theory)을 활용한다. 단지 강요(coercion) 자체는 '납세자 준수(tax-payer compliance)'를 보장하는 수단으로 너무 비싸고 비효율적이므로, 협상에 따른 동의가 필요했을 것이다. 즉, 블랜턴과 파거에 따르면, 공공재에 대한 대가로 협상을 통해 공공 수익의 균형을 맞추는 집단 행동은 전근대 및 현대를 망라한 모든 국가와 관련된 변수이다. 블랜턴과 파거는 계량 분석을 통해, 국가가 집단 행동으로 특징지어지는 정도는 주로 '국가 주역들'이 다른 원천들(예: 전리품, 무역 전매, 왕실 소유 토지 등) 대비 납세자들로부터 걷은 수익에 의존하는 정도에 따라 결정된다고 주장한다. 더욱이 블랜턴과 파거는 집단 행동으로 특징지어지는 국가들은 공공 의지와 공공재 제공을 발견, 대처, 그리고 집행하기 위해 보다 광범위하고 사회적으로 파급력 있는 관료제를 발전시킬 것이라 제안한다.

모든 정치적 권위에서 국민의 동의가 한몫을 하며, 이러한 동의는 추정될 수 없지만 계속 도출되고 재생되어야 한다는 블랜턴과 파거의 주장은 확실히 옳다. 그런데 두 사람의 제안처럼, 이 동의가 단순히 개인의 이익과 공동의 선

(또는 국민들의 요구에 반하는 통치자의 야망) 사이의 균형을 맞추기 위한 것인지 여부는 문제가 된다. 특히 좀 더 면밀히 검토해 보면 제1장에서처럼 블랜턴과 파거는 다소 문제의 소지가 있는 몇 가지 기본적 범주들과의 관계를 있는 그 대로 수용한다.

블랜턴과 파거는 실체로서의 국가와 통치자와 국민과의 가상 관계, 그리 고 수반되는 자원을 추출하고 공공재를 제공하는 국가 권리를 조사하기보다 는 추정한다. 예를 들어 두 사람은 국가 주역들/납세자 관계가 애당초 왜 존 재하는지, 또 시간이 지남에 따라 그 관계가 어떻게 다시 형성되는지 묻지 않 는다.

모든 인간 집단에 존재하는 다양한 이해관계가 '홉스의 딜레마'의 중심 을 이루는 데 반해, 블랜턴과 파거가 말하는 세금 납부하는 국민은 분화되지 않은 동질의 합리적 행위자이다. 그러나 납세자 규정 준수 강제와 '무임승차 (free-riding)'를 방지와 같은 핵심 공공재의 일부는 납세자의 동의와 공공재의 정의를 구별하고, 오히려 잠재적인 이해관계를 토대로 (예: 부자/빈자, 남성/여 성, 도시/시골 등) 국민들을 나누는 무엇인가가 있음을 시사한다. 따라서 공공 재 제공을 통해 실현된 동의는 (어느 정도는) 물리적/상징적 강요 요소(즉, 공동 재에 대한 특정한 이해를 전파하는 능력)를 포함한다.

마지막으로 정치적 주체들은 자신이 내리는 선택의 측면에서 합리적인 에이전트일 수 있지만, 이러한 선택은 결코 무한하지 않다. 따라서 합리성은 항상 특정 에이전트가 사용할 수 있는 선택과 관계가 있다. 예를 들어 정부의 운하 프로젝트에 부역하는 것이 자신이 사는 지역 물 관리를 위한 최선의 선 택임을 안다고 해서, 반드시 해당 프로젝트에 동의하지는 않는다. 오히려 즉 각적인 비용과 승낙 시 혜택에 따라 선택이 이루어진다. 따라서 동의에 대해 말한다면, 어떤 특정한 정치적 주체가 조우하게 될 기회 조건들을 고려할 필 요가 있다. 다른 국민들에게 이용 가능한 선택들이 다른 국민들의 입장과 어 떻게 연관되는지 문의해 볼 필요가 있다. 최소한 블랜턴과 파거의 분석에 따르면, '국가 주역'과 '납세자'는 전근대국가에서 서로 다른 선택에 직면했고, 따라서 서로 다른 정의의 합리적 행동이 운용되었을 것이다. 핵심 질문은 주어진 특정 정치적 구성 내에서 다른 종류의 주관성이 어떻게 합리적으로 만들어졌는가 하는 것이다(Smith 2004와 비교).

그렇다면 원래 우리의 질문은 무엇인가? 베인즈와 요피는 정치 권위의 구성과 관련된 여러 키 포인트들을 제기해 왔는데, 이러한 정치 권위는 더 큰 사회적 (종종 우주론적) 질서에 내재되어 있고, 사회적 질서에 의해 합법화됨이 중요하다. 그런데 이 두 학자는 전적으로 질서 생산자로서 '상위 문화'에 초점을 맞춤으로써 우리에게 난해한 이분법을 남겨 주었다. 즉 한편으론 엘리트들의 동의만 존재하고, 다른 한편으론 비엘리트들에 대한 노골적 강요만 있는 (더 심하게는 아무것도 없는) 것 같다. 이와는 대조적으로, 블랜턴과 파거는 합리적 에이전트로서 국민의 동의는 모든 맥락에서 정치 권위의 구성에 필수적이라고 주장해 왔다. 그렇지만 우리가 보아 왔듯이 이러한 동의가 단순히 합리적인 개인 행위자들의 이해관계의 균형을 맞추는 정도라고 가정한다면, 이 책의 제1장에서 정치 권위의 가상적 성격과 정치 권위가 강요와 동의 사이에 조성한 밀접한 관계에 대해 제기한 질문의 대부분은 답변되지 않은 채로 남게 된다.

이러한 밀접한 관계에 대한 체계적 사고는 쉬운 과제가 아니다. 어떻게 정치 권위가 강요와 동의 위에 기반할 수 있는지, 어떻게 정치 권위가 (정치 권위에 저항할 수도 이를 수용할 수도 있는 사람들인) 하층 계급 주민들의 지배와 통합에 기여할 수 있는지, 그리고 어떻게 정치 권위가 문화적 관행을 동시에 반영, 선택, 형성할 수 있는지를 이해하기 위해서는 특히 비교적 정밀한 분석 도구가 필요하다. 이러한 분석적 도구의 개발은 안토니오 그람시의 수수께끼 같은 정치 저술의 중심 관심사였다. 따라서 초월적 정치 권위 탐구를 위해 그람시의 사상으로 짧은 여행을 떠나는 작은 일탈이 필요하다.

안토니오 그람시

이탈리아 공산당에서 주도적 역할을 했던 안토니오 그람시(Antonio Gramsci)는 1926년부터 1937년 사망 직전까지 무솔리니(Mussolini)에 의해 투옥된 이탈리아의 지식인이자 정치 운동가였다. 『옥중수고(*Prison Notebook*)』로 잘 알려진 그는, 이탈리아에 프롤레타리아 국가를 수립하는 데 필요한 사항들을 매우 폭넓은 관점에서 심사숙고했다. 그는 이 과정에서 산업화된 서구에서 노동자 계급 혁명 운동의 전반적 실패와 제1차 세계대전 이후 10년 동안 많은 정치적·경제적 위기에 직면했던 '부르주아' 국가의 전반적 회복을 이해할 필요성을 느꼈고, 특히 국가, 문화, 지도력, 권력 사이의 관계에 관심을 갖게 되었다. 이러한 쟁점들에 대한 그람시의 접근은 한편으로는 정통 마르크스주의적 계급 분석, 다른 한편으로는 구체적 역사 환경과 인간의 자유 의지를 강조하는 역사주의적 탐구로 특징지어지는 뚜렷한 연구 성과를 거둔 것으로 평가된다(Morra 1990).

그람시의 사상 토론을 연장해서 제기할 자리도 아니고, 필자는 이 분야 전문가도 아니다. 그러나 그람시의 주요 아이디어들과 관련된 여러 핵심 용어들을 검토해 보면, 정치 이론 분야에 대한 그의 공헌을 어느 정도 이해할 수 있는데, 그 핵심 용어에는 '헤게모니(Hegemony)', '지식인(Intellectual)', '상식(Common Sense)', '역사적 블록(Historical Bloc)' 등이 포함된다.

헤게모니, 강요, 그리고 국가

국가를 극복해야 할 대상이자 완성해야 할 대상으로 이해한 그람시는 정치체의 행정 기구뿐만 아니라 그 정치체를 지지하고 재현하는 사회적 총체의 고려를 중시했다. 그는 다음과 같이 말한다.

··· 국가는 실용적·이론적 행위들의 완전한 복합체인데, 지배 계급은 이를 통해 지배를 정당화하고 유지할 뿐만 아니라 국가가 통치하는 사람들의 적극적인 동의를 얻기 위해 노력한다(Gramsci 1971: 244).

그람시는 정치사회란 정부의 공식 기구이며, 특히 강압적 권력의 소재지인 반면에 시민사회는 공식 기구 외부의 명백한 사적 세계이지만, 두 사회는 밀접하게 연결되어 있다고 보았다. 이 관계는 '국가=정치사회+시민사회, 다시 말해 강요의 갑옷으로 보호되는 헤게모니'라는 간단한 공식으로 표현된다(Gramsci 1971: 263).

정치사회와 시민사회 사이의 유기적 관계는 통치받는 주민들의 동의 구성에서 가장 뚜렷하다. 일례로 그는 다음과 같이 기록했다.

국가는 동의를 요청하여 얻고, 또 정치적·행정적 연합을 통해 이러한 동의를 '교육'하기도 한다. 그러나 이들은 지배 계급의 사적 주도권에 맡겨진 사적 유기체들이다(Gramsci 1971: 259).

여러 학자가 지적해 왔듯이, 그람시는 러시아 사회민주주의에서 헤게모니란 용어를 차용했는데(Laclau and Mouffe 2001: 7-41), 러시아 사회민주주의에서 헤게모니는 다른 여러 집단(예: 소농 계급)에 대한 무산 노동자 계급의 이념적 리더십을 의미한다. 그런데 그람시는 헤게모니 개념을 분석 도구로 크게 확장했다. 그람시가 확장한 헤게모니 개념을 이해하려면, 그람시가 분석과 유토피아 양자 모두에 관심을 기울였음을 꼭 기억해야 한다. 이탈리아 국가를 역사적 형성체로 이해하기를 원했던 그는 국가 전복을 조장하고자 했고, 이탈리아 사회 변혁을 통한 국가 전복의 필요성을 제거하기를 원했다. 결과적으로 그람시는 통치 계층이 교육, 문화 활동, 상징적 표현, 종교, 언어, 전통적 계층 간 동맹 등을 활용하여 하층 계급들에 대한 정치적 지배의 묵인을 이끌어 내는 과정을 헤게모니라고 보았다. 이러한 상황에서 헤게모니와 강요는 계급 지배를 조직화하고 영속화하는 동전의 양면으로 긴밀하게 연결되어 있었다. 동시에 그는 생산관계의 개혁으로 등장하는 계급 없는 시민사회를 조직하고 설명할 '정치적-윤리적(political-ethical)' 국가를 통해 하층 계급이 자신의 잠재력을 실현하는 과정을 헤게모니라고 말하기도 했다. 이러한 '정치적-윤리적' 국가는 (푸코의 악몽들 중 하나의 사본으로밖에 묘사될 수 없을) 정치 사회의 강압적 권력의 필요성을 제거할 것이다:

> 정치 사회의 껍질 안에 개인이 자신의 자치 없이 스스로를 통치할 수 있는 복합적이고 뚜렷한 시민사회를 건설 … 정치사회와 갈등을 일으키지만, 오히려 정상적 연속체, 즉 유기적 보완체가 된다(Gramsci 1971: 268).

그람시의 유토피아적 관점에 대해 어떻게 생각하든, 그의 헤게모니관(觀)이 학계의 규정은 물론, 인류학 및 고고학 문헌에 간접적으로 반영되는 방식과 상당히 달랐음은 분명하다(Kurtz 1996; Crehan 2002 참조). 일례로 그람시에게 헤게모니는 당연하게 여겨지는 전통 질서(예: 상징, 가치, 의사소통 방식)에 내재된 일종의 잘못된 의식이 아닌, 문화적 관행 뒤에 놓인 인식되지 않은 생성적 힘이다(예: Alonso 1994; Comaroff and Comaroff 1991: 22-32). 또한 그람시는 동의(consent) 개념 사용에서 단순하게 소위 억압받는 이들의 '공공(public)' 기록과 '숨겨진(hidden)' 기록을 혼동하지 않았다(Scott 1990: 95와 비교). 오히려 그람시의 헤게모니는 조직, 방향, 교육, 그리고 주어진 계급 경험의 역사적 실체의 명확성을 수반했다. 따라서 자본가 계급의 경우 자신의 헤게모니가 근현대국가를 통해 취한 형태(틀림없이 자유주의 또는 파시스트의 형태)는 자신의 역사적 현실의 유기적 표현인데, 이는 노동자 계급의 '정치적-윤리적' 국가가 미래의 계급 없는 사회를 위한 것인 것과 마찬가지이다. 헤게모니를 동의의 조작을 그 이상으로 만드는 이것은 헤게모니의 개념을 복잡하게 함이 분명하다. 그러나 이 역시 그람시의 작업의 분석적 측면에 대한 문제, 말하자면 하층 계급이 자신의 역사적 현실의 표출이 아닌 헤게모니를 묵인하는 방법과 이유를 이해하는 데 문제를 야기한다. 분명 강요는 답변 중 하나이지만, 그람시 자신의 관점에서도 불충분한 답변이다. 이 문제는 결코 그의 글에서 직접 인정되거나 다뤄지지 않지만, 종종 그러하듯이 그람시 스스로 논평과 역사적·문화적 분석에서 대안적인 '신(新) 그람시적(neo-Gramscian)' 관점을 구성하는 도구를 제공한다. 이는 그의 저작에 표현된 '지식인'과 '상식'이라는 용어를 검토해 보면, 훨씬 뚜렷해질 것이다.

지식인과 상식

그람시는 지식인이라는 용어를 헤게모니 구성과 매우 밀접하게 연관되는 특이한 방식으로 사용한다. 그는 지식인을 활동의 성격이 아닌 사회관계 체계에서의 위치로 정의하였다.

> 모든 사람이 지식인이다. … 그렇지만 사회에서 모든 사람이 지식인의 기능을 갖고 있지는 않다. … 따라서 지식인의 기능을 실행하기 위해 역사적으로 형성된 전문화된 범주가 있다(Gramsci 1971: 9-10).

여기서 말하는 '지식인의 기능(intellectual function)'이란 집단 헤게모니의 선도, 교육, 그리고 분명한 표현이다. 그람시에 따르면, 지식인은 단순히 국가에 의해/국가를 위해 생성되지 않고, 그람시가 감옥에서 검열을 피하기 위해 계급 대신 사용한 용어인 기본 사회 집단(fundamental social group) 내에서 유기적으로 발생한다(Gramsci 1971: 5n. 1). 이러한 의미에서 지식인은 보통 그 자체로는 지식인으로 간주되지 않지만, 그렇더라도 특정 계급에게 '경제적 영역은 물론 사회적·정치적 영역에서 고유의 동질성과 자각'을 제공하는 광범위한 활동(예: 기술적이거나 행정적)에 종사할 수 있다(Gramsci 1971: 5). 그러나 그람시는 지식인이 지배 집단을 위해 '… 사회적 헤게모니와 정치적 정부 기능'을 행사하는 '대리인(deputy)' 역할을 수행한다는 점 역시 지적한다 (Gramsci 1971: 12). 이러한 지식인의 기능은 첫 번째로 "지배적 기본 집단이 사회생활에 부과하는 전반적 지시에 대한 대다수 주민의 '자발적' 동의"에 해당하고, 두 번째로 "적극적 또는 소극적으로 '동의'하지 않는 집단들에 '합법적' 규율을 강요하는 국가의 강압적 권력 장치"에 해당한다.

강압의 영향과 자신의 생활 환경에 대한 일관된 비전의 호소는 설명을 필요로 하지 않지만, "많은 대중의 '자발적' 동의"는 훨씬 이해하기 어렵다. 그람시의 즉각적인 답변에 따르면 이러한 동의는 "… 생산 세계에서의 위치와 기능 덕분에 지배 집단이 누리는 명성(그리고 이에 따른 자신감)"에서 야기된다 (Gramsci 1971: 12). 이러한 설명은 경제적 강요의 한 형태라는 점을 제외하면 불충분해 보인다. 그러나 그람시는 '상식(common sense)'이라는 대중문화의 '원재료(raw material)'를 이용해 이탈리아 하층 계급의, 그리고 그들을 위한 헤게모니를 형성하는 구체적인 과제에 관심을 돌리며 대안적 답변을 제시한다.

그람시는 생산관계가 역사와 사회 형성에서 가장 근본적이며, 특히 자본주의적 생산관계는 자본주의의 종말을 초래할 내재된 모순을 포함한다는 신념을 지닌 정통 마르크스주의자였다. 그러나 결정론에 저항했던 그는 이러한 역사적 변화가 저절로 발생하고, 역사적 유대와 기존의 세상에 대한 이해는 생산관계의 변화에 따라 급격하고 자동적으로 변한다는 '운명론적' 입장에 반대했다. 즉 그람시는 (공산당 부류의) 지식인은 하층 계급의, 하층 계급을 위한 새로운 헤게모니 형성에 적극적인 역할을 해야 한다고 생각했다. 이는 그람시의 머리 속에서 자신이 '상식'이라 지칭하는 대중의 체계화되지 않은 실제 의식의 변형을 수반했다. 그람시에게 하층 계급의 일상 문화는 무의식적, 무비판적, 비체계적인 것으로 제한되었다. 이는 하층 계급 사람들이 자신들의 상황을 인식하지 못해서가 아니라 편협한 초점과 더불어 역사적으로 물려받거나 지배 집단이 채택한 모순된 사상과 방향성이 '뒤죽박죽' 결합되면서 그 인식이 제한되었기 때문이다. 특히 이탈리아의 경우는 천주교 문제가 포함된다. 지식인의 과업은 '상식'의 개조가 아니라, 상식의 원자재[그람시가 '양식(good sense, 良識)'이라 지칭한 부분]를 활용하여 하층 계급의 정치적·경제적 현실에 부합하는 비판적 헤게모니를 구축하는 것이다. 그람시(Gramsci 1971: 330-331)는 "… 처음부터 모든 사람의 개별적 삶에 과학적 사고를 도입하는 문제가 아니라, 기존 활동을 혁신하고 '비판적으로' 개조하는 문제"라고 말한다. 그람시는 헤게모니적 질서는 단순하게 조작될 수 없고, 인도되는 사람들의 공유 경험과 연결되어야 한다고 확신한다. 그는 다음과 같이 말한다.

> 이런 종류의 대중 구조가 단순히 특정 개인이나 집단의 형식적인 건설 의지 때문에 … 어떤 이데올로기에서 '독단적으로' 일어날 수 없음은 명백하다(Gramsci 1971: 341).

그람시는 지속적인 집단 행동과 공통의 방향성에서 헤게모니가 실현된다고 보았다. 즉 지식인이 '상식' 영역에서 미완성 형태로 발견되는 실천적 경험의 일관된 문제들과 방향성을 끌어내고 만들어 낼 수 있을 때 헤게모니는 발생한다.

그람시가 이러한 헤게모니 구성 방법을 진정한 하층 계급의 헤게모니 구성이라 확신했던 미래 공산주의의 과제로 국한하지 않았음이 우리 목적에서 중요하다. 예를 들어 그람시는 "모든 '헤게모니' 관계는 필연적으로 교육 관계"이며, "이러한 관계 형태는 주민 중 지성인과 비지성인 집단 사이, 통치자와 피통치자 사이, 엘리트와 추종자, 지도자와 피지도자, 전위대와 본대(군대) 사이에서 일어난다"고 말한다(Gramsci 1971: 350). 또한 그람시는 '대중 속의 인간(man-in-the mass)'이 두 가지 모순된 의식을 지닐 수 있음을 인정한다. 하나는 생산 영역에서의 실제 활동을 통해 형성되어 다른 노동자들과 공통의 명

분으로 연결되는 의식인 반면, 다른 하나는 "피상적으로 명시적이거나 언어적인데, 과거로부터 물려받아 무비판적으로 흡수된" 의식이다(Gramsci 1971: 333). 그람시는 다음과 같이 말한다.

> 그것은 특정한 사회 집단을 하나로 묶고, 변화하는 효능으로 도덕적 행동과 의지 방향에 영향을 미치지만, 종종 모순된 의식 상태가 모든 행동, 결정, 선택을 허용하지 않고 도덕적, 정치적 수동성의 상태를 조장할 만큼 충분히 강력한 영향을 미친다(Gramsci 1971: 333).

즉, 그람시는 모든 형태의 헤게모니에는 '상식'에 뒤죽박죽 존재하는 상징, 가치, 문제점, 그리고 물적(物的) 오리엔테이션을 분명하게 표현하고 일관성 있게 만드는 과정이 수반된다고 생각한다. 이것이 헤게모니로 하여금 적극적/수동적 동의를 이끌어 내는 힘을 부여한다. 그람시가 고려했을 '진보적(progressive)' 헤게모니와 '반동적(reactionary)' 헤게모니 간의 차이는 '상식'의 어떤 측면이 사회 질서의 토대로서 내세워지고 명시되는가에 놓여 있다. 따라서 어떤 형태의 헤게모니도 모든 가능한 가치, 문제, 오리엔테이션을 분명히 표현할 수는 없으며, 실제로 헤게모니 프로젝트는 모든 역사적 맥락에 내재하는 여러 가능성을 적극적으로 선택, 무시, 또는 심지어 억압한다. 따라서 '상식'은 항상 자체 내부에 대안적 또는 반대 헤게모니(alternative or counter-hegemonies)를 구성할 가능성을 포함한다(그람시와 비슷한 이해를 위해 Laclau and Mouffe 2001: 105-114 참조).

앞에서 살펴본 논의는 그람시의 저작들에 대한 주석으로 그런대로 괜찮겠지만, 진정 이러한 논의가 과거의 정치적 권위를 이해하는 데 도움이 되고, 또 고고학적 수단으로 연구될 수 있을까? 특히 그람시의 헤게모니 개념은 역동적인 역사적 현실을 계급 갈등이라는 반복적 그림자 놀이로 환원시킨 결정론적 마르크스주의적 사고의 또 다른 사례는 아닐까? 생산관계가 비교적 단순하거나, 친족, 종족성(ethnicity), 지위가 정치 권력의 조직에서 적어도 계급만큼 중요해 보이는 비자본주의적 맥락에서는 어떨까?

그람시가 생산관계를 가장 기본적인 사회관계로 인식했음은 의심의 여지가 없으며, 그는 이 관계가 궁극적으로 헤게모니 형성을 위한 토대를 제공하리라는 입장을 결코 거부하지 않았다. 그러나 라클라우와 무페(Ernesto Laclau and Chantal Mouffe 2001)가 상당히 자세하게 보여 주었듯이, 그람시의 역사주의와 헤게모니 구성에 대한 적극적인 접근 방식은 그의 분석에서 에이전트의 계급적 성격은 결코 사전 보장되지 않았고, 구성되어야 했음을 말해 준다. 인간은 자신의 역사적 입장을 보는 방식과 정치 활동에 연루되는 방식에 뚜렷한 영향을 미치는 모순된 의식(예: 언어적 대 물질적)을 지닐 수 있다는 취지에서 우리는 이미 그람시를 인용해 왔다. 그람시는 "자신에 대한 비판적 이해는 정치적 '헤게모니들'과 반대되는 방향의 투쟁을 통해 발생한다 …"고 말한다(Gramsci 1971: 333). 그러나 그람시는 '역사적 블록'이라는 개념에서 이보다 훨씬 더 나아간다.

역사적 블록

그람시의 '역사적 블록'은 '현실 과정의 통일성(the unity of the process of reality)'을 의미한다(Gramsci 2000: 193). 그람시는 구조(힘과 생산관계)나 상부구조(그 밖의 대부분의 것)로 구별되는 요소들이 어떤 역사적 순간에도 통일성을 보임을 강조한다.

그람시는 다음과 같이 말한다.

이러한 명제의 분석은 물질적 힘은 내용이고, 이데올로기는 형태라는 '역사적 블록' 개념을 강화하는 경향이 있다고 생각하지만, 형태 없는 물질적 힘은 역사적으로 생각할 수도 없고, 물질적 힘이 없는 이데올로기는 개인적 환상일 뿐이므로 형태와 내용 사이의 이러한 구별은 단지 지시적 가치를 지닐 뿐이다(Gramsci 1971: 377).

상부구조를 피부로, 구조 관계를 골격으로 인식하고, 역사적 블록을 인체해부학에 비교했던 그람시(Gramsci 2000: 197)는 상부구조의 요소가 구조 요소에 영향을 주기보다는 오히려 순응하는 비교적 기계적인 방식으로 이러한 통일성을 묘사하곤 한다. 그람시는 좀 더 현실적으로 역사적 블록을 역사적 관계의 앙상블로 묘사하기도 했는데, 이 경우 "… 복합적이고, 모순적이고, 불일치하는 상부구조의 앙상블은 사회적 생산관계의 앙상블의 반영이다"(Gramsci 1971: 366). 정치 운동가로서의 그람시는 '복합적이고, 모순되고, 불일치하는 상부구조의 앙상블'에 반영된 구조 관계를 확인하고 변화시키려면 이념적 활동이 필요하다고 믿었다(Gramsci 1971: 365-367, 375-377 참조). 다시 말해서 상부구조(예: 이데올로기)는 실제로 구조(예: 생산관계들)의 형태를 만들고 변화시킬 수 있었다. 왜냐하면 적어도 '역사적 블록'에서 이들은 단순한 인과 관계가 아닌 변증법적으로 연계되었기 때문이다.

역사적 블록은 그람시의 흥미로운 (비록 충분하게 개발되진 않았지만) 인간 주관성 관계론과 연계되었을 때 훨씬 더 큰 의미를 지닌다. 주관이 복합적 관계 네트워크에서 노드(node)로 존재한다고 본 그람시는 다음과 같이 말한다.

인간은 순전히 개인적이고 주관적인 요소와 대중적이고(즉 집단적이고) 객관적이거나 물질적인 요소로 이루어진 역사적 블록으로 이해되어야 한다. … 개성을 구성하는 요소의 종합은 '개별적'이지만, 자신이 생활하는 다양한 사회적 서클에서 자원과 함께 다양한 정도로 다른 사람들과 맺은 외적 관계를 수정하는 외부로 향하는 활동이 없다면 이는 실현되고 발전할 수 없다 … (Gramsci 1971: 360).

이러한 관점은 다양한 의미를 지닌다. 첫째, 헤게모니가 필연적으로 계급적 성격을 지니고 있는지 여부에 대한 질문은 그람시의 정치 사상과 관련하여 매우 부적절하다. 개인의 주관을 구성하는 사회적·물질적 관계의 연결 고리로서 특정 생산관계가 존재하는 한, 그 역사적 블록에 계급이 잠재해 있다. 그러나 특정 헤게모니적 질서 구성에 바로 이 계급 경험이 선택되고, 앞당겨지고, 분명하게 설명된다고 장담할 수는 없다.

그람시의 역사적 블록의 두 번째 함의는, 헤게모니가 개인의 주관을 구성하는 관계망의 일부라면, 헤게모니는 '상식'과 재귀적 관계를 가질 수 있다는 점이다. 다시 말해서 일상생활은 단순히 헤게모니 구성에 선택되고 설명되는 사회적·문화적 자원의 원초적 생성자일 뿐 아니라, 헤게모니적 질서의 존재에 따라 역사적으로 형성된다. 따라서 헤게모니적 질서는 역사적 경험으로 일상생활에 다시 새겨질 수 있다.

그람시의 적용

그람시의 관점은 특정 관심사가 일반적 (그리고 실제로는 본질적) 관심사로 확산되는 일상생활에 내재된 문화 자원의 선택적 표현을 통해 사회적 (그리고 실제로 우주론적) 질서로서의 헤게모니 형성 분석을 포함한다. 헤게모니는 사람들의 삶과 밀접하게 관련된 가치, 상징, 관행, 그리고 제도를 분명하게 표현하므로, 일상생활의 감정, 경험, 또는 필요의 측면에서 종종 '정말처럼 들리고 (rings true)', 따라서 정치적·경제적 지배에 대한 자발적 동의의 토대를 형성한다. 동시에 정의상 헤게모니 형성은 부분적(즉, 선택적)이기 때문에 결코 안전하지 않고, 항상 저항 또는 재편의 여지가 있다. 따라서 지속적인 헤게모니 복제는 물리적·상징적 강요 관계와 밀접하게 연결되어 있다. 그러므로 헤게모니가 동의의 가능성을 규정하는 반면에 힘은 그 한계를 규정한다고 할 수 있다. 마지막으로 일상 문화(그람시의 '상식')와 헤게모니 모두 역사적으로 구성되기 때문에 헤게모니 권력의 경험은 문화 자원으로서 일상생활에 다시 새겨질 수 있다. 그러나 다시 새겨진 헤게모니의 구체적 용도는 잠재적으로 열려 있다.

정치적 권위에 대한 그람시의 접근은 베인즈와 요피의 초기 문명의 질서, 합법성, 부에 대한 관심을 분명히 포함하는 동시에 이러한 질서가 일상생활에서 엘리트와 비엘리트의 경험 양자 모두에 연관될 수 있는 방식을 이해하는 수단을 제공한다. 따라서 그람시의 접근은 이론 및 실제 적용의 측면에서 정치적 권위가 주어진 맥락에서 초월적이 된 방법에 대한 질문을 다루는 데 매우 적합해 보인다. 그람시에 대한 논의를 이 책의 다른 부분에서 논의된 쟁점 및 사례 연구와 효과적으로 연결하기 위해 명시해야 할 사안이 몇 가지 더 남아 있다.

제1장에서 정치(적) 권위라고 지칭한 것은 그람시가 정치 사회라고 명명했던 것과 연관됨을 분명히 해야 하므로, 이는 그람시의 방정식에서 강압적 권력의 자리이다. 그람시는 시민사회의 헤게모니 구성에는 상당한 관심을 기울였지만, 정치 사회의 구성 또는 존재를 당연하게 여겼던 정치 사회의 강압적 권력에는 거의 관심을 두지 않았다. 하지만 데이비드 커처(David Kertzer)는 강요에 대해 다음과 같이 지적했다.

이들은 상징적 힘을 전제했기 때문에, 강요하는 이런 종류의 힘들은 단순히 또는 본질적으로 물리적 힘이 아니다. 정부가 특정 방식으로 사람들이 행동하도록 강요하는 힘은 그 명령을 수행하도록 사람들을 동원하는 능력에 기초한다(Kertzer 1996: 3).

그러므로 정치 사회의 강압적 권력 자체는 본질적으로 헤게모니의 한 국면으로 구성되어야 한다. 여기서 우리는 정치적 권위, 강압적 힘, 초월적 정체성의 실천과 전략이 도덕적 질서로서의 헤게모니라는 우산 아래 어떻게 교차하고 서로를 강화하는지 확인할 수 있다.

두 번째 설명은 그람시의 지식인 개념과 관련이 있다. 헤게모니의 지적 기능(선택, 명령, 명확한 표현, 해석)이 집중된, 역사적·문화적으로 정의된 역할(예: 성직자, 장군, 서기, 과학자, 정치인)의 존재를 확인한 그람시는 물론 옳았다. 또한 지식인에 대한 그의 논의를 바탕으로 엘리트, 행정가 또는 전문가에 대한 고고학적 논의를 생산적으로 다시 검토할 수도 있었을 것이다. 그러나 헤게모니의 지적 기능을 이러한 역할로 한정하면, 사실상 모든 사람이 일상적으로 수행하는 중요한 헤게모니 업무의 상당 부분을 놓치게 된다. 실제로 고고학자에게는 지식인 자체보다는 문화 자원을 선택 및 관리하고, 분명하게 설명하는 지적 산물(텍스트, 건물, 예술, 물적 기호, 행정 체계 등)에 초점을 맞추는 편이 훨씬 더 생산적인 것으로 보인다. 이는 고고학의 불편한 부재(absences)를 최대한 활용한 사례 그 이상이다. 오히려, 이러한 초점 전환은 우리 관심을 바로 물질적 실천으로 옮겨 준다. 예를 들어 상대(商代) 복골(oracle bone)의 경우, 그람시가 의미하는 지식인이 실행의 중심에 있었음에 의심의 여지가 없다. 그러나 뼈 자체, 즉 뼈의 준비, 처리, 해석의 경우도 마찬가지이다. 단순히 이를 이미 존재하는 권력의 구체화로 다루게 되면(예: Demarrais et al. 1996), 연관된 실행의 역사적 특수성을 무시하고, 더 나아가 헤게모니가 구성되는 실체성을 오해하게 된다.

　　고고학자의 마지막 과제는 그람시 본인에게서 비롯된다. 그람시가 자신의 헤게모니 이론은 현대사회에만 적용된다고 생각함이 분명하기 때문이다.

> 정치적-영토적이든 사회적이든, 고대국가와 중세국가 모두에서 중앙집권화는 … 미미했다. 어떤 의미에서 국가는 … 사회 집단의 기계적 블록이었다. (특정 순간에만 가혹하게 행사된) 정치적-군사적 압박의 원 안에서 하층 집단은 자신들의 삶과 제도 등을 가졌다. 현대국가는 지도적·지배적 집단의 능동적 헤게모니에 종속된 사회 집단의 기계적 블록을 대체한다(Gramsci 1971: 54n. 4).

아이러니하게도 그람시의 견해는 고대국가의 헤게모니 활동이 사회적 분열로 제한된다고 추정한다는 점에서 오히려 베인즈와 요피의 입장에 가까워 보일 수 있지만(Giddens 1985와 비교; 비판은 Routledge 2003 참조), 사회적 결속은 대개 노골적 힘의 불규칙적 행사에 달려 있다. 이미 보아 왔듯이 이러한 전근대적 정치적 권위의 관점은 널리 공유된 문화적 관행과 가치에 내재된 것을 설명하지 못한다. 이러한 관행은 분명하게 선택되고, 개발되고, 때로는 거의 알아보기 어려울 정도로 변형되기도 하지만, 배타적인 엘리트 중심적 관점에서는 여전히 설명되지 않고 남아 있는 서로 간의 상호 작용의 정도를 시사한다. 대규모 대중문화의 부재가 헤게모니 활동의 부재를 의미한다고 가정하는 대신 헤게모니 질서가 '사회 집단의 기계적 블록'에도 불구하고, 또는 심지어 이를 통해 어떻게 달성되는지를 묻는 편이 훨씬 더 흥미롭고 적절하다(Routledge 2003 참조). 다음 장에서는 19세기 마다가스카르의 이메리나 왕국(the Imerina Kingdom)을 면밀히 검토하여, 헤게모니가 어떻게 정치적 권위의 초월을 가능하게 하는 동시에 그 권위에 저항하고 이의를 제기하는 장(場)의 역할을 수행했는지 살펴볼 것이다.

제3장

헤게모니의 작동: 마다가스카르 이메리나 왕국

육지 건너편에 보이는 수많은 나라들은 모두 내 것이고, 나는
그 모두를 사랑하지만, 나는 내 마음대로 머리털을 섞겠다.
— 안드리아남포이니메리나, 이메리나 왕(Larson 2000: 178)

수전 쿠스(Susan Kus)와 빅터 라하리자오나(Victor Raharijaona)는 19세기
메리나 통치자의 왕권 표현과 마다가스카르 고원의 메리나 표준 주택 평면 사
이의 밀접한 관계를 상세히 설명한 매우 흥미로운 논문을 발표한 바 있다(Kus
and Raharijaona 2000). 특히 통치자의 두드러진 권위는 궁전의 중앙 기둥(안드
리, andry)에 구현되었는데, 이는 마치 메리나 가문의 중앙 기둥이 가장(家長,
household head)의 상징이자 지표 역할을 했던 것과 마찬가지이다. 이렇듯 세
계에 대한 상식적 이해의 미묘한 전용과 변형은 앞 장에서 설명한 그람시의
관점과 오히려 잘 부합한다. 실제로 국가 의식에서 왕실 건축 계획을 거쳐 왕
실 업무 서비스에 이르기까지, 메리나 왕실 정책의 거의 모든 측면은 메리나
군주의 헤게모니를 구성하고 재현하기 위해 널리 공유된 메리나의 전통을 선
택 및 변형한 것으로 이해할 수 있다. 따라서 이메리나 왕국은 제2장에서 추상
적 형태로 제기한 헤게모니 관련 질문을 탐구하는 데 탁월한 사례 연구를 제
공한다.

이메리나의 역사와 고고학

마다가스카르 중앙 고원에 자리 잡은 이메리나 왕국(Kingdom of Imerina)[1]은 서기 1780년부터 1830년까지 정복을 통해 급속하게 세력을 확장한 국가로 알려져 있다(그림 3.1). 절정기의 이메리나 왕국은 마다가스카르 섬의 약 2/3(약 380,000km²)와 백만 명 이상의 주민을 통합했다(Campbell 2005: 136-137; Raison-Jourde 1991: 34). 확장 기간에 관한 정보는 다양한 출처에서 확인되는데, 소위 『탄타라(*Tantara ny Andrina*=왕들의 역사)』(Callet 1908)로 알려진, 1860년대에 작성된 왕실의 구술 역사 필사본이 가장 중요한 토착 정보 출처로 여겨진다. 유럽 측 자료에는 상인, 노예, 선교사, 군인과 대사관 직원의 여행 기록이 포함된다. 1970년대 이후 지리적·연대적으로 심하게 편중되긴 했지만, 제한된 발굴을 포함한 고고학 조사가 어느 정도 정기적으로 마다가스카르 중부 일부 지역에서 수행되었다. 일부 고고학 증거를 제외하고는 상기 1차 자료를 활용한 2차 자료를 토대로 연구와 논의가 진행되었다.

이메리나(Imerina)는 마다가스카르의 주요 문화집단 중 하나인 메리나(the Merina)의 땅이란 의미이다. 불분명한 마다가스카르 취락과 내부 고지 취락의 초기 역사는 논란의 대상이다(Kent 1970 참조). 메리나 구전 역사의 핵심적인 특정 부분을 제외하면, 18세기 이전은 본 연구 목적과 직접적인 관련이 없다. 메리나의 조상은 이메리나를 차지하기 위해 바짐바(Vazimba)이라는 집단을 축출(逐出)했다. 그 결과 바짐바의 조상은 물, 바위, 지하 세계와 관련된, 길들여지지 않고 사나운 원초적 힘의 원천으로서 메리나 경내에서 중요한 역할을 했던 것으로 여겨진다(Bloch 1986: 42-43, 1987: 280; Kus and Raharijaona 1998: 61-64 참조).

....

1 이메리나 왕국(c.1540~1897)은 말라가시어 'Fanjakan Imerina'를 따른 표현이고, 프랑스어 표기인 'Royaume Merina'를 따라 메리나 왕국이라고도 한다.

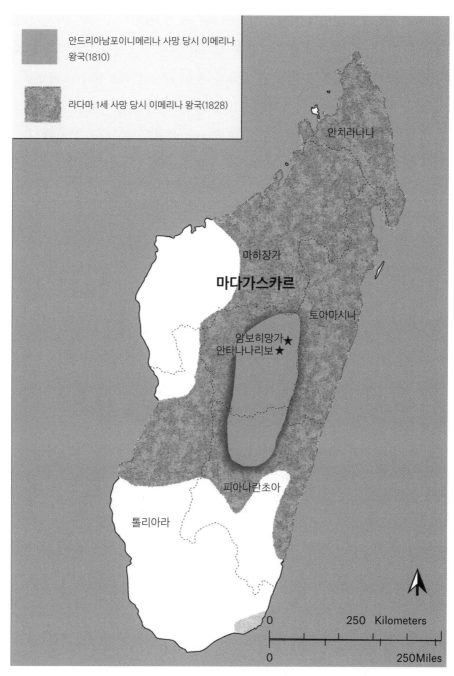

그림 3.1 이메리나 왕국 지도

마다가스카르 고원의 경제는 계곡과 계단식 경사면에서의 벼농사(riziculture)에 기반한다. 계곡의 상당 부분이 늪지인 환경적 특성상 벼농사를 위해서는 도랑과 제방을 이용한 노동 집약적 배수 사업이 필요했다(Berg 1981; Campbell 2005: 18-30 참조). 전통적으로 메리나에서 왕권은 이러한 배수 사업의 시작과 밀접한 관련이 있다. 특히 18세기 초 이메리나 왕국을 통치했을 것으로 믿어지는 잘 알려진 안드리아마시나발로나 왕[王, Andriamasinavalona, '신성함으로 아름답게 둘러싸인 고귀함']은 이메리나의 통일과 벼농사 지역의 광범위한 복원 및 확장을 이룬 공로를 인정받았다. 이메리나 북동부(아바라드라노 주 서부, western Avaradrano)의 지표 조사 자료에 근거한 고고학 증거는 이러한 관개 사업의 규모와 시기에 관해 상당히 양면적이다. 다시 말해 15세기 말부터 집약적 벼농사가 이뤄진 증거가 분명히 나타나지만(Wetterstrom and Wright 2007: 286), 대규모 중앙 집중화된 관개시설의 존재는 18세기 말까지 분명하게 확인되지 않는다(Schwarz 2007: 295).

『탄타라』에 따르면, 안드리아마시나발로나 왕은 자식 중 후계자를 결정하지 못하고 사망했다. 왕국은 사분(四分)되어 각각은 이메리나 중심부를 구성하는 전통적인 네 개의 주가 되었고, 왕국의 분할은 3대에 걸친 내전으로 이어졌다. 유럽 측 기록은 18세기가 갈등과 분열의 시기였다는 생각을 지지한다(Berg 1985; Larson 2000: 49-147 참조). 모리셔스(Mauritius)와 마스카렌 열도(Mascarene islands)의 다른 지역에서 대규모 농장의 등장은 마다가스카르 고지대에서 노예 활동의 강도를 높였다. 노예 제도와 함께 훨씬 광범위하게 소총이 전쟁에 도입되고 은화가 유통되었다. 은과 소총이 간절했던 통치자는 전쟁 포로와 백성을 적극적으로 노예로 팔았다. 현물보다는 은을 공물로 요구하는 경향과 노예가 된 친척의 몸값으로 은의 필요성이 커지면서 지역 출계 집단이 받는 압박이 심해진 것으로 보이며, 그 결과 집단에 대한 소속감 및 왕실과의 관계에 있어 이들은 점차 이동성이 늘고 규모가 줄어 유동적이 되어 갔다(Larson 2000: 156-157).

적어도 이메리나 북동부에서의 고고학적 연구는 이러한 사회적 혼란의 규모와 보편성 추정에 신중해질 필요가 있음을 시사한다. 17세기의 매우 높은 인구 증가율이 18세기 초 들어 둔화되긴 했지만, 인구가 감소하지는 않았다(Dewar 2007: 101-103). 취락 형태는 상당한 연속성을 보이며, 주요 변화로는 소규모 유적의 증가를 꼽을 수 있다. 대규모 유적에서 요새가 두드러지게 증가한 것은 내전에 대한 역사적 증거를 보완해 주는 주요 고고학적 증거이다(Wright 2007:108). 그런데 이용 가능한 고고학적 증거는 매우 제한적인 동시에 그 연대 역시 그리 정확하다고 하기 어렵다. 이는 18세기 중반의 사회적 혼란과 관련된 증거가 후대의 개발로 인해 모호해질 수도 있고, 고고학 조사가 집중적으로 수행되지 않은 지역에서 더 잘 입증될 수도 있음을 의미한다.

1780년경 안드리아남포이니메리나(Andrianampoinimerina, '이메리나의 중심에서 바라는 고귀함')는 축출된 추종자를 끌어들이고, 네 개의 속주(屬州) 중 하나의 통치자인 삼촌의 자리를 빼앗기 위해 무역 관계를 이용하여 은과 소총을 축적하기 시작했다. 그는 이후 일련의 공격적인 군사 작전을 감행하여 이메리나를 통일하고 주변 국가를 침략하며 국경 너머로 영토를 확장하기 시작했다. 안드리아남포이니메리나는 노예 상인으로부터의 보호를 약속하며, 쫓겨난 출계 집단을 끌어들이는 동시에 전쟁 포로를 노예로 팔아 자원을 확보해 나갔다(Berg 1985; Larson 2000: 147-156; Raison-Jourde 1991: 40-44 참조).

공격적 팽창은 안드리아남포이니메리나의 아들 라다마 1세(Radama I, 재위 c. 1810~1828)대에 정점에 이르렀고, 수만 명이 전사했다. 전사자의 대부분은 징집되어 고향에서 꽤 멀리 떨어진 곳에서 열병과 질병으로 사망한 메리나 병사였다(Larson 2000: 217-240). 특히 하시나(hasina, '축복'을 의미하기도 함)라 불리는 가공되지 않은 은화의 형태로 세금을 부과하는 것은 재정적·상징적으로 중요했지만, 메리나 왕실은 노동 봉사(부역)에도 이에 못지않게 크게 의존했다. 라다마 1세 재위 당시 노동력 착취는 극단적이었다. 즉, 거의 무급으로 군 복무를 강제하고, 군 복무 중인 젊은이들의 노동력 상쇄를 위해 훨씬 더 넓은 지역 범위의 주민에게 지역의 의무를 확대해 부과했다.

과거와는 달리 18세기 말과 19세기 초의 고고학 증거는 문서 증거에서 도출된 예상과 일치하는 극적인 변화를 보여 준다. 오랫동안 점유되던 유적들 대신 새로운 취락들이 조성되었다. 규모가 매우 확대된 1차 및 2차 중심지들은 상당 수준으로 요새화되었다. 열을 지은 요새화된 국경 취락이 전통적 이메리나 영토의 남단에서 확인되며, 처음으로 수발총(燧發銃)용 부싯돌이 일상적으로 발굴된다(Wright 2007: 89-90, 108-111 참조).

고고학 증거 역시 안타나나리보(Antananarivo)에 신수도(新首都)를 건설하는 동안 안드리아남포이니메리나가 구수도(舊首都) 암보히망가(Ambohi-manga)를 대규모의 의례 중심지로 재건했다는 기록화된 구전(口傳)을 뒷받침한다. 그는 문과 요새를 배치할 때 우주론적으로 중요한 공간적 방향을 따랐으며(Kus 2007; Kus and Raharija 1998; Belrose-Huyghues 1983), 특히 문을 막기 위한 석제 디스크들을 조성하며 기념비적 석조 세공을 활용했다(Gabler 2007).

마지막으로 이메리나 남서부의 안드란차이(Andrantsay) 지방에서 출토된 예비적 고고학 증거는 안드리아남포이니메리나의 정복의 증거를 보여 주는 듯하다(Crossland 2001 참조). 세기말(世紀末) 무렵 취락 패턴이 극적으로 변했다. 즉 가장 높은 고도에 입지한 최고(最古)의 가장 요새화된 유적 대부분과 무덤(양자 모두 높은 지위의 주민을 대변하는) 대부분이 버려졌다. 19세기에 점유된, 도랑이 설치된 요새를 갖춘 취락의 절반가량은 메리나 정복 당시 새로 조성된 것으로 보인다(Crossland 2001: 834).

라다마 1세(Radama I)와 [라날로바 1세(Queen Ranalova I)를 제외한] 그의 후계자들은 런던 선교회를 통해 영국과 긴밀한 유대 관계를 형성했다. 라날로바 1세 치하에서 국가 의례가 상당히 정교해졌는데, 아마도 이는 기독교와 유럽의 영향력 확산을 견제하는 수단이었을 것이다(Bloch 1986: 18-22). 그녀의 아들이자 후계자인 라다마 2세는 이러한 정책을 뒤집었고, 라날로바 2

세(Ranalova II) 재위 중이던 1869년, 개신교가 국교로 채택되었다. 마스카렌(Mascarenes) 지역에서 경제적으로 중요한 식민지 이해관계에 따른 영국과 프랑스의 갈등은 프랑스의 마다가스카르 침략과 3년에 걸친 피비린내 나는 전쟁(1883~1885)으로 이어졌다. 영국은 이 침략 전쟁에 개입하지 않았고, 잔지바르(Zanzibar)와 같은 다른 지역에서의 자유 행동을 대가로 마다가스카르를 프랑스 세력권으로 양도했다(Ellis 1985: 32-33). 결국 1895년부터 1899년까지 프랑스에 대항한 광범위한 봉기 이후 이메리나 왕국은 해산되고 프랑스 식민 정부로 대체되었다.

의례와 왕권 이데올로기

메리나 정치체는 어떤 형태로든 1780년 훨씬 이전부터 존재했지만, 『탄타라』는 새로운 메리나 질서의 창시자인 안드리아남포이니메리나를 특별히 주목한다. 즉 안드리아남포이니메리나의 행동과 말에서 반복해서 상징적으로 표현되는 통치자의 특이성과 이메리나의 통일성이 반복해서 강조된다(Kus and Raharijaona 1998: 67-68; 2000: 104-106; Raison-Jourde 1991: 48-52 참조). 이 핵심 주제는 다음과 같은 마다가스카르 속담에 요약되어 있다. '군주가 3명 있으면 기근과 굶주림이 있고, 2명이 있으면 아내와 아이들이 노예로 사라지지만, 1명만 있으면 아이들이 토실토실 살찐다'(Veyrières and Mèritens 1967: 36, Kus and Raharijaona 1998: 68에서 재인용). 『탄타라』에 나타나는 안드리아남포이니메리나의 명성에는 분명 수사적 요소가 있지만, 고고학 기록은 그의 재위 중에 있었던 변혁적 성격을 분명히 입증한다.

모리스 블로흐(Maurice Bloch)가 여러 차례 주장해 온 것처럼, 새로운 메리나의 질서는 왕실을 중심으로 전개되고, 공공 의식을 통해 구현 및 실현되었다. 블로흐가 연구한 가장 두드러진 공적 의례 두 가지는 왕실 목욕(Bloch

1987)과 할례(Bloch 1986)이다. 블로흐는 두 사례 모두에서 왕실 의례가 지역 출계 집단과 결부된 의식, 믿음, 가치를 통합하고 변형하는 방식을 강조한다. 메리나 사람들과 기타 여러 마다가스카르 고지대 집단은 마을의 토지와 거주지에 대한 권리를 이상적으로 공유하는, 양계 출계 족내혼 집단으로 조직되는 경향이 있었다. 이들은 19세기에 피르네나(firenena, 국가)로 알려졌으며, 먼 과거 왕실 핵심 인물과의 계보적 거리에 따라 사회적 지위가 매겨졌다. 주요 신분은 소위 말하는 '귀족' 신분에 해당하는 안드리아나(Andriana, 적어도 개념적으로 왕족이 될 수 있는 신분), 평민 신분에 해당하는 호바(hova) 그리고 노예로 구분되었다. 메리나 왕국의 장기적인 역학(dynamic)은 왕실 헤게모니를 출계 집단의 도덕적 질서 안에 포함하려는 열망과, 충성심과 정체성의 대안적 중심인 출계 집단의 자치권을 무너뜨리려는 열망 사이의 긴장이었다.

왕실 목욕과 할례라는 두 의례는 모두 일반적인 메리나 의례를 왕실이 전용한 것으로 보인다(Bloch 1986: 116-118, 1987; Kus and Raharijaona 2001: 117-120). 예를 들어 두 의례의 핵심에는 바짐바(Vazimba) 선조와 연관된, 물을 이용해 연장자가 젊은이에게 축복을 전하는 과정이 있었다. 메리나 왕권은 이러한 축복의 사슬에 끼어들어 의례를 조직하고 중앙 집중화하여, 군주가 국가적 축복의 사슬을 시작하는 역할을 수행하도록 한 것이다. 왕실 목욕의 경우, 새해에 왕의 머리 감기를 시작으로 지위와 연공서열에 따라 순서대로 머리 감기를 실시하였고, 이는 조상, 출계, 왕권을 연결하는 가족묘를 연례적으로 방문하는 기회이기도 했다. 『탄타라』에 따르면, 안드리아남포이니메리나는 선조들의 방식을 바꾸지 않았음을 천명하면서도 할례 의식은 7년에 한 번만 거행했는데, 국왕이 시작하고 왕족 아이들부터 신분과 연공서열에 따른 출계 집단의 순서로 수행해야 한다고 명했다(Bloch 1986: 113-117).

기능적인 의미에서 메리나 왕족은 의례를 통해 자신들을 축복의 사슬에서 가장 높은 지점에 위치시킴으로써 통치를 정당화했고, 본질적으로 출계 집단의 서열 구조를 국유화했다. 여기에는 하시나, 즉 가공하지 않은 은화를 축복의 사슬을 따라 위쪽으로 전달하는 행사가 포함되었고, 실제로 왕실 목욕과 할례 의례는 모두 군주에게 세금과 공물을 바치는 편리한 기회로 이용되었다. 그러나 정치적 권위를 구성하는 데 있어 이러한 의례의 역할은 훨씬 광범위하다.

두 국가 의례의 상징적 내용은 모두 복합적이며 '상식(common sense)'적 관행, 상징 및 가치의 전용 및 변형에 대한 여러 사례를 제공한다. 메리나 왕실이 바짐바 조상의 길들여지지 않은 힘을 이용하는 방식은 주목할 만하다. 평범한 메리나 집단은 바짐바 집단과 관련된, 물에 내재된 야생의 힘을 중화하기 위해 조상에 의지했다. 그러나 출계 집단과 완전히 분리되고, 개인 묘에 매장되는 특이한 존재인 군주의 조상은 평범한 메리나 사람들의 조상과는 전혀 달랐다(Kus and Raharija 2001). 메리나 통치자들은 신화 속에 등장하는 이메리나의 창시자 랄람보(Ralambo)의 어머니가 바짐바의 여왕이라 불리우는 것을 근거로 자신이 바짐바의 정복자이면서, 부분적으로는 후손이기도 하다고 주장했다. 따라서 메리나 왕실은 조상과 출계 집단으로 규정된 메리나 사회 외부의 길들여지지 않은 힘의 원천을 취하고 통제할 수 있었다. 다시 말해서 메리나 통치자의 정치적 권위는 대중적 상징과 의례를 조잡하게 전용한 것이 아니었다. 메리나의 정치적 권위는 상위 혈족이 하위 혈족에 대해 헤게모니를 폭넓게 강화하면 이미 단일 위상을 점하고 있는 통치자의 헤게모니는 이를 초월해 버리는 식으로 초월적 질서의 관점에서 상징과 의식을 표현하고, 오히려 그 변형을 모색했다.

블로흐의 메리나 왕실 의례 분석은 그람시의 관점에 기초하여 정치적 권위 구성에 대한 구조적 모델을 제공하는데, 이는 전용(Appropriation) → 변형(Transformation) → 다시 새김(Reinscription)으로 표현할 수 있다. 이 모델은 개념적으로는 유용하지만 다소 정적인 탓에, 메리나 왕실의 헤게모니 형성과 관련하여 주장되고 경쟁하는 정치적 권위의 역사적 역동성을 포착하지 못한다. 19세기 이메리나에서 일어난 두 가지 사례를 통해 이 과정의 역동적 성격을 어느 정도 확인할 수 있다. 첫 번째 사례는 이발과 관련된 단일 사건인 반면, 두 번째 사례는 매장 관습의 발전과 관련된, 보다 분명한 고고학적 요소를 가진 장기간에 걸친 사건이다.

헤게모니의 작동 I: 라다마 1세의 머리 모양(haircut)

18~19세기 메리나의 남녀는 모두 머리를 정교하게 땋았고, 머리 모양을 지칭하는 용어가 거의 30개에 달했다(Larson 2000: 240). 머리 모양은 전쟁 포로와 노예를 구분하는 수단이 되기도 했다. 실제로 백성을 불법적으로 노예로 만들었다고 알려진 18세기 마로바타나(Marovatana)의 한 왕은 '큰 가위 남자(Mr. big scissors)'라고 불렸다(Larson 2000: 243).

왕의 머리털 가닥이 서로 엮여 머리에 붙어 있듯이, 왕이 다양한 메리나의 가닥을 하나의 아름다운 전체로 엮었으므로, 왕의 특이성은 그의 머리 모양과도 비교된다(Larson 2000: 5-6, 178-179). 그러나 1822년 라다마 1세는 이메리나의 상비군 창설 및 훈련을 도와준 영국 군사 고문의 머리 모양을 따라 머리털을 짧게 깎기로 했다(그림 3.2). 그의 머리 모양에 대한 대중의 반응은 엇갈렸다. 한편 이메리나의 전문화된 새 군대의 많은 병사, 관리, 일부 미션 스쿨 학생은 라다마의 선례를 따라 왕과 왕의 근대화된 정권에 대한 제휴의 표시로 머리털을 짧게 깎았다(또는 깎도록 강요받았다). 반면에 특히 라다마 1세가 영국의 노예가 되어 간다고 주장하는 사람들을 이끈 여성 사이에서 항의 시위가 일어났다.

남성의 머리 땋는 특권처럼 출계 집단의 풍요의 상징인 머리카락은 특히 여성과 관련이 있었다. 이러한 이유로 여성 4,000명이 라다마 1세에게 머리를 다시 기르고 영국 정부와의 관계를 끊으라는 청원을 위해 모였다. 흥미롭게도 언쟁을 벌이는 라다마 1세와 항의하는 여성 모두 조상 전통의 헤게모니적 언어에 근거한 주장을 펼쳤다. 그런데 여성 집단은 라다마 1세의 중앙집권 및

RADAMA,
KING OF MADAGASCAR

London. Published by R. Bentley, 8, New Burlington Street, 1838.

그림 3.2 라다마 1세(Owen 1833: 118)

세력 확장 행위를 방해했다는 비난을 받은 반면에, 라다마 1세의 정치적 혁신은 자신이 원하는 대로 할 수 있는 권리를 지닌 메리나 왕실의 전통적 특권에 따라 정당화되었다(Larson 2000: 248-249, 253). 오히려 놀랍게도 라다마 1세는 '내가 원하는 바를 행하는 것을 방해했으므로, 즉 내가 왕이고자 하는 것을 방해했기' 때문에 이 청원을 개진한 모든 이는 처형되어야 한다고 말한 것으로 알려졌다(Larson 2000: 250에서 인용). 실제로 라다마 1세는 소집된 2,000명의 병사에게 시위 주동자가 자신의 부모일지라도 왕의 명령에 따라 처형할 것을 맹세하도록 요구했다고 한다. 시위 주동자 4명을 찾아낸 왕은 여성의 출계 집단 구성원인 병사들에게 주동자를 총검으로 찌르라 명령했다(Larson 2000: 252).

왕의 머리 모양은 질서를 단도직입적으로 표현하는 왕실의 이념적 상징이었을 수 있다. 또한 정치적 권위의 한계에 이의를 제기하고, 이메리나 왕국의 강압적 힘을 발휘하는 언어이기도 했다(Larson 2000: 253-257). 따라서 헤게모니는 구조적 개념이라기보다는 역사적 역학 관계라고 할 수 있겠다. 라슨(Larson 2000: 256)의 지적대로, 시위에 대해 왕실의 헤게모니 논리가 채택되어 메리나 여성은 분명히 매우 불리했지만, 이는 동시에 왕과 대적하는 여성이 이용할 수 있는 가장 강력한 도덕적 힘이기도 했다.

라슨의 논지는 피터 고즈(Peter Gose 1996)의 잉카 제국 왕실 신탁 분석을 통해 강화될 수 있다. 고즈(Gose)는 죽은 왕을 미라로 만들어 지역 신전에 모시고 숭배하는 잉카의 전통은 과거의 통치자들이 당대 사건들과 연관된 신탁을 제공함으로써 절대 왕권의 틀 안에서 하층 계급의 이해관계를 주장하고 협상하는 수단이었다고 지적한다. 이러한 신탁은 살아 있는 백성이 아닌 왕실 전임자로부터 유래되었기에, 잉카의 절대적 통치를 훼손하지 않고 신탁에 주의를 기울일 수 있었다. 고즈(Gose 1996: 16)에 따르면, '신탁은 왕이 경쟁자의 말을 들을 필요 없이도 경청하게 했다. 반대로 신탁은 힘이 없는 자에게 목소리를 주었지만, 그 자신의 목소리는 아니었다. 메리나 여성들의 시위는 정치적 위기의 순간에 일어났는데, 그 여성들은 왕실의 헤게모니를 스콧(Scott 1985)의 용어인 '약자의 무기(weapon of the weak)'로 바꾸려는 시도를 잉카 신탁과 공유했다. 그런데 이는 이 헤게모니를 '공식 대본(public transcript)'으로 재현하는 역할을 했다.

헤게모니의 작동 II: 무덤, 친족, 왕들

라다마 1세의 단발(斷髮)을 더욱 두드러지게 만든 것은 시위 여성들이 호소한 도덕적 질서였다. 이러한 질서는 라다마 1세의 아버지 안드리아남포이니메리나가 수립했고, 메리나 왕권은 이를 바탕으로 출계 및 조상 체재를 보전 및 보호해 왔다. 『탄타라』에 따르면, 안드리아남포이니메리나는 18세기에 큰 혼란을 겪은 이메리나의 출계 집단을 안정적으로 재정립했으며, 특히 모든 출계 집단은 자신의 땅과 조상에게 돌아가 반드시 그대로 있어야 한다고 말했다. 다시 머리털 은유를 사용하자면, 오직 왕만이 조상의 땅에서 메리나 사람들을 이동시켜 원하는 대로 '머리털을 섞을' 자유를 누렸다. 또 안드리아남포이니메리나는 여러 메리나 출계 집단의 순위를 공식화하고, 이를 근거로 일정 특권을 허락하였으며, 각 출계 집단에서 공동 결정과 판결을 내리는 포코놀로나(fokonolona, 원로회) 권한을 부여하였다(Larson 2000: 180-182). 조상들의 무덤 조성은 출계 집단을 특정 지역에 정주시키는 데 핵심적인 역할을 했다(그림 3.3). 메리나 사람에게 조상을 모실 거석 무덤을 축조하라고 말한 이는 안드리아남포이니메리나라고 한다(Larson 2000: 184, 191). 특히 기념비적 규모의 판석 벽 이동을 포함하는 거석묘의 조성은 축조 집단의 공유된 결속을 강조하는 작업 팀 형태의 상당 수준의 집단 노력을 필요로 한다(Kus and Raharijaona 1998: 58-59; Larson 2000: 188-190). 쿠스와 라하리자오나의 지적대로 거석 무덤 축조는 조상을 위한 집단 노동과 안드리아남포이니메리나를 위한 노동 봉사를 경험적으로 연결시켰다. 왕실에 대한 부역은 왕명으로 요새화된 취락과 고대 수도 암보히망가의 대규모 수리에서 대형 석문(石門)을 세우는 등 주로 돌을 운반하는 프로젝트에 집중되었다. 흥미롭게도 수도 암보히망가 성문의 공간 배치는 우주론적으로 중요한 의미를 갖는데, 무덤과 가옥 축조에도 동일한 공간 배치가 적용되었다(Belrose-Huyghues 1983; Kus 2007; Kus and Raharijaona 1998: 72; 2000: 106).

ANCIENT TOMB.

그림 3.3 마다가스카르 중부 판석묘(Sibree 1870: 247)

　또한 무덤은 정치적 권위의 재생산에서 경쟁이 가능할 정도로 강력한 문화적 자원을 제공했다. 앞에서 말한 대로 사자를 다시 포장하고 선조에게 축복받기 위해 가족 묘지를 방문하는 것은 왕실 목욕과 같은 연례 국가 의례로 통합되었다(Bloch 1987). 이 관습은 메리나 왕국의 확장과 함께 메리나 중심부 외부로 확장되었다. 이와 동시에 왕실묘는 가족묘와는 달리 집단묘가 아닌 단독묘로 조성되었으며, 반지하가 아닌 지상에 축조되었다(Kus and Raharija-ona 2001: 118). 군주는 '둘이 될 수 없는 태양(sun-that-is-not-two)'이므로 해질 녘보다는 밤에 매장되었다. 왕의 죽음은 모호하게 처리되고 사실상 부정되었다. 즉 성별과 무관하게 상속인은 상복 착용도 장례식 참여도 하지 않았지만, 그 또는 그녀가 왕위에 즉위하면 '태양이 새로 떠올랐다'라고 공표되었다(Kus and Raharijaona 2001: 118).

이메리나 북동부에서 이루어진 고고학 조사는 석조 무덤이 안드리아남포이니메리나의 창안은 아니었지만, 18세기 말 혹은 19세기 초 무덤 건축에서 두드러진 변화가 있었음을 시사한다. 마다가스카르 중부의 무덤 연대는 계속 점유되어 온 유적들에 조성된 무덤들이 계속 바뀌어 왔다는 점에서 문제의 소지가 있다. 헨리 라이트가 이끄는 연구팀은 새로이 발견된 연속적인 각 시기 무덤들로 조성된 유적들을 면밀히 검토했다. 검토 결과 연구진은 매우 큰 수평 및 수직 판석으로 축조된 무덤들은 18세기 말/19세기 초의 발전이었음을 제안할 수 있었는데, 이 무덤들은 다듬은 돌 블록과 같은 기존의 무덤 축조 방법들과 같이 나타났다(Wright 2007: 71-73). 18세기 말에서 19세기 초 이메리나 동북부에서는 취락 경계 내부에서 무덤이 있는 유적의 비율이 감소하고, 내부 무덤의 존재와 취락의 중요성의 다른 징후 간에 훨씬 큰 상관관계가 확인됨은 흥미롭다(Wright 2007: 109). 모두 안드리아남포이니메리나 이후의 것으로 알려진 메리나 전통 관련 기록에 따르면, 오직 아드리아나(adriana, noble, 귀족) 출계 집단만이 취락 내부에 무덤 조성이 허용되었다(Kus and Raharijao-na 2001). 따라서 출계 집단의 상대적 신분의 고정과 배열이 안드리아남포이니메리나의 치세와 관련이 있으며, 가족 무덤의 성격 및 배치와 관련된 전통과 특권으로 구현되었다는 『탄타라』 전통은 고고학 증거에 의해 뒷받침될 수 있다.

관절에서 분리한 조상의 뼈를 수습해 다시 포장하여 파마디하나(famadiha-na)라 부르는 집단묘에 안치하는 정교한 이차장 의식은 마다가스카르 매장 풍습에서 가장 잘 알려진 측면이지만, 이는 처음부터 이메리나의 특징적인 매장 방식은 아니었다(Bloch 1971 참조). 이차장은 18세기 기록에서도 확인되지만, 현 형태의 파마디하나는 19세기 말, 특히 메리나 왕국 멸망 이후 비로소 등장하며(Raison-Jourde 1991: 711-721; Larson 2001), 부분적으로는 출계 집단과 통치자 사이의 오랜 장례 관련 투쟁과 연계되어 발전했다.

메리나 왕국의 통치자들, 특히 라다마 1세는 군사, 노동, 행정 등의 이유로 전례 없이 많은 주민들을 오랜 고향에서 멀리 떨어진 지역으로 이주시켰다. 그럼에도 출계 집단의 정체성과 특정 조상의 고향에 대한 애착이 오히려 강화되었음은 아이러니하다. 이러한 군사적 팽창의 맥락에서 출계 집단의 정체성은 장례 의식에 강하게 초점을 맞추게 되었다. 19세기 초 가족묘에서 이루어진 이차장은 기본적으로 이메리나 왕국 팽창 전쟁에서 전사한 병사들의 매장과 관련이 있다(Larson 2001: 131-136). 기본적으로 1차 매장을 위한 장례 의례에는 연회를 위해 황소를 희생시키고, 은과 가재도구로 화려하게 무덤을 꾸몄기 때문에 상당한 지출이 있었다(Larson 2001: 139-142).

프랑수아즈 레종 주르드(Françoise Raison-Jourde 1991: 714-715)는 상당한 비용이 지출되는 1차 매장 의식의 쇠퇴를 라날로바 2세(Ranalova II, 재위 1868~1883)가 시행한 기독교 국교화의 결과로 이해한다. 라날로바 2세는 장례식에서 황소를 희생시키는 것 역시 이교도의 풍습으로 간주하여 금지시켰다. 그러나 왕실이 정성스러운 장례 의식에 부정적인 태도를 보인 역사는 거의 이메리나 팽창 초까지 거슬러 올라갈 수 있다. 라다마 1세는 장례식에 지출되는 비용은 물론 전우의 뼈를 수습해서 돌려보내는 병사들의 노력에 부정적이었다고 한다. 그는 병사들이 이메리나 전역을 자신의 나라로 인식할 것을 독려하며, 병사들은 죽은 곳에 묻혀야 한다고 선언했다고 한다(Larson 2001: 134-135). 이와 마찬가지로 1820년 노예 수출 금지에 뒤따른 두드러진 은화 가용성 감소와 연계된 라다마의 광범한 군사 작전 비용은 라다마 1세 재위 말 경제 위기를 야기했다. 라다마 1세는 1824년 메리나 사람들이 장례 연회를 개최하고, 무덤에 재산을 채워 넣기 위해 빌린 돈을 갚을 의무를 면제해 주었다. 이 채무 면제는 채권자들로 하여금 장례 의식을 위해 은을 빌려주는 것을 꺼리게 만들었고, 결과적으로 귀중한 주화가 무덤에 사장되지 않고 유통됨으로써 세금 납부에도 이용될 수 있게 되었다(Larson 2001: 143-144). 부(富)의 매장에 반대하는 라다마 1세의 캠페인은 안드리아남포이니메리나가 메리나 사람들로 하여금 자신의 부를 집단묘에 투자하도록 장려한 『탄타라』 전통과는 상치되는 것으로 보인다(Larson 2000: 191). 또한 역설적이게도, 이는 10,300개의 은화와 60,000파운드에 달하는 수입품을 왕의 시신과 함께 매장했다는 1828년 라다마 1세의 장례식과도 완전히 모순된다(Larson 2001: 144).

　19세기의 정치적·경제적·종교적 압박은 출계 집단들이 1차 매장 의식에서 부의 과시를 줄이고, 2차 매장 의식의 정교화에 노력하도록 조장했다. 친족 집단의 매장 관습은 이들을 통제하려는 왕실(나중에는 식민지)의 시도와 관련하여 발전했지만, 이러한 변화의 결과가 항상 메리나 통치자가 의도했던 것은 아니었음이 중요하다. 집단묘 사례에서 알 수 있듯이 왕의 선조를 위한 땅 확보에 기여한 헤게모니적 질서는 왕권 제한 및 출계 집단의 독립성 강화에도 기여했던 것으로 보인다. 이차장은 형태와 무관하게 마다가스카르 고지대의 오랜 전통이었지만, 민족지리학적으로 유명한 집단묘 형태인 파마디하나(fa-madihana)는 조상, 무덤, 부(富)라는 중심적 문화 자원의 의미와 통제를 두고 메리나 왕족과 메리나 출계 집단이 오랫동안 진행해 온 투쟁의 일부로 발전해 온 것으로 보인다.

요약

　이메리나의 역사는 그람시가 '상식(common sense)'이라 부른 것에 내재된 공유 문화 자원의 전용 및 변형으로 어떻게 헤게모니가 초월적 정치적 권위를 구성하는지 보여 주는 구체적인 사례이다. 한편 메리나의 역사는 라다마 1세의 머리 깎기와 같은 사건을 통해 헤게모니의 한계에 도달했기에 법과 물리적 힘 양자 모두의 경우에서 강압의 역할을 강조한다.

이와 동시에 이메리나는 중요한 방식으로 우리를 그람시 너머로 데려가기도 했다. 하층 집단은 프롤레타리아와 소작농의 경험에 정통하지 않다고 간주했던 그람시는 그들이 실제로 존재하는 헤게모니적 질서를 활용할 수도 있었다는 점에는 거의 주의를 기울이지 않았다. 그러나 메리나 여성과 잉카 신탁 사례에서 보았듯이, 기존 헤게모니적 질서는 종종 권위와 충돌하는 즉각적 맥락에서 하층 집단에게 이용 가능한, 가장 강력하고 폭넓게 영향을 미치는 주장을 제공한다. 따라서 정치체 형성은 한쪽은 지배하고 다른 한쪽은 혁명하는 단순한 과정이 아니다. 오히려 정치체 형성은 힘의 관계에 따라 틀이 짜이고, 참가자에게 문화적·물질적 자원이 불균등하게 배분된 맥락에서 진행되는 헤게모니적 질서가 포함하고 포함하지 않는 것이 무엇인가에 대한 지속적 논쟁과 관련되어 있다. 이 모든 것은 고고학 기록에서 적어도 부분적으로는 식별 가능한 물적 관행과 맥락은 물론, 단순한 정치 이상의 것을 포함한다. 이제 '더 큰 그림(bigger picture)'으로 방향을 돌린다.

제4장

정치 너머로: 아테네와 잉카 제국

생산과 소비, (원자재와 노동력의) 수요와 공급, 생산과 실현, 계급 투쟁과 축적, 문화와 생활양식이 전반적인 생산력과 사회적 관계 내에서 조화롭게 어우러지는 지역 공간을 정의하는 과정이 진행 중이다.

— 데이비드 하비(David Harvey 1985: 146)

널리 사용되는 고고학 교과서인 『*Archaeology: theories, methods and practice*』제6판 172쪽에는 상이한 사회적 분야(사회 조직, 경제 조직, 취락 패턴, 종교 조직, 건축)와 상이한 수준의 사회 조직(이동 수렵채집 집단, 분절사회, 족장사회, 국가) 사이의 관계를 정리한 표가 있다(Renfrew and Bahn 2012: 172). 이 표의 각 셀은 고고학적 의미를 지닌 특성을 통해 각 사회 분야를 포괄적 사회 형태와 연결하는데, 이는 본질적으로 고고학 기록에서 사회의 진화를 식별하기 위한 일종의 포켓 필드 가이드이다. 신진화론 비판자들은 정치, 경제, 사회적 관계를 국가라는 계통발생학적 형태를 취한 더 큰 실체('문화' 또는 '사회')의 속성으로 취급하는 이러한 관점을 줄곧 반대해 왔다. 이 책의 앞부분에서 언급했듯이, 이러한 일원화된 입장은 당연히 설명이 필요하다고 인정한다. 즉, 겉보기에는 별개인 말과 행동, 루틴과 스펙터클, 자원과 신념이 어떻게 '국가(state)'라는 이름하에 가상의 힘을 구성하는지 설명할 필요가 있음을 인정한다(Kurtz 2006과 비교). 그렇지만 렌프루(Renfrew)와 반(Bahn)의 표는 정치 권력에 정치 외에도 많은 것이 포함되어 있음을 강하게 상기시킨다는 점에서 적어도 한 가지 분명한 장점이 있다.

문제는 여기 있다. 즉, 통문화적(通文化的)·초역사적(超歷史的) 관점에서 시작한다면, 특정 역사적 맥락의 살아 있는 현실을 경시하지 않는 정치 권력과 삶의 다른 측면 사이의 중요하고 일관된 관계를 식별해 내기 어렵다. 중앙 집권화된 권력이 항상 동일한 방식으로 자원을 동원하지는 않는데, 이는 특히 그들이 (분배나 소비는 말할 것도 없고) 생산 영역과 일관된 관계를 유지하고 있지 않기 때문이다. 더욱이 국내 집단 또는 공동체와 위계적 정치체 사이의 관계에서 공통적인 통합 방식이나 정도를 지적할 수 없다. 실제로 통치자와 피통치자 사이의 경계조차 시간과 공간을 초월하여 일관되게 인정되거나 정의되거나 표현되지 않는다.

일반적 범주로서의 인간 사회의 비일관성은 사회적 또는 제도적 형태로 일원화된 국가관 도출을 어렵게 만든다. 따라서 인간 사회생활의 다양성에 직면한 사회진화론자들은 환원주의와 분류학 중 하나를 선택할 수밖에 없다. 그러나 일반적 범주로서 인간 사회의 비일관성을 인정하게 되면, 특정 사회를 형성하는 명백한 정합성을 어떻게 설명할 것인가라는 문제가 제기된다.

좀 더 분명하게 말하자면, 통치권이 특정 역사적 맥락에서 재현될 때 모든 범위의 핵심 요소는 완전히 결정적이거나 독립적이지 않은 관계로 조합되어야 한다. 기술·대상·경관·작업 경관은 말할 것도 없고, 생산·축적·소비 방식, 식별·차별화 방식(예: 친족, 성별, 연령 및 지위), 국내·업무·이익 집단 구성은 모두 그 상호 관계가 통치권 재현의 중심이 될 수 있는 요소들이다. 이는 정치가 경제 생산을 대체하거나, 경제 생산이 정치를 대체한다는 의미는 아니다. 오히려 통치권 실천, 전략, 관계에서는 정치와 경제 생산을 하나로 묶고, 불완전하더라도 각각을 고려해야 함을 의미한다. 통치권 행사를 가능하게 하는 방식으로 요소들을 합치고 조율하는 이러한 전략적 집합 과정은 헤게모니를 이해하는 또 하나의 방법이다. 이러한 집합 행위는 결코 보장되지 않지만, 특정 역사적 상황 및 특정 장소에서 적극적이고 전략적으로 이루어져야 한다. 따라서 주어진 정황에서 관련 요소들이 어떻게 '조화를 이루어', '시공간적 해결책'을 형성하여(Jessop 2006), 특정 통치권 실현에 안정성과 내구성을 제공하는가를 탐구하는 것은 꽤 흥미롭고 중요하다.

이 장에서는 지금까지 살펴본 정치적 권력의 경계 설정과 주장이라는 보다 명백한 문제를 넘어서서, 특정 역사적 맥락에서 사물들이 어떻게 '조화를 이루는지', 이것이 헤게모니 및 통치권과 어떤 관련이 있는지 알아보고자 한다. 항상성 또는 기능적 상호 의존성과 같은 사회에 대한 정적, 안정적 또는 전체론적 관점에 의존하는 일반적 답변은 고고학 문헌에서 광범위하고 효과적으로 비판되어 왔다(Shanks and Tilley 1988: 138-141). 따라서 합리적 선택 이론과 같은 방법론적 개인주의에 뿌리를 둔 설명은, 욕망의 위계가 고정된 선험적이고 보편적인 인간 주체를 가정한다(Johnson 2006 참조). 인간의 사회생활이 불확정적이므로 개인의 삶 역시 불확정적이고 제약이 없다고 여겨, 무제약적 에이전시를 긍정하는 관점 역시 문제이다(Johnson 2006 참조).

주어진 사회 형성에서 결정성과 우연성 문제를 적극적으로 고민하는 접근법이 훨씬 흥미롭다. 마르크스주의, 특히 서구 마르크스주의 경제 결정론과 역사적 우연성 문제의 오랜 투쟁이 그 출발점이다(Jay 1984). 제2장에서 언급했듯이, 이러한 긴장은 안토니오 그람시가 자신의 역사적 블록 개념을 '현실 과정의 통합'으로 발전시킬 때 주요 관심사였다(Gramsci 2000: 193). 물질적 힘과 이데올로기가 주어진 역사적 블록에서 불가분의 관계로 실현된다는 그람시의 주장은 한 사회의 결정적인 경제적 기반과 확고한 이념적 상부구조 사이의 정통 마르크스주의적(즉 제2인터내셔널, the Second International) 구분을 부분적으로 해소했다. 또한 그람시는 역사적 블록의 실현을 사회의 추상적 차원이 아닌 물질적 힘, 역사, 사회관계, 이념, 개성의 교차점에 존재하는 특정 인간 주체의 형성에 위치시켰다. 이를 통해 그는 특정 역사적 맥락의 우발적 결정이라 할 수 있는 문제를 다루기 위한 정교하고 예리한 수단을 도입했다(Gramsci 1971: 352-360 참조).

제2장에서 이미 언급된 그람시의 결점 중 하나는 경제 결정론의 근본적

핵심을 유지하고 있다는 점이다. 그람시에게 역사적 블록은 특정한 역사적 결합의 부수적 결과인 동시에 생산관계와 생산력의 논리적 결과로 미리 결정된 것이다. 이런 식의 '두 마리 토끼 잡기'는 무리가 있으니 그람시를 넘어 역사적 블록 개념을 확장하는 데 도움이 되는 접근 방식을 고려해 볼 필요가 있다.

에르네스토 라클라우(Ernesto Laclau)와 샹탈 무페(Chantal Mouffe)는 '후기 마르크스주의' 선언인 『Hegemony and socialist strategy』에서 후기 구조주의자 담론을 통해 그람시에게 남아 있는 본질주의를 근절하려 했다(Laclau and Mouffe 2001). 예를 들어, 두 사람은 '그람시의 역사적 블록을 절점(節點, nodal points)으로 설정하고 경향적으로(tendentially) 관계적인 정체성 구성을 통해 상대적으로 통합된 사회적·정치적 공간'이라 지칭했다(Laclau and Mouffe 2001: 136, 강조(고딕체)는 원문을 따름). 라클라우와 무페는 필요하거나 고정된 정체성이나 사회적 관계를 인정하지 않으므로, 여기서 '경향적으로 관계적(tendentially relational)'이란 문구는 중요하다. 사회 세계(social world)는 항상 고정된 형태로 완전하게 이해될 수 없고, 복수의 가능성을 포함한다는 측면에서 두 사람은 이를 과잉 규정해 왔다. 따라서 단일한 전체성이라는 의미의 사회는 존재하지 않는다. 대신, 사회 세계의 무수한 가능성 속에서 요소를 구별하고, 일부 특권적 절점 주변에서 담론적 형태로 그 요소를 함께 표현하며, 이를 통해 서로에 대해 정체성을 변형시키고 고정시키려는 지속적인 시도만이 있었다(Laclau and Mouffe 2001: 105-114). 라클라우와 무페에 따르면, 요소는 언어학적 의미에서 '차이(difference)'로 담론적으로 인식되는 사실상 모든 것(실천, 사람, 범주, 물건 등)이 될 수 있다. 두 사람은 이런 담론적 형성이 적대적 힘, 즉 반대되는 입장을 종속시키거나 배제하는 측면에서 마련되었을 때, 이를 헤게모니적 형성으로 간주한다.

라클라우와 무페는 왜 역사적 블록 내에서 사물들이 '조화를 이루는지'에 대해 답하지 않고, 오히려 '조화를 이루는' 것이 무슨 의미인지를 다시 정의한다. 그렇기에 이런 추상적 수준에서 사회 형성은 전적으로 우발적이다. 이는 부분적으로는 라클라우와 무페가, 생산관계와 생산력이 인간 의식과 사회 형태를 정하는 정통 마르크스주의적 교훈 사례처럼, 주어진 담론적 형성의 외부에 원인이 있을 수 있음을 적극적으로 부인하기 때문이다. 두 사람이 질문에 답변하려면, 주어진 역사적 블록의 내적 역학 관계의 분석이 요구되겠지만, 두 사람의 분석은 적어도 두 가지 측면에서 문제가 있다.

첫째, 라클라우와 무페는 비트겐슈타인의 언어 게임 개념을 활용하여 비담론적 실천의 존재를 부정하고, 나아가 정신적 활동과 물질적 활동이 이러한 방식으로 분리될 수 없다고 주장한다(Laclau and Mouffe 2001: 108). 존재하는 물질은 이 물질을 분명하게 만드는 담론을 통하지 않고 인간과 상호 작용할 수 없다. 여기서 라클라우와 무페는 많은 유사점을 공유하는 접근 방식인 행위자-네트워크 이론(Actor-Network Theory, ANT)에서 많은 것을 배울 수 있었다.

라클라우와 무페의 책 초판이 출판됨과 거의 동시에 행위자-네트워크 이론은 브뤼노 라투르(Bruno Latour), 미셸 칼롱(Michel Callon), 그리고 존 로(John Law) 등과 같은 학자들의 연구를 통해 과학학(科學學, Science Studies)에서 자리를 잡기 시작했다. 행위자-네트워크 이론은 행위자를 구성하는 것(예: 인간 대 비인간, 유기물 대 무기물, 유기체 대 제도)이나 네트워크 외부로 간주되는 특권적 원인(예를 들어 권력, 사회 구조, 경제 등을 들 수 있는데, 행위자-네트워크 이론에서 이 모든 것은 원인이 아닌 네트워크 효과로 간주됨)을 미리 상정하지 않고, 과학과 기술에 대한 철저히 경험적인 설명을 개발하고자 했다. 즉 과학과 기술을 행위자 간의 관계로 이루어진 네트워크 관점에서 설명하고자 한 것이다.

행위자-네트워크 이론은 그람시 또는 라클라우와 무페의 입장과는 거의 또는 전혀 직접적인 관련이 없다. 그러나 라클라우와 무페와 같은 행위자-네트워크 이론 학자들은 하나의 실체로서의 사회를 부정하는 경향이 있다. 이들은 실체로서의 사회는 행위자의 관계적 네트워크를 조합하는 과정에만 존재하고(Latour 2005), 그러한 네트워크는 부수적이고 이질적이며(Law 1992; La-tour 2005), 행위자의 에이전시는 네트워크 형성 이전이 아니라 오히려 그 내부에서 구성된다고 주장한다(Law 1992).

가장 큰 차이점은 행위자-네트워크 이론이 물적 세계에 부여하는 능동적 에이전시에 있다. 이는 단순히 명백한 사실과 우연히 마주치는 담론적 공상이 아니다. 행위자-네트워크 이론에서 자연 세계는 사회 세계만큼 불확실하고 숨겨진 가능성으로 가득 차 있다(실제로는 같은 세계이다!). 또 이러한 새로운 가능성은 다른 인간 및 비인간 행위자에 대해서만, 즉 특정 네트워크 내에서만 자신을 드러낸다. 그러나 이러한 현시(顯示, revelation) 행위는 단순히 인간의 담론적 인식[예: 후천성면역결핍증(AIDS) 식별 및 명명에서 일어난 관행, 담론, 정체성들]의 결과만은 아니다. 오히려 물적 세계 자체는, 물질(및 다른 비인간 행위자들)의 서로 다른 구성상의 특질과 어포던스[1](affordance, 행위 유발성)가 인간이 이러한 다양한 비인간 실체와 관계를 맺는 방식을 형성한다는 점에서 일종의 에이전시를 가지고 있다[예: 인간 면역결핍 바이러스(human immuno-deficiency virus, HIV)의 특정 특질과 어포던스는 AIDS와 관련된 관행, 담론, 정체성의 클러스터에 명백한 차이를 만들었다].

그러므로 권력은 단순히 물질에 반영되거나 '물질화(materialised)'되지 않는다. 권력은 일련의 상호 작용에서 매개자 또는 중개자로 인간과 비인간 행위자를 연결하는 네트워크의 특질이다. 브뤼노 라투르는 인간에 비해 권력을 구성하는 물질적 매개가 매우 제한적인 개코원숭이(baboon) 무리에서의 지배 관계 구축 및 유지에 필요한 강렬하면서도 시간이 많이 걸리는 대면 상호 작용을 예로 들면서 다음과 같이 말했다.

....

1   어떤 속성이 유기체로 하여금 특정 행동을 하도록 유도하거나 특정 행동을 쉽게 하게 하는 성질을 말하며, 행위/행동 유발성/유도성 등으로도 번역된다. 예를 들어 사과의 빨간색은 따 먹고자 하는 행동을 유도하며, 적당한 높이의 받침대는 앉는 행동을 지원한다고 한다(출처: 네이버 지식백과).

만약 사회학자들에게 끊임없이 퇴화되는 '사회 구조'를 바로잡는 개코원숭이들을 훨씬 면밀하게 관찰할 특권이 있다면, 예를 들어 아무 것(thing)도 없이 사회적 기술만으로 사회적 지배를 유지하는 작업에 얼마나 엄청난 비용이 지불되는지를 목격했을 것이다 … 잠들지 않는 실체들과 붕괴되지 않는 연합을 통해 발휘된 힘 덕분에 오랜 권력의 유지 및 확장이 가능했다[Latour 2005: 70, 강조(고딕체)는 원문을 따름].

물적 세계의 중재적 역할에 대한 이러한 대칭적 이해(행위자-네트워크 이론 용어 사용)가 라클라우와 무페에서는 누락되었지만, 인간과 연관된 물질 에이전시는 왜 사물이 특정 맥락에서 '조화를 이루는가'라는 질문의 핵심 요소이다. 네트워크와 담론적 형성은 단순한 관계의 조합이 아니라 물질적 상호 의존성의 조합이기 때문이다.

그러나 이러한 포인트의 중요성을 분명히 하기 위해서 라클라우와 무페를 비롯하여 대부분의 행위자-네트워크 이론 문헌이 누락시킨 두 번째 요인, 즉 그람시가 말한 역사적 블록의 역사적 구성 요소를 도입해야 한다. 스튜어트 홀(Stuart Hall)의 라클라우와 무페에 대한 동조적 비판에 따르면, "두 사람의 문제점은 정치가 아닌 역사이다. 두 사람은 현재를 생산해 왔으며, 계속 담론적 표현에 대한 제약 및 결정으로 기능하는 역사적 힘의 문제를 간과했다"(Grossberg 1986: 58). 물질적 힘과 이데올로기는 보편적 인과 관계가 아닌 새롭게 등장한 물질적 상호 의존성의 역사적 관계를 통해 형성하고 구속하는 능력을 얻는다. 특정 환경에서 특정 기술을 이용하며 기존의 관행, 성향, 가치관의 한가운데에서 태어났음은, 시간이 지남에 따라 사회 분야가 서로 연결되고, 특정 주체로서 존재할 가능성은 제한되며 삶의 선택이 경로 의존적 요소를 갖게 됨을 의미한다. 주어진 역사적 맥락에서 기존 요소를 선택하고 명확히 함으로써, 헤게모니 프로젝트는 통치권 형성 및 재현을 위해 이러한 물질적 상호 의존성을 활용하려 시도한다.

제4장의 나머지 부분에서는 고전기 아테네와 잉카 제국이라는 다소 다른 두 가지 사례 연구를 통해 이러한 점을 탐구해 보려 한다. 두 경우 모두에서 필자의 주된 관심은 헤게모니가 어떻게 정치적 권력을 객체(objects), 정체성, 기술, 생활 방식의 물질적 상호 의존성에 엮어 넣는지를 보여 주는 것이다. 간결함과 비교 가능성을 위해, 두 경우 모두에서 필자는 정치, 젠더, 국내 집단, 노동, 그리고 물질문화라는 단일 범주를 수반하는 관계 네트워크를 강조할 것이다.

고전기 아테네의 분명한 권력

아마도 정치, 젠더, 노동의 상호 의존성에 대해 가장 잘 알려진 논의는 아리스토텔레스의 저서 『정치학(The Politics)』에서 발견된다. 『정치학』에서 아리스토텔레스는 가구[household, 오이코스(oikos)][2]를 그리스 도시국가[폴리스(polis)]의 기초로, 그리고 가구를 "… 남자와 둘, 즉 여자와 노예로 형성된 결합 …"으로 정의한다(Aristotle, The Politics I.ii.1252b). 아리스토텔레스는 자신의 분석법에 따라 폴리스의 복잡한 정치학을 가장 간단한 구성 부분으로 분해하고, 가구를 통해 남성 시민을 여성 및 노예와 연결하는 트라이어드(triad)를 발견했다. 오이코스 관계 위에 폴리스가 구축될 수 있다는 아리스토텔레스의 관점(Nagle 2006 참조)은 흥미롭다. 의존, 노동, 젠더를 토대로 하는 바로 이 재

....

2   고대 그리스 단어 oikos(오이코스)는 서로 관련은 있지만, 차별적인 세 가지 개념, 즉 가족/가정(the family), 가족/가정의 재산(the family's property), 그리고 집(the house)을 지칭하며, 그 의미가 동일한 텍스트에서도 달라져 혼란을 야기하기도 한다. 대부분의 그리스 도시국가의 기본 단위인 오이코스는 정상적으로는 가족 맥락에서 세대에서 세대로, 즉 부-자(父-子)로 이어지는 출계 라인을 지칭한다. 그러나 아리스토텔레스가 『정치학』에서 사용한 것처럼 종종 한 집에 사는 모든 사람을 지칭할 수도 있는데, 이 경우는 가장과 그의 직계 가족과 함께 노예가 포함되기도 한다. 한편 대형 오이코스는 노예가 경작하는 농장을 소유할 수도 있는데, 농장은 고대 그리스 경제의 기본 농업 단위이기도 하다(출처: 위키피디아).

생산 관계야말로 폴리스 시민 정치에서 배제된 것이기 때문이다(Nagle 2006: 81-85 참조). 따라서 민주주의 체제 고전기 아테네(서기전 508~322년)의 시민권, 노예제, 젠더의 역설을 고려하며 탐구를 시작한다.

폴리스, 시민, 국가?

폴리스의 성격에 대한 고대 그리스의 이해와 국가 성격에 대한 현대의 이해 사이의 명확하지 않은 관계는 정치적 형태로서의 폴리스에 대한 방대한 문헌에 자주 등장하는 주제이다. 실제로 고전기 아테네(서기전 508~322년)의 폴리스는 대규모 인구와 지대한 영향을 미치는 민주적 제도라는 면에서 사실상 전형적이지 않은 폴리스였다. 그러나 현재 남아 있는 대부분의 증거가 그리스의 폴리스에서 유래했으며, 그리스 폴리스는 그 자체로 흥미로운 사례이다.

아테네 폴리스는 아테네 시(市)와 아티카 반도(the peninsula of Attica)를 통합했다(그림 4.1). 서기전 508년 클레이스테네스(Cleisthenes)의 민주 개혁 이후 서기전 322년 마케도니아의 안티파트로스(Antipater)가 아테네 민주주의를 해산할 때까지 적어도 개념적으로는 남성 시민 조직이 아테네를 직접 통치했다. 평의회[Council, 불레(boule)]가 제안한 법령을 승인하는 민회[Assembly, 에클레시아(ekklesia)]의 구성원이 될 기회는 아테네와 아티카가 분할된 139개 지방자치체[municipalities, 데메스(demes)] 중 하나에 등록된 모든 성인 남성 시민에게 열려 있었다(Hansen 1991 참조). 통상 6,000명 또는 그 이상의 시민이 민회에 참석하여 표를 행사했을 것이다. 평의회는 민회 의제의 초안을 작성하는 행정 조직으로 추첨을 통해 1년 임기로 선출된 500명의 평의원으로 구성되었다. 일부 평의원은 임기를 한 차례 이상 수행하기도 했는데, 모겐스 헤르만 한센(Mogens Herman Hansen 1991: 249)은 서기전 4세기에는 18세 이상 남성 시민의 1/3과 40세 이상 남성 시민의 2/3가 적어도 한 차례 이상 평의원 임기를 수행했다고 추정한다. 다시 말해서 민주주의 아테네 정부 기구는

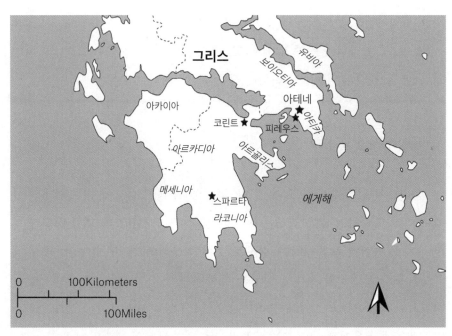

그림 4.1 아테네 폴리스가 표시된 고전기 그리스 지도

남성 시민 전체의 조직이었다.

아테네의 정부 기구는 고전적 국가 이론 논의에서 규모, 중앙 집중화, 분명한 에이전시(agency)에도 불구하고 시민 단체와 구별되지 않는다는 점에서 문제가 제기된다. 정치 이론가 저스틴 로젠버그(Justin Rosenberg)는 폴리스에 대해 다음과 같이 말했다.

… 시민의 정치적 자기 조직 외에 어떤 다른 존재도 없다. 대중의 의사결정 권한이 공식적으로 소외되고, '독립적' 이익과 능력의 기초를 제공할 수 있는 관료적 장치가 없다. 제한된 경험적 의미에서 결코 자율적이지 않지만, 마치 국가처럼 불린다(Rosenberg 1994: 79)!

이러한 '문제점'는 여러 차례 제기되었지만, 본서의 목적상 아테네가 무국가 사회로 가장 잘 분류된다는 로젠버그의 주장은 최근 있었던 모셰 베렌트

(Berent 2000; 2006)와 몇몇 논평 사이(Grinin 2004; van der Vliet 2005; Anderson 2009; Miyazaki 2007과 비교)의 소통을 고려하는 것으로 충분할 것이다.

베렌트는 영토(領土) 내에서 합법적 무력 사용을 독점하는 일련의 기구의 집합으로 국가를 이해한 베버(Weber)에 동조한다(Berent 2000: 258-260; Weber 1978: 54와 비교). 다시 말해서 국가는 구체적으로는 경찰, 군대, 사법부, 입법부 등의 총체로, 특정 영토의 시민 단체와는 다르다. 베렌트는 이처럼 시민 단체와 구별되는 기관이라는 개념이 고전기 아테네에는 적용되지 않는다고 보았다. 특히 베렌트는 국가 없는 사회를 만든 고전기 아테네의 두 측면에 주목한다. 첫 번째는 강제력 수단이 강압적 기구(말하자면 경찰이나 상비군)에 집중되기보다 시민[특히, 의용군으로 스스로 무장한 그리스 장갑(裝甲) 보병인 호플리트 지주]에게 분산되어 있었다는 점과 법 집행 및 민방위에서 자유 지원제와 '자조(self-help)'에 대한 의존도가 높았다는 점이다. 두 번째는 대부분의 공직이 추첨된 시민들 사이에서 순환됨으로써, 통치자와 피통치자 사이의 구조적 차별화가 없었다는 점이다.

베렌트에 대한 논평은 대부분 국가에 대한 최초 정의 및 증거에 대한 서로 다른 해석에 달려 있다. 예를 들어 그리닌(Grinin 2004: 127)과 반 데르 블리에(van der Vliet 2005: 128)는 아테네 폴리스 소유 공공 노예 중 선발된 스키타이 궁수 부대가 본질적으로 경찰력 역할을 했다고 주장한다. 이에 반해 베렌트(Berent 2006: 144)는 그 역할이 규정된 맥락에서의 질서 유지에 한정되었으므로 전반적인 법 집행 책임을 지닌 경찰력을 구성하지는 않았다고 주장한다.

이러한 정의 관련 논쟁에서 벗어나 아테네에 관한 몇 가지 흥미로운 사실을 확인할 수 있다. 버지니아 헌터(Virginia Hunter 1994)가 보여 주었듯이 베렌트가 아테네의 형식적 강압 기구의 제한된 성격을 강조하는 입장은 옳다. 그러나 폴리스는 법적 결정과 입법적 법령을 통해 외견상 '사적(private)'으로 보이는 강제력의 사용을 승인하고 합법화한다(Hunter 1994: 188). 실제로 에드워드 해리스(Edward Harris 2007)는 훨씬 더 나아가 법적 문제에서 '자조(self-help)'에 할당되는 엄격한 한계와 사법부와 입법부를 통한 합법화의 필요성을 강조한다. 아테네에서 (현장에서 붙잡힌 강도와 간통범에 대한) 정당한 살인은 오직 공적 합법성을 통해서만 존재하는 사적 행위의 흥미로운 사례이다(Adam 2007). 예를 들어 미야자키(Miyazaki 2007)는 아테네 시민은 합법적으로 강압력을 행사할 수 있지만, 이는 자신을 공공의 이익을 위한 에이전트로 정당화할 수 있는 경우에만 가능했다고 주장한다. 그는 다음과 같이 말한다.

> … 리시아스(Lysias) 1의 화자(話者)이자, 바람난 아내를 둔 남편 에우필레토스(Euphiletos)가 아내와 간통한 에라토스테네스(Eratosthenes)를 살해할 때, 그는 "너를 죽인 것은 내가 아니라 너의 즐거움을 위해 그 한계를 넘고 존중하지 않은 폴리스의 노모스(*nomos*)[3]다"라고 말했다고 주장한다(Miyazaki 2007: 96).

즉 슬픔에 빠진 남편은 자신을 사적으로 가혹하게 복수하는 이가 아닌, 폴리스의 에이전트로서 폴리스의 법을 집행하고 폴리스의 이익을 위해 행동하는 이로 묘사한다. 제1장에서 소개한 용어를 사용하자면, 폴리스는 공익의 에이전트로서 수행된 '사적(private)' 행위에 '가지성(可知性)의 원리(principle of intelligibility)'[4]를 제공했다.

사적 행위를 합법화하는 가상의 권위로서의 폴리스는 주화의 주조와 감정

....

3   노모스란 고대 그리스에서 규칙·습관·법제의 의미로 사용된 개념으로, 인위적으로 만들어진 것·인습적인 것·단순히 상대적이고 본래적이 아닌 것 등의 의미로도 사용되었다. 인위가 개재할 수 없는 피지스(physis, 자연) 그 자체와 대립하여 사용되기도 했다(출처: 네이버 지식백과).

4   형이상학의 제1원리 중 하나로, 모든 존재는 이해 가능한 성질을 지닌다는 원칙이다. 제1원리란 더 이상 증명의 필요 없이 이해된다는 원칙이다. 다시 말해 모든 존재는 알아들어지기를 재촉하고, 모든 현상은 해명되기를 재촉한다. 돌은 물에 가라앉고 나뭇조각은 물에 뜨는 현상은 그 현상이 해명되기를 재촉한다. 이를 가지성의 원리라 하는데, '없는 것은 알아들을 수 없다'는 원리와 모순 관계에 있다(출처: 네이버 지식백과).

을 통해 사적 교환 관계를 보증하는 폴리스의 역할과 유사하다. 예를 들어 도키마스테스[Dokimastes; 테스터(tester)]라 불리는 아테네 공공 노예는 아테네의 은화를 검사하고 위조품을 유통에서 제외하는 일을 했다. 두 경우 모두 동전의 가치나 법원 판결의 정당성을 보증하는 주체는 정치 공동체인데, 이는 의사를 표현하고 의사 결정을 내리고 여러 세대에 걸쳐 역사적 존재감을 유지할 수 있는 집단적 대리인이라는 의미의 정치 공동체였다. 이 점은 폴리스라는 단어가 현재 '국가'라는 단어와 다르지 않은 방식으로 초월적인 공권력을 지칭하는 데 사용될 수 있다는 모겐스 헤르만 한센(Mogens Herman Hansen 1998)의 주장에서도 알 수 있다. 한편 고전기 아테네에서 데모스[demos; 사람들(people)]는 단순히 특정 시점에 폴리스의 민회를 구성하는 특정 개인만이 아닌 집단적 의지를 지닌 현실적으로 상정된 권력을 지칭할 수도 있다고 주장하는 그레고리 앤더슨(Gregory Anderson 2009)은 이를 명시적으로 입증한다.

한센(Hansen)과 앤더슨(Anderson)이 각각 폴리스와 데모스를 가상의 실체로 해석했음은 남성 시민이 폴리스를 구성하고 자신이 데모스임을 적극적으로 자각했다는 사실을 과소평가했다는 비판에서 자유롭지 못하다, 따라서 베렌트는 고전기 아테네에서는 공권력과 시민 기구가 결코 구별되지 않는다고 주장한다. 그렇지만 아테네의 시민 기구는 다른 방식으로 실질적 공권력으로 구성되었다는 사실은 인정해야 한다. 모겐스 헤르만 한센은 다음과 같이 말한다.

폴리스는 시민 사회이자 여성과 외국인이 배제된 남성 사회였다. 외국인 거주자와 노예는 비록 폴리스에 거주하긴 했지만 그 구성원은 아니었다. 시민들이 스스로 국정을 처리하기 위해 민회나 평의회 또는 법정으로 떠났을 때. 남은 이들은 매일 자신의 삶에서 한 가지 사실을 상기했다. ⋯ 그러나 매일 국정을 다루는 회의가 끝나면, 시민, 외국인 거주자, 노예는 장인, 상인 또는 농부로서 일하기 위해 자리를 떴다. 경제 분야에서는 이방인도 사회의 일부였지만,

정치 분야에서는 그렇지 않았다(Hansen 1991: 62).

따라서 시민권의 실천과 이데올로기는 자치 정부는 물론 정치적 영역 밖에서 더 넓은 아테네 사회의 중요한 부분(특히 생산, 상업, 종교, 교육; Cohen 2000 참조)을 구성하는 다른 사람의 통치를 위한 토대이기도 했다. 흥미롭게도, 아테네에 비선출(非選出) 공무원 조직과 유사한 조직이 있었는데, 이는 아테네의 사제직으로 주로 공공 노예와 여성으로 구성되었다. 즉 남성 시민권은 여성, 노예, 외국인 거주자(metics)와의 분리를 통해 형성되었다. 이는 먼저 자치권을 남성 시민에게만 허용하고, 자치권을 가진 남성 시민을 현대로 치면 공공 부문 고용이라고 할 수 있는 영역에서 분리함으로써 이루어졌다. 이는 남성 시민이라는 정체성이 주요 헤게모니 활동의 측면이었음을 의미한다는 점에서 주목할 만하다.

아테네 시민권은 처음에는 아테네인 아버지를 통한 남성 생득권(birth-right)이었지만, 서기전 451년 이후부터는 양친 모두 아테네 태생인 경우에만 시민권이 부여되었다. 남성 시민의 부, 지위, 능력은 상당히 다양했지만, 정치적 과정에 참여할 능력과 기회의 관점에서 정치적 영역은 남성 시민 사이의 개념적 평등으로 규정되었다. 이언 모리스(Ian Morris 2000: 111, Dahl 1989를 인용)는 이를 '강력한 평등 원칙(strong principle of equality)'이라 지칭하였다. 이 개념적 평등은 남성 시민이 상호 자율성을 통해 동료 시민과 동등해지는 '중간 이데올로기(middling ideology)'로 구현되었는데, 이는 이상적으로는 누구도 다른 이에 비해 너무 높이 올라가거나 너무 낮게 떨어지지 않게 됨을 의미한다(Morris 2000: 112-113). 아테네 문헌에 재산, 직업, 능력 또는 출생에 따라 시민 조직을 나누거나 서열을 매기려 했던 엘리트적 견해(예: '구 참주', 플라톤, 아리스토텔레스)가 있음은 사실이다. 실제로 아테네에서는 민주주의 기간 동안 과두제(寡頭制)을 세우기 위한 짧은 쿠데타가 두 차례(서기전 411년과 서기전 404년) 일어났다. 그러나 이러한 엘리트적 견해는 중간 시민에 대해 효과적인 대항 헤게모니를 형성한 적이 없는 것으로 보이며, 대부분 아테네 시민권의 헤게모니에 대항하기보다는 그 내부에서 작동했다.

아테네 시민권의 중간 이상(理想, middling ideal)은 가구 부양, 스스로의 무장 그리고 아테네 군대 참여에 필요한 비용을 지불하는 데 충분한 토지를 소유한 시민인 호플리트(hoplite) 농부-군인에 구현되었다(Hanson 1995: 221-289). 그러나 시민 조직은 호플리트에 국한되지 않고, 장인, 가게 주인, 토지 없는 사람과 같은 비교적 가난하고 낮은 지위의 사람[예: 테테스(thetes)[5]]은 물론 극단적으로 부유한 지주도 포함한다. 게다가 아리스토텔레스도 적극적인 정치 생활 참여를 위해서는 이상적으로는 노예 소유가 필요하다고 했지만(『정치학』 III.v), 모든 아테네 시민이 노예를 소유한 것은 아니었다. 사실 아테네의 민주주의는 생산 수단과 관련하여 서로 다른 지위를 점유한 가난한 시민과 부유한 시민의 다루기 힘든(특히 노동과 토지의 통제에서) 연합이었다.

그람시에 대한 토론 내용을 기억한다면, 아테네 시민권은 헤게모니의 한 형태였음을 알 수 있다. 아테네 시민권은 본질적으로 정치적 통치를 목적으로 사회 일부(아테네 태생 자유민)의 이익을 대변했는데, 이는 공유된 문화 자원, 이 경우 사람들 사이의 '강력한 평등 원칙(strong principal of equality)'을 선택적으로 강조하는 방식으로 실현되었다. 그러나 그람시의 관점과는 대조적으로, 아테네 시민권의 헤게모니는 오직 노예 소유주나 토지 소유주에게만 정치 권력을 투자한다는 의미에서 계급과 직접적으로 일치하는 정치적 장치를 생산하지 않았다(Nafisi 2004와 비교). 아테네 정치는 계급이나 부를 초월하지 않았으며, 실제로는 그 반대이다(Davies 1981; de Ste Croix 1981). 그러나 이는 정치 권력이 단순히 계급이나 부의 다른 이름일 뿐이라고 가정할 수 없고, 대신 그 표현의 역사적 역학 관계를 살펴봐야 한다는 사실을 강조한다.

....

5   고전기 그리스의 최하위 시민 계급.

자유인과 다른 사람들

아테네 정치 영역의 명백한 자치는 가능한 선에서 의존 관계의 배제를 통해 개념적 평등을 조장하며 그 경계를 매우 신중하게 획정함으로써 달성되었다. 따라서 남성 시민, 아테네 여성, 노예 및 외국인 거주자 사이의 예리한 대비가 시민 정체성을 구성했다. 중간 시민권의 헤게모니 아래에서 상호 및 위계적 의존 관계는 오이코스 내적인 것으로 표현되는데, 이는 남편, 부인, 자식 사이의 관계 그리고 주인과 노예 사이의 관계에서 가장 분명하게 나타난다. 예를 들어 노예가 고용된 최대 규모 광산과 장인 공방조차도 노예 소유 가구의 연장선으로 조직되고 이해되었음에 주목할 필요가 있다(Harris 2002). 덜 직접적으로 말하자면, 외국인 거주자는 법에 따라 토지를 소유할 수 없었고, 특별 세금을 내야 했으며, 시민 후원자가 필요했다는 의미에서 시민 가구에 의존했다.

아테네의 폴리스는 경제 생산에서 직접적 역할을 거의 하지 않았고, 잉여 추출은 매우 특정한 활동과 사회의 특정 부문에 한정되었다. 잉여의 대부분은 아테네가 사실상 제국으로서 델로스 동맹(Delian League)에서 거둔 공물과 아테네의 외항 피레우스(Piraeus) 항구를 통한 활발한 무역에 부과되는 세금에 의존했다. 그리고 경제 생산과 폴리스의 세입 역시 자유 지원제(volunteerism)와 자치 가구들, 특히 가장 부유한 가구의 '사적(private)' 행동에 의존했다. 라브리온[Lávrion, 또는 라우리온(Laurion)] 광산에서 풍부한 은이 발견되면서 기원전 5세기에는 광업이 급속히 확장되어 아테네에 상당한 수익을 가져왔다. 그러나 이 수입은 개인 시민과의 임대 계약의 형태로 이루어졌으며, 개인 시민은 자신의 노예를 투입해 은광석 추출 및 가공을 하는 사적 가구(oikos) 사업으로 이를 운용했다(Hooper 1953; 1968). 유사한 세입원으로는 (보통 부유한) 가구를 대상으로 한 공공 토지 임대와 해외 교역과 관련된 다양한 관세가 있다.

흥미롭게도 두 대조적 사례에서 잉여의 직접적 추출이 발생했다. 외국인 거주자는 세입 창출 이상의 의미는 거의 없는 폴리스에 대한 단순한 의무로 정기적으로 인두세(head-tax)를 납부해야 했다. 반면 가장 부유한 시민들은 축제, 행사 그리고 특히 군함 건조 및 인적 제공의 형태로 [학자들이 '전례(典禮, liturgies)'라 칭한] 특정 공공 사업에 사재를 충당해야 했다(Davies 1981; Gabrielsen 1994). 이는 폴리스의 주요 지출을 상당 부분 '민영화(privatized)'했고, 부유한 아테네인들은 어느 정도 사회적으로 용인되고 정치적으로 편리한 방식으로 부를 과시할 수 있는 자유를 누렸다.

고전기 아테네의 정치는 생산의 영향을 전혀 받지 않았음이 분명하지만, 고대 작가들은 남성 시민의 평등과 이에 따른 아테네의 민주주의 자체는 특정 생산관계 때문에 가능했음을 매우 잘 알고 있었다. 서기전 6세기 초 귀족 지주와 가난한 사람 사이의 갈등을 계기로 아테네 입법가 솔론(Solon)은 당시 과두정치(寡頭政治)에 탐닉하던 아테네 민회에 가장 가난한 시민을 수용하고, 채무로 인한 인신 구속을 폐지하고, 토지 소유권을 개혁한 공로를 인정받았다. 솔론 개혁의 구체적인 역사성은 여전히 미해결 문제로 남아 있지만(Blok and Lardinois 2006 참조), 고고학 조사에 따르면 서기전 508년 클레이스테네스(Cleisthenes)의 민주적 개혁 이전까지 취락 및 토지 이용에서 분산된 농장과 좀 더 집약적인 농업 관행 형태에 유의미한 변화가 있었던 것으로 보인다(Bintliff 2006; Forsdyke 2006). 특히 부채로 인한 속박과 기타 직접적 종속[예: 농노제(serfdom)]이 사라지면서 가난한 시민들의 자율성이 높아진 것은 아테네의 생산 영역에서 노예 노동 의존도가 급격하게 증가한 것과 밀접한 상관관계가 있다(Finley 1981; Jameson 1977/1978).

서기전 4~5세기 아테네 문헌에는 아테네 시민의 임금 노동 혐오가 드러난다(Cohen 2002; 그러나 Wood 1988: 137-144와 비교). 노예를 고용해 대규모 공방을 운영하는 부유한 시민과 대조적으로, 기술자나 소매 상인으로 일하는 가난한 시민은 일반적으로 자영업에 종사한다(Harris 2002). 문헌 자료에 따르면, 일자리를 찾아 나서야 할 때 가난한 시민은 고용주에게 지속적으로 의존하지 않아도 되는 올리브 수확과 같은 낮은 보수의 계절적 고용을 선호했다(Burford 1993: 190-191). 아테네 해군에서 사공으로 복무하거나 민회 참석에 대해 공적 자금을 지불하는 것은 아테네의 가난한 시민이 자신의 노동력을 동료 시민에게 직접 파는 것을 막는 또 다른 수단을 제공했을 수 있다. 그러므로 고전기 아테네의 경우 적어도 부분적으로는 경제적 종속을 가난한 시민에서 비시민으로, 즉 노예와 외국인에게 옮김으로써 민주주의가 가능했던 것으로 보인다(Wood 1988와 대조; Foxhall 2002; Jameson 1992 참조).

고전기 아테네의 정치 기구는 계급에 관해서는 상대적 자율성을 가졌으나, 젠더와는 직접적으로 연관되어 있다. 아테네 여성은 더 많은 합법적 시민을 낳을 운명을 타고난 시민 가구 구성원으로서(Osborne 1997), 또 생애 주기 및 농경 주기와 연결된 의식에서 중요한 선도적인 인물로서 일정한 지위를 지녔다(Dillon 2002). 그러나 여성은 투표나 민회 참여가 허용되지 않았다는 점에서 정치 생활 측면에서는 배제되었다. 더욱이 아테네에서는 사회적·생물학적 재생산에서 젠더에 따른 노동 분업이 뚜렷했고, 가정은 적절한 여성 노동, 성징, 권위를 철저하게 규정하고 통제했다.

고전기 아테네 문학과 예술은 종종 젠더를 가정 영역과 시민 영역 사이의 공간적 대비로 표현하는데, 일반적으로 집은 여성 영역으로, 야외, 특히 민회, 광장, 연무장과 같은 주요 시민 공간은 남성 영역으로 설정된다. 고전기 아테네 문헌에서 가정(家庭) 맥락 외부에서 일하는 여성이나 가정적(家庭的) 맥락에서 일하는 남성은 간통 관련 연설, 고도로 교양 있는 매춘부(hetairai)[6] 역할 또는 아테네 여성의 집단 정치 행동[예를 들어 리시스트라타(Lysistrata) 또는 에클레시아주사이(Ecclesiazusae)='민회의 여성(Women in the Assembly)']을

....

6　헤타이라(hetaira는 단수형, hetairai는 복수형)는 성적 서비스 제공 외에 예술가, 연예인, 이야기꾼 등의 역할을 했던 고대 그리스의 매춘부로 당대 일반 여성들과 달리 높은 수준의 교육을 받았고 심포지엄에도 참가할 수 있었다고 한다(출처: 위키피디아).

다른 아리스토파네스(Aristophanes)의 희극 사례처럼, 종종 수치심, 유머, 또는 리미널리티(liminality, 경계)의 본보기가 된다(Davidson 2011 참조). 린 폭스홀(Lin Foxhall 1994)의 지적대로, 이러한 아테네의 이분법적 공간 생성은 아테네 여성과 남성의 삶에 대한 직접적인 서술이기보다는 남성주의 이데올로기의 일부였다. 이러한 이데올로기는 시민 제도와 동성애적 관계를 통해 가장(kyrios, head of household)[7]으로서의 자율적 남성 시민 형성을 강조했고, 이는 젊은 남성들을 모계 가정에서 멀어지게 했다. 이 이데올로기는 여러 세대에 걸쳐 동일한 '자율적(autonomous)' 가정을 형성하는 데 있어 미망인 어머니와 새 아내로서 여성의 분명한 역할은 무시했다.

무비판적 문헌 해석을 통해 제안될 수 있는 것처럼, 실제로 이러한 가정 및 시민 영역 구분은 결코 단순한 여성 억압과 가정 은둔에 관한 사례로 볼 수 없었다. 여성은 가정(oikos)에서 공동 소유의 가족 자원을 관리하고, 결혼할 때 지참금으로 가져온 부분에 대한 독립적 소유권을 가졌다(Foxhall 1989). 실제로 결혼과 가정 형성을 세대에 걸친 가문 및 재산 영속화의 핵심적 전략 요소로 만든 것은 다름 아닌 바로 이러한 상속 병합이었다. 여성은 다른 여성의 집을 방문하면서 도시 여기저기를 돌아다니면서 광범위한 사회적 관계망을 유지했다. 또 여성은 도시 샘터에서 물주전자를 채우는 일처럼 정기적으로 집 밖을 다녀야만 할 수 있는 가사 이외 업무에도 종사했다(Nevett 2011). 시골에서 덜 부유한 농장 여성들은 틀림없이 농업 관련 옥외 노동에 광범위하게 참여해야 했을 것이다(Scheidel 1995, 1996). 마지막으로 이런 경우는 종종 여성 가족의 빈곤과 불행을 보여 주는 것으로 간주되긴 했지만, 때때로 아고라(Agora)[8]에

....

7   kyrios 또는 kurios는 주로 주인('lord' 또는 'master')으로 번역되는 그리스 단어이고, 현대 그리스어에서도 사용되는 'κύριος'는 영어 단어 'mister', 'master', 'sir'로 이해된다. 고전기 그리스에서 kyrios는 아내, 자식, 모든 미혼 여성 친척을 책임지는 가장(the head of the household)을 지칭하는 용어라고 한다(출처: 위키피디아).

8   고대 그리스 도시국가인 폴리스에 형성된 광장으로, 여기서 민회, 재판, 상업, 사교 등 다양한 활동이 벌어졌다. '아고라(Agora)'는 '시장에 나오다', '사다' 등의 의미를 지닌 '아고라조(Agora-

서 상품을 팔거나 돈을 받고 고용되는 등 여성이 직접 가사 이외의 상업 활동에 종사하기도 했다(Brock 1994).

이데올로기적 성격에도 불구하고, 혹은 오히려 이데올로기적 성격 때문에 아테네에서 젠더 표현은 헤게모니적 활동의 핵심 장(場)이었다. 제임스 데이비슨(James Davidson)은 다음과 같이 말했다.

이러한 실제에 대한 담론이 현실을 정확하게 반영할 수 있는지와 무관하게, 이는 그 자체로 크고 중요한 사실을 표현하며, 그리스의 실체 인식, 계급, 정치 및 시민권과 관련된 다른 중심 담론들과 자연스럽게 맞물려 있다(Davidson 2011: 608).

중요한 것은 이러한 이데올로기는 남성 가장(kyrios)이 폴리스에서 가족을 대표하여 '… 가정과 공동체 간의 경계를 넘나들 수 있는 권한이 부여된 개인'(Foxhall 1989: 31)으로 생각될 수 있게 했다는 점이다. 이는 결국 고전기 아테네의 젠더 및 정치 구성에 영향을 미쳤다.

이제 시민 정치에서 명시적으로 배제된 (남성, 여성, 노예 사이의) 가정에 의해 폴리스가 구성된다는 아리스토텔레스의 역설로 돌아갈 수 있다. 시민과 가정 영역을 예리하게 구분하는 선을 긋고, 이를 동일한 정도로 예리한 남녀 정체성 구분에 적용하면, 아테네는 남성 가장으로 대표되는 가정의 집합으로 이해될 수 있다. 이러한 가정의 자율성은 토지나 부의 직접적 재분배 없이도 남성 시민이 개념적 동등체로 정치에 참여할 수 있도록 해 주었다. 앞에서 살펴본 대로 이러한 자율성은 부분적으로 시민 가정 간의 직접적인 경제적 종속

....

zo)'에서 비롯된 단어로 '시장'의 의미로 사용되었다. 아고라가 시장 기능뿐 아니라 정치, 경제, 사회, 문화 등 시민들의 일상생활의 중심이 되면서 '사람이 모이는 곳' 또는 '사람들의 모임' 자체를 뜻하게 되었다(출처: 네이버 지식백과).

을 제한함으로써 이루어졌다. 이는 다시 대규모 경제 활동을 하는 부유한 가정의 노예 노동력(과 외국인 거주자) 고용을 통해 조장되었다.

시민을 위한 집?

앞선 논의가 시사하듯이, 시민권에 특별한 의미가 있는 물적 환경을 구성하는 가옥은 고고학자의 특별한 관심 대상이며, 이는 젠더와 노동에 맞춰진 현재 우리의 관심사와도 잘 맞물려 있다(그림 4.2).

내부 구분이 거의 없고 외부 작업 공간에 대한 의존도가 높았던 그리스의 철기시대 전기 가옥에서, 내부에 안뜰이 있는 여러 개의 방이 있는 고전기 가옥으로의 전환은 학계의 주목을 끌었다(Coucouzeli 2007; Morris 2000: 280-286; Nevett 2010a: 22-42). 이 가옥이 전환 시기, 변화하는 사회 구조 측면에서 무엇을 '의미(mean)'하는지[즉, 훨씬 큰 친족 구조에 비해 늘어난 가족(오이코스, oikos)의 중요성], 젠더와 시민 이데올로기 측면에서 무엇을 '표현(represent)'하는지 등 다소 좁은 영역에 학계의 관심이 집중되었다.

고고학자들은 안뜰 가옥을 해석하면서 처음에는 '여성 공간(women's quarters)'(gunaikon[9]; Walker 1983)의 증거를 찾았다. 이는 아테네 여성이 '오스만 제국의 하렘(Ottoman harem)'과 유사하게 남성들과 격리되어 '동양의 은둔(Oriental seclusion)' 속에 살았다는 문헌 자료에 근거한 전통적 견해와 일치한다(Wagner-Hasel 2003 참조). 그리스 집 내부에서 엄격한 젠더 구분의 존재는 문헌(Cohen 1989)과 고고학적 근거(Jameson 1990) 모두에서 의문시되었다. 대신 학자들은 성별 분리의 핵심은 거주자와 손님 간의, 즉 가옥 내부와 외부 간에 있다고 주장하기 위해 보다 미묘한 이슬람 주택의 해석을 도출했다(Nevett 1995). 예를 들어 여성이 집 밖에서 베일을 쓰는 것을 집의 '보호

....

9   남성 공간을 의미하는 그리스어 andron과 상대되는 여성 공간을 지칭하는 그리스어 단어.

그림 4.2 서기전 5세기 그리스 안뜰 가옥, 올린토스 가옥 Avii4 (Olynthus House Avii4)(Robinson and Graham 1938: Fig. 5)

(protective)' 벽과 연결하여 은유적으로 표현한 것을 다양한 문헌 자료에서 발견할 수 있다(Llewellyn-Jones 2007). 거주자와 손님을 구분하는 핵심 지표로서, 리사 네벳(Lisa Nevett 2010a: 43-62)은 특별한 공간의 발전을 지적한다. 네벳은 문헌 자료에 나타난 이 공간을 안드론[andron, '남성 구역(men's quarter)']으로 해석하는데, 이는 심포지엄 개최 및 가정 내 남성 손님이 머무는 용도로 사용되었다. 채색된 벽, 모자이크 바닥, 소파를 위해 구획된 공간, 다른 방으로 가는 시야를 막기 위해 중심에서 벗어난 출입구 그리고 중앙 출입구와의 근접성 등으로 확인되는 안드론은 서기전 5세기까지 그리스 도시 주택을 식별하는 특징이다(Nevett 2010a: 55-56; Coucouzeli 2007; Morris 2000: 280-286은 이러한 발전을 서기전 8세기까지 올려 본다).

네벳(Nevett 2010b)과 웨스트게이트(Westgate 2007) 두 학자 모두 고전기 그리스의 안뜰 가옥은 의도적으로 안쪽을 향해 지어져, 거리 쪽에서는 막힌 벽면(closed façade)이 보이게 했음에 주목해 왔다. 하나뿐인 출입구는 남성 손님과의 소통을 매개하는 안드론으로의 접근을 제한했고, 가내 활동을 볼 수 없게 했으며, 가내 대부분 공간의 의사소통 창구 역할을 하는 내부 안뜰로의 접근을 제한했다. 안뜰은 특히 가정 구성원과 외부인 사이의 시각적·물리적 소통을 통제하는 데 적합한 공간이었다. 남성 가장의 관점에서 볼 때 안뜰은 가정의 재원과 가문의 평판을 보호하고, 가내 여성의 성적 활동을 감시하고, 합법적인 상속인과 미래의 결혼 동맹을 확실히 하고, 특히 외부인으로부터 가내 구성원의 노예 노동이 방해받지 않도록 하는 데 도움이 되었다. 간단히 말해서, 네벳(2010b)과 웨스트게이트(2007)에 따르면, 안뜰 가옥은 남성 시민 가장에 의해 정치 영역에서 대변될 수 있는 자율적·자급자족적 가정의 시민 이데올로기를 구체화하고 강화했다. 그렇다면 그리스의 가옥과 정치 사이의 이러한 관계를 어떻게 해석해야 할까?

고전기 그리스 가옥들에 대한 이데올로기적 접근은 상징적 메시지와 사회적 열망의 관점 이외에는 가옥을 정치, 경제, 정체성 간의 조화 공간으로 설명하지 못한다는 한계가 있다. 다시 말해서 정치는 담론적으로 발생하고, 구체적으로 반영된다. 그러나 고전기 아테네 가정의 자율성은 단순히 적절한 젠더 관계의 상징이 아니라 생산과 소비 경제 단위의 실질적 토대이기도 했다. 노동 관계(노예제와 젠더에 따른 노동 분화)와 부 축적의 가정적 기반은 종속 관계의 출현 없이 시민 사이의 빈부 차의 등장을 허용했다. 이러한 경제적 관계는 집과 가정의 토지 소유에 대한 구체적 경험으로 학습되고 강화되었다. 이러한 경험은, 가정 구성원으로서 자유롭게 이동하는 사람과 손님으로서 이동에 제약을 받는 사람, 구성원이 공공 영역의 문턱을 넘는 이유와 방식 그리고 가정 재원이 조성·축적·관리·사용되는 실상을 통해 구체화되었다. 이러한 의미에서 안뜰 가옥은 고전기 아테네에서 경제, 정치, 젠더, 정체성의 물적 상호 의존성을 단순히 구체화하는 것이 아닌, 이를 구성하는 중요한 공간이었다. 이러한 물적 상호 의존성은 시민 헤게모니의 실천을 통해 활성화 및 강화되고, 또다시 새겨졌다. 이러한 방식으로, 정치·노동·젠더·가정 집단은 고전기의 안뜰 가옥의 물리적 형태와 이 형태가 제공하는 일상적 움직임 간의 상호 작용 방식에 따라 매개되는 독특한 방식으로 '조화를 이루고' 있었다. 라투르(Latour 2005: 70)의 관점에서 고전기 안뜰 가옥은 붕괴되지 않은 유대를 조성한 잠들지 않는 실체였다. 이제부터 매우 다른 잉카 제국의 사례로 눈을 돌리면, 이 독특한 '시공간적 해결책(spatio-temporal fix)'(Jessop 2006)의 의미는 더욱 분명해질 것이다.

잉카 제국의 노동, 젠더, 그리고 권력

잉카 제국은 표준화된 교환 수단이 없는 중앙 집중화된 공물 경제와 젠더 보완적(다르지만 동등한 남녀 역할) 사회 체계를 갖추고 있었고, 지리 및 인구 면에서 방대했으며, 사파 잉카(Sapa Inca, 신성한 왕)[10]에 의해 통치됐다. 아마도 이보다 고전기 아테네와 큰 차이를 보이는 정치체를 창안하기는 어려울 것이다. 하지만 아테네의 경우와 마찬가지로 잉카 제국의 정치 권력은 노동, 생산, 젠더, 가정 집단과 같은 서로 다른 사회 분야를 명확하게 구분해야 했다. 이러한 분야에는 여러 가지가 있었지만, 특히 노동 봉사, 치차(chicha, 옥수수 가루를 발효시켜 만든 맥주)와 아클라코나(acllacona, 잉카 제국에서 사용할 치차를 양조하고 옷감을 짜는 '선택된 여인들')를 중심으로 한 네트워크에서 두드러지게 나타난다.

....

10   사파 잉카는 케추아어(Quechua)로 '유일한(sapa) 왕(inka)'이라는 뜻으로 잉카 제국의 최고 지도자의 칭호이다. 황제로 번역하는 경우도 많지만, 모든 사파 잉카가 황제는 아니었다고 한다. 잉카 제국 전신 쿠스코(Cusco) 왕국을 세운 초대 사파 잉카부터 8대 사파 잉카까지는 황제가 아닌 왕의 칭호를 사용하였다. 9대 사파 잉카로 본격적인 정복 활동을 시작한 파차쿠티부터 황제라 불렸으며, 마지막 사파 잉카는 신 잉카국(Neo-Inca State)의 투파 아마루라고 한다(출처: 위키피디아).

쿠스코 계곡, 페루 그리고 바로 인접 지역의 여러 종족이 통합되며 선사 시대부터 오랫동안 형성되어 온 잉카 제국(그림 4.3)은 다소 급속하게 팽창했고, 또 붕괴되었다(Bauer and Convey 2002). 잉카 제국의 역사에서 우리가 알고 있는 대부분의 구체적인 사건들은 프란시스코 피사로(Francisco Pizarro)가 아따왈빠 황제(Emperor Atawallpa)를 납치하고 살해했던 서기 1532년의 다음 세기인 17세기 스페인과 토착 작가의 기록에 의존한다. 이러한 연대기에 따르면, 잉카 왕국은 파차쿠티 잉카 유팡키(Pachacuti Inca Yupanqui)의 왕위 찬탈과 1438년 기적적인 [페루의] 창카(Chanca) 침략군 격퇴에 뒤따른 급격한 팽창으로 제국 단계에 진입했다. 이후 90년 동안 잉카 제국은 안데스 산맥을 따라 팽창하여 2백만km²의 땅과 아마도 6백만 명에서 천 4백만 명에 이르는 주민을 통합했다(McEwan 2006: 93-96). 서기 1528년 와이나 카팍 황제[the Emperor Wayna Qhapac, 스페인어로 와이나 카파크(Huayna Cápac)] 사망 직후 아들 아따왈빠(Atawallpa)와 와스카르 잉카(Wascar Inca) 사이에 발발한 왕위 계승 전쟁으로 잉카 제국은 약화되고, 스페인군이 도착하기 전날 분열되었다.

안데스 산맥의 다양성은 잉카 제국이 서로 다른 생태 지대와 종족 집단을 통합했음을 의미했다. 이러한 다양성을 통합하는 과정에서 잉카 제국은 정책적으로 특정 영역에서는 지역적 차이를 허용하고 심지어 조장하면서도 표준화를 장려했다(예: Wernke 2006). 잉카 정책의 핵심은 다른 사례 연구와 헤게모니에 대한 논의에서 이미 살펴본 바와 같이, 공유된 관행과 가치의 선택적 전용, 변형 그리고 다시 새김 등이다(예: Jennings 2003; Silverblatt 1987). 여기서 안데스 산맥의 다양한 종족 집단이 서로 그리고 잉카 집단과도 여러 관행, 지향성, 가치를 공유한 것으로 보인다는 사실은 잉카 제국주의에 전략적으로 중요했다.

이런 공유된 관행 중 하나가 범(汎)안데스 전통의 노동 봉사였다. 전통적으로 안데스 가정은 친족, 양계 상속, 영토를 결합하여 지역 공동체를 형성하는 아이유(ayllu)라 불리는 확대 집단으로 구성되었다. 가정은 동료 아이유 구성원을 지원하거나 전 공동체에 관련된 집단 업무 수행을 위해 정례적으로 노

그림 4.3 잉카 제국 지도

동을 제공했다(Murra 1980: 90-92). 일반적으로 노동 봉사는 두 가지 형태 중 하나를 취할 수 있다. 아이니(ayni)[11]라 불리는 지연된 대칭적 호혜로서의 공유

....

11   잉카 문명권 공용어인 케추아어(Quechua)로 ayni는 안데스 산맥 사람들이 호혜(reciprocity) 또

노동은 평등을 시사하는데, 참여자는 장기간에 걸쳐 계속 상호 원조의 빚을 만들고 상환한다(Flannery et al. 2009: 35-36). 아이유의 우두머리[쿠아락(cuarac)]가 자신을 위해 일한 사람들을 잔치로 보상하는 것처럼, 민카(min'ka)라는 위계적·비대칭적 교환으로서의 노동은 주로 보통 음식과 치차로 바로 보상되었다. 중요한 것은 민카 계약은 이런 방식으로 토지를 소유하는 측과 그 토지에서 일하는 측을 구별하고, 노동을 제공하고 음식을 제공받는 측이 지위가 낮고 종속적임을 시사한다는 점이다(Gose 2000: 86).

잉카는 각 가정이 '차례(turn)'를 정해 소속된 상위 집단에 부여된 의무를 이행한다는 사실에서 유래한 미타[mit'a('차례')]라고 알려진 부역(賦役, labor service)을 정복민에게 부과했다(LeVine 1987; Murra 1980: 89-186). 작업은 농업 노동, 직조, 양조, 건설, 광업, 전쟁과 같은 다양한 분야를 포함했다. 대부분의 부역은 지역 사회에 기반을 둔 사람들이 특정 프로젝트를 수행하는 방식으로 이뤄졌다. 이러한 상황에서 잉카 제국은 부역 기간에 일꾼들에게 옷과 물품은 물론, 음식과 치차를 공급하는 주인 역할을 했다. 레빈(LeVine 1987: 15-17)이 지적한 대로 사람들은 때로는 집을 떠나서 전일제로 부역을 감당해야 했는데(예: 광업, 전쟁), 공동체 구성원들이 돌아가면서 부역 의무를 맡았고 잉카 당국은 전일제로 일하는 사람들이 필요로 하는 물품을 제공했다.

이러한 순환 부역과는 대조적으로, 잉카 제국은 일부 사람의 노동을 훨씬 지속적으로 징발하여 이들을 특정 범주로 분류해 관리했다(Murra 1980: 153-186). 공예품 생산과 같은 다양한 활동에 숙련된 전문가(camayoc), 전략적 이유로 새로운 영토에서 농사, 거주, 방어를 위해 대규모 인원을 이주시키는 식민지 개척자(mitmaq), 높은 지위의 잉카 사람에게 하인으로 할당된, 주로 비(非) 잉카 엘리트였던 가신(yanacona), 마지막으로 이 장에서 특별히 주목하는 '선택된 여성(acllacona)'이 이런 경우에 해당한다.

....

는 상리 공생(mutualism) 개념을 지칭하는 단어이다(출처: 위키피디아).

아클라코나(acllacona, 단수형은 aclla), 즉 '선택된 여성'은 잉카 속주에서 미모와 품행을 기준으로 선발된 어린 소녀들이었다(아클라코나에 대한 자세한 스페인어 기록은 Alberti Manzanares 1986; Costin 1998; Gose 2000; Silverblatt 1987: 81-108; Surette 2008: 14-66 참조). 일단 선발된 소녀들은 선택된 이들의 집[acllawasi, 'wasi'는 '집(house)'을 의미함]에 격리되어 나이 든 '선택된 여성들'(mamaconas, '존경받는 어머니들')로부터 고도로 숙련된 직공, 치차 양조자, 국가 신전(temple)과 사당(shrine)의 박식한 안내원이 되기 위한 가르침을 받았다(그림 4.4). 이들은 가족의 지위에 따라 신전과 황제의 토지에서 음식 준비와 농사일에 종사했을 수도 있다(Surette 2008: 46-48). 스페인어 연대기에는 상이한 선발 연령이 보이기도 하지만, 대부분의 기록은 소녀들이 사춘기 이전 나이였음을 시사하며, 모든 기록에서 격리 생활 동안 처녀성의 중요성을 강조했고, 종종 기독교 수녀와 비교되었다. 잉카 제국은 생식 잠재력에 대한 통제를 주장했기 때문에 선택된 여성들의 성생활은 물론, 실제 남성과의 접촉 역시 엄격하게 제한되었던 것으로 보인다. 가장 높은 지위의 소녀들(예: 잉카 왕족)은 태양의 신전(Temple of the Sun)과 연계된 쿠스코의 아클라와시(the acllawasi of Cuzco)에 수용되었다. '태양의 아내들(wives of the Sun)'로 알려진 이 여인들(acllacona)은 잉카 황제와 황후(코야 Coya)의 전용 천을 직조했다. 지위가 낮은 가문의 소녀들은 속주 중심지에 있는 아클라와시에 수용되어, '잉카의 아내들(wives of the Inca)'로 지정되었다.

종족 공동체에서 분리되어 잉카 제국의 통치 기구에 동화된 아클라코나는 아클라와시에 사는 동안 높은 지위로 올라갔다. 아클라와시 생활이 끝날 무렵 아클라코나는 다음과 같은 네 가지 운명 중 하나를 맞이한 것으로 보인다. 1) 아클라코나는 대개 잉카에 대한 존경의 표시로 원래 속주의 군인이나 귀족 또는 관리와 결혼하였으며, 2) 드물기는 했지만, 잉카 군주의 두 번째 부인 혹은 첩이 되는 경우도 있었다. 3) 아클라와시에 남아 마마코나 역할을 담당하며 미래 세대의 아클라코나를 교육·감독하는 아클라코나가 있었는가 하면, 4) 어떤 이

그림 4.4 마마코나의 감독하에 아클라와시 구내에서 양모를 잣는 아클라코나들(Poma de Ayla 1936 [1615]: 298)

들은 연례 행사 혹은 특별한 사건(예: 질병, 자연재해, 군사적 패배)이 있을 때 희생 제물로 바쳐졌다. 제물로 희생된 아클라코나는 사후 후아카스(huacas, 권위 있는 신)으로 추대되어 지역 사당에서 존경과 숭배를 받았다.

이 네 가지 운명은 각각 아클라코나를 잉카 제국으로 동화시켜 위계를 생성하고, 이 위계를 잉카 황제에게 전달하는 역할을 했다. 스페인어 연대기에 따르면, 잉카 황제는 남성에게 결혼을 위한 공식 허가를 구하도록 요구함으로써 제국 전역의 여성을 결혼시킬 권리를 전용했다. 이런 방식으로 잉카 황제는 '아내 증여자(wife-giver)'라는 우월한 역할에 자신을 끼워 넣음으로써, 제국 내 결혼과 가정 형성을 통제했다. 제국에 대한 봉사를 보상하거나 동맹 강화를 위해 아클라코나를 신부로 제공하는 것은 잉카 황제의 '아내 증여자' 지위의 연장 및 확장이며, 이는 제국 건설과 재생산 관계를 융합했다. 나머지 세 가지 운명은 아클라코나를 제국의 통치 기구로 더 완전히 병합하였고, 이로 인해 이들은 살아 있거나 신격화된 중개자의 변형된 역할을 제외하면, 자신의 출생 공동체로부터 영원히 유리(遊離)되었다(Gose 2000: 88; Silverblatt 1987: 94-100).

필자의 아클라코나에 대한 관심은 아클라코나가 미타(mit'a) 부역(賦役)과 잉카 제국 사이에 제공한 연결고리에서 비롯되었다. 첫째, 양조자(釀造者) 아클라코나는 제국을 대신하여 노동자에게 음식과 치차(chicha)를 제공하는 중심이었다. 치차가 사회적 사다리 아래로 얼마나 내려갔는지, 얼마나 먼 속주까지 퍼졌는지는 명확하지 않다. 치차는 안데스 산맥에서 장기간 의식적·정치적으로 중요한 의미를 지닌 고가의 음식이었다(Hastorf and Johanessen 1993; Jennings and Bowser 2009). 이는 부분적으로는 고위도에서 옥수수 재배의 어려움과 중독에 따른 문화적·종교적 의미와 관련이 있다. 큰 잔치와 노동자 무리에게 끼니를 제공하는 경우와 마찬가지로, 대규모 치차 양조는 시간과 노동 집약적이다(Jenning 2004). 제닝스(Jennings 2004: 252)의 지적대로 대규모 생산에 따른 노동 비용 증가는 더 큰 양조용 항아리 사용으로 줄일 수 있는데(예:

170L 대(對) 80L), 실제 안데스 산맥 후기 지평 문화기(Late Horizon, 잉카 시대) 유적에서 대형 양조용 항아리가 발견된다. 그러나 큰 항아리의 제작과 이동은 개별 가정 여인의 노동 능력에 부담이 되므로 큰 항아리는 전형적으로 중앙 집중화된 양조와 결부된다(Jennings and Chatfield 2009). 또한 보관 및 운반 문제를 고려하면, 치차는 소비지 근처에서 양조되어야 한다. 따라서 잉카 제국과 에이전트는 잔치 행위 후원을 위해 대규모 양조 노동력과 시설을 제국 전역에 확보할 필요가 있었을 것이다.

스페인어 연대기에 따르면, 전성기 쿠스코의 아클라와시는 1,500명의 아클라코나를 수용했다. 시에자 데 레온(Pedro de Cieza de León)은 1553년 기록에서 서로 다른 21개 지점의 아클라와시의 존재를 언급하면서, 일부 아클라와시는 200명 이상의 여성을 수용했음을 지적했다(Surette 2008: 37-38, 80-82). 필라르 알베르티 만사나레스(Pilar Alberti Manzanares 1986: 161)는 제국의 주요 인구 중심지 28곳에 아클라와시가 있었다고 주장하며, 이를 통해 플래너리 수렛(Flannery Surette 2008: 38)은 잉카 제국 전성기에 아클라코나가 6,900~15,500명(쿠스코에 1,500~2,000명, 속주 중심지에 200~500명)에 달했다고 추정했다. 따라서 적어도 쿠스코와 주요 속주 중심지에는 미타 체계의 요구에 상응하게 잉카 황제를 대신하여 치차를 양조 및 제공할 능력이 있는 아클라코나가 존재했다는 견해는 타당해 보인다. 그러나 고즈(Gose 2000: 87)는 아클라와시가 심지어 작은 취락에도 존재했었다는 스페인어 연대기 자료를 인용해, 아클라와시가 훨씬 더 널리 퍼져 있었다는 견해를 밝힌 바 있다. 그는 아클라코나가 제국 전역에서 미타 봉사를 하는 사람들에게 끼니를 제공하고 치차를 양조하는 데 필요한 노동력의 대부분을 제공했다고 주장한다.

발굴 결과 아클라와시로 확인된 유구는 매우 드물었다. 잉카가 새로운 취락으로 조성한 속주의 행정 중심지 후아누코 팜파(Huánuco Pampa) 유적에서 가장 상태가 좋은 사례가 보고되었는데, 이 유적은 오늘날 페루의 후아누코(Huánuco)주에 소재한다. 발굴단은 유적의 기념비적 광장 북쪽에서 정교한 잉카 석조 공법(fine-cut Inca masonry)으로 축조된 약 100m×140m 규모의 벽으로 둘러싸인 대형 건물(a walled compound)을 발견했고, 그 대형 건물 내부에서 문이 있는 출입구와 담으로 에워싸인 광장, 그리고 개별 면적이 65~95m²에 이르는 병영 같은 직사각형 건물 50동을 확인했다(Morris and Thompson 1985: 70-71, Fig. 8). 또 이 대형 건물 내부에서 치차 양조용으로 여겨지는 '수천 점, 못해도 수백 점'에 달하는 대형 항아리(Morris and Thompson 1985: 70), 방추차 그리고 골제 직조 도구를 발견했다(Morris and Thompson: 70, Pl. 42-43). 제한된 접근성, 반복적인 대규모 거주, 직조, 그리고 가장 특별하게는 양조와 관련된 밀집된 물적 증거는 모두 아클라와시는 200명 이상의 아클라코나를 수용할 수 있는 독특한 기구였다는 스페인어 연대기에서 나온 자료를 뒷받침해 준다.

또 다른 고고학 증거는 잉카의 식량 공급이 미친 폭넓은 영향을 지적한다. 학자들은 쿠스코 외부 잉카 속주의 토기 집합체에서 뚜렷한 외래 요소로 보이는 형태와 장식 모티프를 기반으로 한 잉카 토기 레퍼토리를 확인했다. 태머라 브레이(Tamara Bray 2003)에 따르면, 쿠스코 외부에서 이 레퍼토리 중 가장 널리 분포하는 토기 기형으로는 치차를 운반하고 제공하는, 소위 아리발로(aríbalo)라는 목이 긴 병, 음식 끓일 때 사용되는 받침 있는 조리용 단지 그리고 기본 서빙 용기인 얕은 접시가 있다(그림 4.5). 브레이(Bray 2009: 119-121)는 쿠스코 지역과는 대조적으로 잉카 속주에서는 중대형 아리발로가 소형보다 지배적임을 지적하기도 했는데, 이는 중대형 아리발로는 주로 규모가 큰 집단의 치차 소비에 사용되었음을 시사한다.

잉카 제국기 안데스 공동체들은 혼합 농업 체제를 유지했는데, 치차[12]의 중요성이 잉카가 정복한 지역에서 옥수수 재배를 증가시켰다는 증거는 어느

....

12 원문(Routledge 2014: 96, 28행)에는 chica(스페인어로는 'girl'을 의미한다고 함)로 나와 있지만, 4장에서 이미 여러 차례 나온 chicha(옥수수 발효 술)의 오자로 보이는데, 이 오기는 3회 더 반복되고, 색인에서도 chicha가 아닌 chica로 나옴.

그림 4.5 치차 항아리를 등에 지고 운반하는 잉카인의 세라믹 입상[사진: Werner Forman Archive/ 베를린 민족학박물관(Museum für Volkerkunde, Berlin)]

정도 있다(Hastorf 1990). 옥수수가 잉카의 공물 수요에서 중요한 비중을 차지했고, 제국 전역에 마련된 대규모 중앙 집중식 저장 시설에 보관된 핵심 산물 중 하나였음은 분명하다(LeVine 1992 참조). 또 옥수수는 잉카 제국주의 이데올로기에서 중요한 역할을 했다. 옥수수 파종과 경작은 전형적인 남성 활동으로 의례적으로 전쟁과 관련이 있다. 실제로 잉카 역사 여명기에 이루어진 최초의 쿠스코 정복 이야기에는 잉카 제국을 건국한 부부인 망코 카팍과 마마 우아코가 옥수수를 들여온 이야기가 포함되어 있으며, 황제가 땅을 파고 쟁기질과 파종 시기를 시작하는 행사가 매년 재현되었다(Bauer 1996).

　　양조자 역할을 우선적으로 강조해 왔지만, 아클라코나는 매우 고운 고급

천을 짜는 직조공으로도 잘 알려져 있다(Costin 1998; Murra 1962; Surette 2008 참조). 잉카 제국의 모든 가정은 공물로 천을 생산할 의무가 있었다. 공물로 거둔 천은 제국 전역에 마련된 중앙 저장 시설에 보관되었고, 황제를 위해 복무 및 봉사하는 군인과 부역(corvée) 노동자에게 보급되었다. 또 아클라코나는 야생 비큐나(vicuña)[13] 털과 [잉카 국왕의 튜닉(tunics)의 경우 심지어] 박쥐 털과 같은 희귀한 원자재로 훨씬 더 섬세한 고가(高價)의 직물(織物)을 짜기도 했다. 장식 문양은 지위와 종족에 따라 차별화되었고, 훌륭한 옷차림은 말 그대로 신분을 표시했다. 동시에 사치 규제 법령은 고급 의류의 분배와 소유를 욕망, 호의, 보상이라는 미시 정치의 중심 역학으로 만들어 엘리트 신하들을 잉카 황제와 그의 정부 기구에 결속시켰다.

그러나 양조와 직조는 단지 아클라코나를 격리하여 만든 효율적이며 독점적인 제국주의의 도구는 아니었다. 잉카 제국에는 탁월한 양조·직조 여성 노동력이 존재했음을 기억할 필요가 있다. 안데스 산맥에서 노동의 젠더 상호 보완성은 농업과 전쟁이 남성의 영역인 것처럼, 직조와 양조는 가정 및 아이유라는 집단 사업에서 여성의 영역임을 의미했다. 따라서 처음에 이것은 노동력 추출이라기보다는 남성과 노동을 분담한 것이었다(Gose 2000; Silverblatt 1987: 3-39 참조). 여성 노동은 작업 팀에 대한 음식 제공을 비롯해 잔치 준비 및 조직에서 특히 중요했다. 따라서 여성 노동은 아이니(ayni)라는 노동 관계에서 발생하는 상호 책임을 충족시키고, 하위 노동자에게 음식과 치차[14]를 제공하여 비대칭적 민카 부역(賦役)의 위계 형성을 가능하게 만드는 핵심 요소였다.

아이린 실버블랫(Irene Silverblatt 1987: 81-108)은 잉카인이 제국주의의 도구로 여성 노동력을 적절히 활용하기 위해 아클라코나를 이용한 것은 (정복을

....

13 남미 안데스 산맥 고지대에 서식하는 라마의 일종(출처: 네이버 지식백과).
14 각주 11의 경우처럼 chica는 chicha의 오기(誤記)로 판단된다.

통해) 젠더 상호 보완 체계를 계급 지배와 연결된 가부장적 위계 체계로 전환하는 과정의 일부라고 주장했다. 그러나 피터 고즈(Peter Gose 2000)는 잉카 제국은 남성과 여성 모두의 양식에서 위계를 생성시킨다는 측면에서 스스로를 구성하기 위해 아클라코나를 이용했다고 주장하며 좀더 미묘한 견해를 제시해 왔다. 이미 보았듯이 잉카 황제를 궁극적인 '아내 증여자'로 규정했을 때 아클라코나는 주니어(junior) 남성이 신부를 증여 받기 위해 시니어(senior) 남성에게 종속적 봉사를 수행하게 하는 역할을 했다. 잉카 황제에 대한 봉사는 농업, 건설, 전쟁을 포함한 다양한 형태를 띤다. 그러나 영토 내의 모든 자원(예: 물고기, 옥수수, 나무 등)은 잉카 황제의 소유라는 식의 법적 허구로 인해 잉카 황제에게 바치는 모든 공물은 부역으로 정해졌다. 따라서 잉카 황제가 공물을 징수하는 것은 물품을 받는 것으로 표현되지 않았다. 이는 빚과 종속이라는 의미를 시사할 수 있기 때문이다. 오히려 황제 자신이 이미 소유한 자원을 추출·제작·재배에 소요된 노동력을 봉사 형태로 받는 것으로 표현되었다(Gose 2000: 85-6; Murra 1980: 29). 잉카 제국에서는 황제가 모든 결혼을 승인했다. 따라서 결혼할 권리를 얻는 대가로 주니어 남성이 시니어 남성에게 제공하는 노동력, 즉 신부대(新婦代, bride service) 역시 공물로 해석할 수 있다(Gose 2000). 또한 공납자와 노동자에게 아클라코나가 마련한 음식과 치차[15]를 (옷감과 함께) 제공함으로써, 잉카 제국은 조공을 위계 형성을 위한 민카 노동력 봉사로 변환할 수 있었다. 이처럼 잉카 제국은 아클라코나 에이전트를 통해 요리사, 양조자, 직공과 같은 여성의 역할을 수행하였다.

잉카 제국 형성 이전에 이미 가정, 노동, 성별 그리고 치차는 장기간 발전해 온 일련의 물질적 상호 의존 관계를 통해 연계되어 있었다(Hastorf and Johanessen 1993). 이러한 네트워크는 특히 지역 및 광역 정치에서 뚜렷했다(Gose 1993). 잉카 제국 황제와 에이전트는 스스로를 궁극적인 '아내 증여자'

....

15 각주 14와 동일함.

및 민카의 주인으로 자리매김하며 중간 단계 정치체를 무력화하고, 가정, 노동력, 젠더, 치차를 직접적인 잉카 제국의 통치권 내부로 집어넣었다. 고즈에 따르면, 잉카 제국의 헤게모니 아래에서 가정과 국가는 "… 근본적으로 다른 사회 원칙이나 도덕성을 구현하지 않았다. … 오히려 가정과 국가는 소우주로서 대우주와 연결되었고, 이 우주에서 국가는 미래의 사위에게 분배해 줄 풍부한 토지와 딸을 여럿 가진 '관대한' 시니어 세대의 초대형 가구(super household)로 출현했다"(Gose 2000: 93).

요약

잉카 제국의 헤게모니와 고전기 아테네의 시민 헤게모니 사이에서 가장 흥미로운 대비 중 하나는 전자가 가정과 정치 영역 융합에 치중한 것과는 달리 후자는 양자의 명확한 구분에 치중했다는 점이다. 이는 렌프루(Renfrew)와 반(Bahn)이 제시한 표와 같은 체크리스트(checklist)에서는 해결되어야 할 문제가 있는 차이로 표시되거나 무시할 수 있는, 문화적으로 가변적인 특성으로 나타날 수 있다. 그러나 우리가 보아 온 것처럼, 각 사례에서 가정과 정치 영역의 대조적 구분은 통치권의 생산과 재생산에서 매우 중요하다. 각 경우에서 물질적 의존 관계는 헤게모니적이라 집단적으로 명명될 수 있는 관행, 전략, 기술을 통해 통치권의 이익을 위해 작동하도록 정리되었다. 지금까지 통치권을 위해 사물이 '조화를 이루게' 하는 정리 행위로서의 헤게모니는 생산 방식, 문화적 관행, 역사적 성향, 계승된 전통은 물론 사람과 물질문화 사이의 물질적 의존 관계망을 포함한다는 것을 살펴보았다. 다음 장에서는 헤게모니적 관행, 전략 및 기술 분석에 대한 보다 철저한 탐구가 이루어질 것이다.

제5장

스펙터클과 루틴

쇼를 통해 프랑스를 평화로 이끌고, 이를 유지할 수 있다면,
쇼는 의회만큼 유용할 수 있다.

— '쇼 정부-파리 축제', 『*Illustrated London News*』
   (1852년 9월 21일 토요일, 5745호: 138-139)

서류 작성, 토지 등록, 그리고 세금 납부는 희생과 동등한 행위,
즉 삶을 지속할 자율성을 얻기 위한 의식적 행위로 볼 수 있다.

— 데이비드 그레이버(David Graeber 2007: 21)

　　지금까지 통치권(제1장)과 헤게모니(제2장과 제3장)의 의미를 살펴보고,
이 모든 것이 주어진 역사적 블록에서 어떻게 '조화를 이루는지'(제4장) 논의
하였다. 이제 통치권 실천, 전략 그리고 관계에 대한 좀 더 직접적인 질문에 초
점을 맞추고자 한다. 전근대적 맥락에서 통치권 실천 분석에 관심이 있다면,
먼저 다소 특별한 문제를 다루어야 한다. 제1장에서 지적했듯이, 미셸 푸코는
통치성(governmentality)을 현대의 발전이라고 구체적으로 정의했는데, 그렇
다면 이와는 다른 전근대적 거버넌스(governance)의 실천이란 무엇일까? 자
세히 살펴보면, 학자들의 의견은 일치하지 않는다.

　　종종 인용되듯이 푸코는 전근대사회를 '보이는 것이 권력'인 '스펙터클
사회'로 특징짓는다(Foucault 1977: 187). 푸코와 유사하게, 위르겐 하버마스
(Jürgen Habermas 1989: 1-14)는 중세 및 절대주의 유럽의 '과시적 공공성'을
18세기 이후 유럽에서 발달한 '공공 영역'과 대조한 바 있다. 그의 주장에 따
르면(Habermas 1989: 27-31), 공공 영역은 개인적 관계의 사적 세계 및 국가의
정치 세계와는 구별되는 상상의 중립 공간이다. 공공 영역은 이론적으로는 공
공 이익 관련 쟁점이 주창자의 정체성과 상관없이 제기될 수 있고, 이에 관한

이성적 토론이 가능한 제3의 공간이다. 공공 영역의 발전은 사회를 관리하는 이중으로 비인격적 기구로서의 국가 개념(제1장)과 산업 자본주의가 조장하는 공적·사적 영역의 엄격한 분할과 같은 특정 근대성의 핵심적 발전에 달려 있다. 하버마스(Habermas 1989: 7-12)의 주장에 따르면, 공공 영역은 공공 이익이 선택된 엘리트 대표 집단의 말과 행동으로 공개적으로 구체화된 '고귀한(higher)' 원리(예: 귀족, 친족, 기사도 정신 그리고 궁극적으로는 신성한 권위)에서 파생되는 전근대 유럽 사회와 대조된다. 따라서 하버마스는 전근대 유럽에서 권위는 대중에 의해서가 아니라 오히려 대중 앞에서의 권위 연출에 의존했음을 시사한다(McCarthy 1989: xi). 다시 말해서, 전근대 유럽에서 권위는 스펙터클에 의존했다.

앤서니 기든스(Anthony Giddens 1985)의 주장에 따르면, 전근대 권위의 시각적 본질에 주목한 결과, 고대국가는 시민의 일상생활에 침투할 능력이 없었기 때문에 한계가 있었다. 제임스 스콧(James Scott 1998: 2)에 따르면, "전근대국가는 백성과 그 재산, 토지와 수확량, 입지, 정체성에 대해 거의 알지 못했다는 점에서 부분적으로 한계가 있었다." 다시 말해서, 가시적 권력의 필요성은 부분적으로는 일상 행위에서 주민을 감시 및 관리하고, 이를 통해 현대국가 방식으로 정치적 주관성을 형성하지 못한 고대국가의 무능력에서 나왔다.

전근대적 정치 권위가 스펙터클에 얽매여 있다는 관점은 전근대 정치체에 대한 고고학적 분석이 과시, 기념비성 그리고 명백하고 가시적 이데올로기에 주목하고 있음을 반영한다. 전근대적 맥락에서 스펙터클의 중요성에 대한 인식은 스펙터클의 역할과 정치적 권위의 존재 이유에 관한 상반된 견해를 가로지른다. 예를 들어 공공 스펙터클(public spectacle)을 사회적 연대감 및 집단 일체감 조성으로 보는 사람들(예: Inomata 2006)과 이를 엘리트의 조작 도구로 보는 사람들(예: Demarrais et al. 1996) 모두 명시적 이데올로기의 시청각적 경험이 전근대적 정치 권위를 구성하는 주요 수단이었음에 동의한다.

이와 대조적으로 소위 관료 제국(예: 로마, 잉카 제국, 적어도 초기왕조시대 III기의 메소포타미아, 적어도 중국의 서주 왕조)을 연구하는 학자들은 종종 생산, 세금, 노동 서비스의 일상적인 세부 사항을 문서화·추적·관리하기 위해 정치체 내부 기관의 에이전트가 사용한 정교하고 광범위한 조치를 강조한다(예: D'Altroy 1992; Eisenstadt 1963; Feng 2008; Steinkeller 1987). 이러한 정치체에서 신전과 궁전 같은 기관은 (고대국가를 형식적인 스펙터클로 보는 견해와는 달리) 일상생활 관리에서 중요한 역할을 하는 것처럼 보인다.

여기서 푸코의 스펙터클 사회를 일상생활의 다양한 측면을 구조화·조직·관리하는 능력을 통해 정치적 권위가 드러나는 루틴 사회와 대비해 볼 수도 있다. 만약 스펙터클이 연출을 통해 가시화(可視化)된 권력이라면, 루틴은 규칙화를 통해 비가시화(非可視化)된 권력이다. 루틴에 대한 관심은 초기 국가에 대한 관리적 선택 접근(Wright 1977)과 합리적 선택 접근(Blanton and Faragher 2008)에서 분명하게 드러난다. 즉, 생계 보장이나 사법적 중재와 같은 '공공재' 제공 및 관리가 국가의 존재를 정당화한다. 그러나 실천 기반 접근 역시 루틴 사회에서 정치적 권위가 드러나는 방식을 강조한다. 즉, 실천 기반 접근은 건축 프로젝트나 경관 수정과 같은 실용적 수단으로 일상생활을 시공간적으로 구조화하여 정치적 목적을 달성하고자 한다(Monroe 2010).

스펙터클과 루틴이라는 양 극단 사이에는 다양한 정치체와 역사적 맥락에서 다르게 나타나는 실천의 연속체가 있기 때문에, 결국 스펙터클과 루틴 중 하나의 선택은 잘못이다. 그러나 전근대 정치체의 통치권 관행이 단지 스펙터클과 루틴에 의해 정의된 연속체를 따라 위치한다고 말하는 것은 충분하지 않다. 본 장에서 필자는 더 나아가서 스펙터클과 루틴은 독자적 종류의 관행이 아니라 결국 사회적 퍼포먼스라는 매개체를 통해 직접적으로 연결되어 있음을 보여 주고자 한다.

퍼포먼스와 사회적 재생산

'퍼포먼스(performance, 수행)'와 '퍼포먼스적(performative, 수행을 나타내는)'이라는 용어는 고고학 문헌에서 널리 사용되어 왔다(예: Joyce 2005). 그러나 이러한 편재성(遍在性, ubiquity)에도 불구하고 고고학적 해석에서 퍼포먼스 지향의 정확한 의미는 여전히 모호하고 논쟁적이며, 이는 특히 정치적 관계 분석으로 눈을 돌리면 더욱 그렇다. 이노마타 타케시(Takeshi Inomata)와 로런스 코반(Lawrence Coban)의 지적대로(Inomata and Coban 2006: 12-16) 사회 이론가들은 스펙터클에서 루틴에 이르는 연속체를 따라 구현된 인간의 실천을 분석하기 위해 퍼포먼스 개념을 채용해 왔으며, 이를 통해 형식적 공연의 구조화된 기교에서 일상어의 퍼포먼스적 표현으로 우리를 이끌었다. '퍼포먼스의 고고학(archaeology of performance)' 논의에서 두 사람(Inomata and Coban 2006: 16)은 집단 정치 행위로서의 잠재력에 특별한 관심을 기울일 가치가 있는 공동체 지향적·공동체 형성적 퍼포먼스로서 스펙터클을 표현하면서 규모와 맥락을 우선시한다. 반면 이언 호더(Ian Hodder 2006: 81-83)는 특히 공공적 맥락, 규모 또는 정치적 효능이라 알려진 것을 근거로 스펙터클과 루틴을 구별한다는 입장을 거부한다. 호더(Hodder 2006: 83)의 주장에 따르면, 신석기시대 차탈 회위크(Çatal Höyük) 유적 가옥에서 입증된 (그리고 제한된) 이동, 활동, 장식, 매장의 구조적 패턴은 고대 왕국의 공공 의식 못지않게 주민의 신체를 규제하는 것이 퍼포먼스적 또는 정치적이었음을 보여 준다. 호더(Hodder 2006: 85)에게 스펙터클은 단순히 '보여 주는 것과 보는 것'(Hodder 2006: 82)이고, 퍼포먼스는 '의미와 의사소통을 연결하는 행동 차원'이다.

스펙터클이 단지 '보여 주는 것과 보는 것'뿐만 아니라 '행동하는 것'이라는 점에서 호더의 주장에는 문제의 소지가 있다. 스펙터클은 인간의 신체/존재를 직접적으로 포함하므로, 규모, 장소 및 감각적 강도 측면에서 스펙터클의 두드러짐은 스펙터클 효과, 경험 방식, 인간 신체/존재 간의 관계를 참조하고 지향하는 방식에서 차이를 만든다(Houston 2006: 135-139; Kus 1992). 즉 루틴에서 스펙터클까지의 연속체를 구분하는 형식분류가 아니라, 구현된 실천이 다른 맥락에서 다른 내용으로, 다른 규모와 다른 정도의 현저함으로 형성되고 수행될 때, 그 효과와 기준점에 차이가 형성됨을 인식해야 한다. 심지어 반복되는 세계처럼 보이는 신석기시대 차탈 회위크 유적의 세상마저 잘 알려진 집터들 덕분에 대규모 축제(Hodder 2005)와 아마도 심지어 엄선된 동물상과 벽화들로 인해 기억되는 집단적 성격의 역외 의례(Hodder 2006: 85-7) 같은 덜 정례적인 사건들로 점철되어 있음을 알 수 있다.

신체적 관행의 습관화라는 의미에서 호더가 스펙터클과 루틴의 퍼포먼스적 성격의 연속성을 강조한 것은 적절하다. 실제로 이러한 연속성은 폴 코너튼(Paul Connerton)의 영향력 있는 저서(著書)인 『How Societies Remember』(Connerton 1989)의 중심 구성 원리이다. 공유된 사회적 현상인 기억의 전달에 관심이 있는 코너튼은 습관 기억(habit memory)이라 지칭한 신체 기술과, 다른 사람에게 배워야 한다는 의미에서 문화적인 기질(예: 걷기, 피아노 연주, 절하기, 작별 인사로 손 흔들기)에 초점을 맞춘다. 그러나 이는 습관적으로, 그리고 상징적 표상에 전적으로 의존하지 않는 방식으로 수행된다. 코너튼은 기념 의식과 신체적 실천의 범주를 통해 두 극단을 검토하면서 필자의 스펙터클과 루틴 사용과 유사한 방식으로 자신의 글을 구성한다. 코너튼은 기념 의식과 신체적 실천의 두 경우 모두 습관 기억이 모든 사회에서 집단 기억의 형성과 전달을 연결하는 중요한 기질(基質)을 형성 한다는 것을 보여 준다.

습관 기억을 통해 문화적으로 구성된 신체가 무엇을 기억하는지는 정확히 알기 어렵다. 집단 기억에 특정 사건의 기억을 통한 상징적 표상과 정체성 그리고 사회 및 우주 질서에 대한 공유 개념을 전달하는 서사의 반복이 포함되는 것은 분명하다. 그러나 코너튼은 '통합 관행(incorporating practices)'이라 지칭한 것에 주목하면서 이보다 훨씬 더 많은 것을 포함시킨다(Connerton 1989: 72-73). 통합 관행이란 미소나 대화처럼 다른 사람이 있는 곳에서 한 사람의 신체 행위를 통해 의도적 또는 비의도적으로 전달되는 정보를 지칭한다. 그는 통합 관행을 저자 없이 정보가 저장되고 전송될 수 있는 쓰기나 그리기와 같은 '새김 관행(inscribing practices)'과 대비시킨다. 코너튼이 인정했듯이 (Connerton 1989: 78-79) 새김 관행과 통합 관행을 상호 배타적이고 철저한 전송 관행의 두 범주로 다루게 되면 문제가 생기며, 물질문화를 두 관행의 혼합에 적용해 보면 이 문제는 분명해진다. 그러나 통합 관행 범주가 무엇을 통합했는지를 잠깐만 성찰해 보아도 알 수 있듯, 코너튼은 단순히 과거에 대한 기억이 아닌 사회적 재생산 자체, 즉 특정 방식으로 세상을 살아가는 방법에 대한 기억인 사회적 기억에 관심이 있다.

이러한 사회적 기억에 대한 입장의 중요성은 사회적 기억에서 물질문화의 역할을 고려해 보면 훨씬 명확해진다. 앤드루 존스(Andrew Jones 2007)는 사회적 기억의 구성에서 물질문화의 위치를 구현된 관행으로 간주했다. 존스는 특히 지표로서의 물질문화에 초점을 맞춘 C. S. 퍼스(Peirce 1931: 531)의 기호 3중 분류를 이용하여 이를 수행한다. 지표는 '연기는 불을 의미한다'(Peirce 1931: 531)는 뻔한 소리처럼 의미하는 것과의 밀접한 관계의 산물로서 의미를 전달하는 기호이다. 이러한 의미에서 지표는 본질적으로 반드시 고정될 필요는 없고, 물질적 연관을 통해 시간과 장소에 따라 누적되거나 감소할 수 있다 (즉 20세기 초 일부에서는 '연기는 발전을 의미한다'라고 말해지기도 했다).

필자는 철기시대 레반트(the Iron Age Levant)의 '왕의 것들(kingly things)'을 명백히 구체적인 용어로 사용하여 왕권의 지표, 다시 말해서 왕위를 연상시켜 왕권을 연상시키는 물질문화로 논의한 바 있다(Routledge 2004: 154-155). 그러나 구현된 기억에 초점을 맞춘 존스는 물질문화를 '기억을 연상시키는' 만큼이나 '신체를 연상시키는' 지표로 이해한다는 측면에서 몇 가지 새로운 가능성을 열어 준다. 존스(Jones 2007: 53)의 지적대로, 물질문화는 (구현되지 않은) 객관화된 형태로 정보를 전달한다는 코너튼의 의미에서 새김 관행과 연계될 수 있지만, 통합 관행과 물리적으로 연루된 물질문화는 통합 관행과도 연계될 수 있다. 이러한 통합 관행은 과거 정황 및 관행과 물질문화의 맥락적 연관성 때문에 코너튼(Connerton 1989: 22-23)이 개인적/인지적 기억 (즉 명백히 구체적인 기억)이라 지칭한 것을 도출해 낼 수도 있다. 그러나 물질적 관여는 거의 확실하게 코너튼의 습관 기억을 불러일으키게 될 것이며, 이는 하이데거(Heidegger 1962: 95-101)가 말한 도구의 '용재성(用在性, readi-ness-to-hand)[1]'과 연관된다. 물질문화에의 관여는 도구를 배치하는 방법, 공간을 이동하는 방법, 몸가짐, 시선 처리, 말하는 때에 대한 습관적 기억을 이끌어 낸다. 이와 마찬가지로 물질문화에의 관여가 이러한 습관 기억을 불러일으키지 못할 수도 있는데, 이는 자신의 이질감, 지식 부족, 어색함, 이탈 등을 부각시킨다. 정식 만찬에서 어떤 포크로 샐러드를 먹어야 하는지를 본능적으로 아는 것은 먹는 즉각적이고 기계적인 행위보다 훨씬 더 많은 것을 암시한다.

구현된 경험은 사회적 재생산에 대한 다른 함축적 의미를 지닌 다양한 맥락에서 수행되는데, 이 함축적 의미는 상징적 표상과 신체적 기질 양자 모두에 내재한다. 사회적 재생산이 다른 함축적 의미를 지닌 다른 맥락에서 실현되는 특정한 방식으로 세상을 살아가는 방법의 기억이라면, 헤게모니는 이러한 맥락들을 함께 연결하여 다른 이해관계가 아닌 특정 이해관계를 위해 기억되고, 기억되지 않는 것을 형성하려는 시도이다. 우리가 관심을 갖는 사례에서 통치권은 정치적 기구의 초월적 성격, 핵심 영역에서 정치적 기구의 필요성, 합법성 및 권위 그리고 힘의 관계에 대한 그들의 관계 등 헤게모니가 기억하는 것의 일부이다. 여기서 궁금한 점은 어떻게 정치적 권위가 기억되는가이다.

....

1   독일 철학자 마르틴 하이데거(Martin Heidegger 1889-1976)가 사용한 'zuhandenheit'라는 용어의 영어 표현으로, '쓰임이 있는 정도'라는 의미이다. 이해를 돕기 위해 하이데거의 저서 『존재와 시간』(해제)(이선일 2004)의 일부를 발췌하면 다음과 같다. "도구의 존재 양식은 용재성(用在性)이고, 용재성은 단순히 사용 가능성이나 유용성이 아니다. 도구가 의미를 가지려면, 사용자가 아무런 불편 없이 도구를 사용할 수 있어야 한다. 즉 도구를 도구로 만날 때 꼭 요구되는 사항은 도구의 '편리함'이다. 따라서 용재성은 편리함을 수반하고, 이런 의미에서 용재성은 도구의 '즉자적(卽者的) 성격'이다"(출처: 네이버 지식백과).

전근대 정치체의 정치적 권위 재현과 가장 빈번하게 연결되는 장(場)으로서의 스펙터클과 함께 논의를 시작해 보자. 스펙터클은 무엇이며, 스펙터클의 정치적 효력은 어디에 있는가? 클리포드 기어츠(Clifford Geertz 1980: 121-136)는 공적 스펙터클(public spectacle)[2]은, 권력이란 쓴 알약에 약간의 당의(糖衣)를 덧씌운 일종의 허위의식으로 분석될 수 있다는 생각에 반대한다고 잘 알려져 있다. 기어츠에 따르면(Geertz 1980: 134), 16세기 이래 서양 정치 이론은 정치에는 궁극적으로 강요, 폭력, 지배와 장악 형태의 권력뿐이라는 '엄청난 단순함(the great simple)'에 빠져 있다. 기어츠는 상징적 표상(symbolic representation)을 (실제 권력 작용을 감추고, 모호하게 하거나 개선하는)[3] 정치적 도구로 환원해서는 '권력이 화려함을 섬기지, 화려함이 권력을 섬기지 않는([p]ower served pomp, not pomp power)' 19세기 발리(Bali)의 '극장 국가(theatre state)'를 이해하지 못한다고 보았다(Geertz 1980: 13). 기어츠에 따르면, 발리 왕실 의례에서 중요한 것은 이러한 의례적 맥락과 별개로, 존재하지 않는 질서 정연한 사회 계층을 하나로 묶는 왕이 모범적인 중심이 되어 일관된 현실관을 구성하고 재현하는 것이었다.

기어츠의 주요 비판 논지는 중요하다. 모든 대중 퍼포먼스(public performance)의 문화시학(文化詩學, cultural poetics)이 그 중심 의도이며, 의식의 '가면 뒤에서(behind the mask)' 무슨 일이 일어나는지 밝히기 위해 이러한 사실을 무시하는 모든 해석은 잘못되었다. 동시에 기어츠는 자신이 비판한 방정식을 단순히 뒤집어 단순한 가면을 단순한 가면극으로 바꾼다. 왕실 의례의 상징적 일관성이 일상생활의 정치적 현실과는 완전히 다른 수준에 있다고 기어츠는 주장한다. 이러한 기어츠의 주장은 결국 그는 국가 의례가 왜 특정한 형태를 취했고, 그것이 왜 설득력이 있고 효과적이며 필요했는지를 제시하지 못

....

2   본서에 수차례 등장하는 'public spectacle'은 '공공 또는 공적, 대중(적) 스펙터클'로 번역되었음을 밝힌다.

3   (실제 권력 작용을… 개선하는)에서 괄호는 역자가 이해를 돕기 위해 삽입하였다.

했음을 의미한다(Bloch 1987: 294-297).

이노마타와 코벤(Inomata and Coben 2006: 17)은 대중 퍼포먼스를 '그들만의 미학이라는 폐쇄 체계'로 보는 입장에서 탈피하여 스펙터클이라는 독특한 종류의 문화적 퍼포먼스로 이해하기 위해 분석의 초점을 전환하자는 대안을 제시한다. 이러한 관점에서 스펙터클은 공동체 통합이나 대중 커뮤니케이션(mass communication)과 같은 정치적 효과가 행사 규모 및 감각적 현저함에 크게 좌우된다고 할 수 있는 문화적 퍼포먼스이다. 스펙터클을 공통의 인간 신체에 기반을 둔 통문화적(通文化的, cross-cultural) 범주로 다루게 되면, 감각적 (그리고 신체적) 경험의 보편성과 연계된 어려운 질문이 제기된다(Joyce 2005; Moore 2006와 비교). 그러나 이러한 어려움은 스펙터클의 범주 프레임을 역사적으로 설정한다면 별다른 문제의 소지가 없다. 즉, 감각적으로 표현된 사건이 반드시 집단적인 정치적 효과를 거두는 것은 아니지만, 다양한 문화적 맥락에서 다양한 시공간(時空間)에 영향을 미침은 분명하다. 그러나 스펙터클의 감각적 영향의 인정이 우리에게 그리 큰 도움은 주지 못한다. 다시 말해서 이는 스펙터클의 내용을 둘러싼 지적 행위는 물론 그 다양성이나 구체적인 문화적 효능을 설명하지 않는다.

애덤 스미스와 수전 쿠스, 빅터 라하리자오나는 모두 이러한 문제를 우라르투 의식 스펙터클의 비유적 표상의 정치적 효능(Smith 2006) 및 메리나 왕실의 대중 담론(Kus and Raharijaona 2006)과 직접 연계하여 인식한다. 스미스(Smith 2006: 126)는 "눈에 띌 뿐만 아니라 상상력을 자극하는 비전에 대한 이해 없이 정치적 스펙터클을 이해하려는 시도는, 그 현상에 대한 근본적인 무언가를 놓치는 것으로 인식될 수도 있다"라고 말한다. 비슷한 방식으로 쿠스와 라하리자오나는 만약 "감각적 에토스가 세상에 존재하는 모든 대안적 방식과 연루되어 있음을 이해한다면, 정치적 …의 제작 및 유지에 사용되는 특정 물질의 '어떻게 (또는 방법)'를 이해해야 하는 문제에 직면하게 된다"라고 결론지었다(Kus and Raharijaona 2006: 323). 대중적 스펙터클의 내용이 구체적 맥락에서 특정 사람들에게 의미를 지니고 호소력이 있다는 이러한 인식은 헤게모니에 대한 논의를 연상시킨다.

제2장에서 헤게모니가 상식 영역(즉 일상생활)에서 진실로 들린 문화 자원의 선택적 표현과 변형에 어떻게 종속되는지 검토한 바 있다. 스미스와 쿠스, 라하리자오나 모두 유사한 방식으로 사례 연구에 나타난 퍼포먼스의 정치적 효능을 설명한다. 스미스(Smith 2006: 126-127)는 우라르투의 비유적 (또는 조형) 예술품에서 숭배자 행렬이 운반하는 풍성한(bountious) 농산물과 동물 등 제물(祭物)은 일상적인 실제 생산 영역에서의 풍요로움과 우주론적 신들의 영역에서의 소비가 조화롭게 결합된 듯한 이미지를 만들었으며, 이것이 정치적 효능의 핵심이었다고 주장한다. 쿠스와 라하리자오나는 초기 메리나 왕국에서 장소의 명명, 수사학적 퍼포먼스, 장소 간 이동은 왕실 대중 담론에서 분리할 수 없는 구성 요소였으며, 언어와 기억, 경관을 서로 연속적인 것으로 간주하는 지역적 가치의 활용이었음을 지적한다.

헤게모니는 기어츠의 문화 분석 중심에 있는 이상화된 패턴 사례처럼 도덕적 질서와 일관성 있는 현실관 구성에 존재한다. 필자의 주장대로 이 질서는 일부 경험과 관련된 요소는 명시하고 다른 경험과 관련된 요소는 제외함으로써 선택적으로 구성된다. 다시 말해서 문화시학과 정치적 효능은 서로에 내재되어 있기 때문에 둘 중 하나를 선택할 필요도, 선택할 수도 없다. 정의에 따른 일관된 세계관은 사회적·경제적 비대칭, 저항 그리고 각성과 같은 비일관성을 배제한다.

만약 의식 퍼포먼스가 도덕적 질서의 구성이나 재현을 목표로 하고 헤게모니적 현실관을 다룬다면, 청중 및 의도의 문제는 정치적 효능이 통치자가 피통치자들에게 보내는 강력한 메시지 전달에만 존재하는 것으로 여겨질 때 보다 덜 중요해진다. 의식 퍼포먼스는 광범위한 청중 또는 제한된 청중을 대상으로 할 수도 있고, 공연자 자신과 신, 과거의 조상 또는 미래의 후손을 대상으로 할 수도 있다. 스펙터클은 특정 도덕적 질서의 구축과 재현에 참여하고,

또 그 참여자들을 포함시킨다는 점이 중요하다.

아직 구체적인 정치적 권위 관련 문제는 다루지 않았다. 공공 스펙터클은 매우 다른 정치적 구조를 지닌 매우 다른 규모의 공동체에서 발생하므로 스펙터클은 중앙집권적이고 초월적 정치 기구의 배타적 영역은 아니다. 스펙터클이 정치적 권위를 생산/재현하는 기능을 지닌다기보다는, 오히려 정치적 권위의 재현을 위해서 정치적 권위가 공공 스펙터클에 자신을 새겨야 (말하자면 기차에 타야) 하는 경우가 훨씬 더 많아 보인다.

우라르투와 이메리나 사례 모두 공적 행사를 다룰 뿐만 아니라, 정치 기구의 지시와 후원하에 이러한 사건을 영속적 매체(예: 돌)에 표시하고 기념하고 있다는 사실은 흥미롭다. 스미스(Smith 2006)는 우라르투의 경우 스펙터클의 표상만을 배타적으로 다룬다. 대부분의 왕실 예술품처럼 이러한 표상은 과거 특정 사건만을 언급할 필요는 없고, 실제로 어떤 특정 사건을 언급할 수도 없는 포괄적 특징을 지닌다. 포괄적 만찬 장면, 공물 행렬 그리고 경건한 제물 장면은 실제 스펙터클이 참여하고 열망하는 스펙터클의 모범이나 총체를 제공할 수 있다.

심지어 특정 장소와 사건을 표현할 경우 스펙터클의 기념은 장소와 사건의 형태를 정하고 변화시킬 수 있다. 예를 들어 외뮈르 하르만샤(Ömür Harmansah 2007)는 신(新) 아시리아 왕들이 튀르키예 동부 비르클레인(Birkleyn)에서 '티그리스강의 발원지(source of the Tigris)'를 찾는 탐험을 하고, 이 탐험을 기념하기 위해 수원지 동굴[디브니 수(Dibni Su)]과 여러 아시리아 도시에 부조와 명문(銘文)을 남긴 것에 관해 폭넓게 논의하였다. 아시리아 심장부의 대부분은 티그리스강과 그 주요 지류를 따라 입지해 있고, 이에 의존했기 때문에 티그리스강의 발원지는 상상 속의 아시리아 경관에서 이미 중요한 위치를 차지하고 있었다. 하르만샤(Harmansah 2007: 181-184)는 아시리아 왕의 새김 관행이 이미 중요한 해당 유적을 아시리아 왕권의 수사(rhetoric)로 통합하여 변형시켰다고 주장한다. 티그리스 강 발원지와 원향의 아시리아 기념물에 반복해서 베풀어진 명문은 발원지를 '기억의 장소(site of memory)'로 변화시켰다. 상상 속의 아시리아 경관에서 티그리스강의 발원지는 제국 가장자리의 신성하고 중요한 공간으로 투사된 초월적 신체의 (탐험을 통해) 실제적이면서 (표상을 통해) 가상적인 스펙터클을 통해 왕 자신과 연결된 공간이 되었다(Harmansah 2007: 195).

새김 관행은 특정 방식으로 스펙터클을 기념하고 명확하게 하려는 의미가 있다. 또한 스펙터클의 장소를 변화시키고 우리가 스펙터클로부터 벗어나 일상으로 향하는 퍼포먼스의 연속체를 따라 움직이기 시작하는 방식으로 공간에 정치적 권위를 새긴다. 중국 상(商)의 복골(oracle bones) 사례처럼 스펙터클은 정치적 권위의 지표로 자리 잡는다. 예를 들어 이메리나의 여러 왕실 의식과 마찬가지로 단체 협약과 중요한 기본법을 기념하기 위해 돌을 세우는 행위는 왕실이 발명하기보다는 왕실이 전유하고 변형시킨 관습 또는 관행이었다. 실제로 마다가스카르 고지대에는 건국 조약이나 마을을 규정하는 조상 무덤들을 기념하기 위해 세워진 거대한 돌들이 오늘날까지 공동체 모임, 사법 절차, 집단 의식의 중심으로 남아 있다(예: Graeber 2007: 69-72; Kus and Raharijaona 1998). 19세기 군주 체제에서 협정이 이루어지면, 돌이 세워졌고, 각 무리는 군주에게 은(하시나)으로 세금을 납부했다(Graeber 2007: 408n. 26). 이런 방식으로 군주는 협정의 보증인이 되어 돌과 연계되었고, 이 돌은 이후 특정 마을이나 들판의 경관적 특징으로 유지되었다.

요약하자면, 전근대적 맥락에서 통치권 테크닉을 고려할 때, 우리의 선택은 사실 스펙터클 사회와 일상 사회 사이의 선택이 아니다. 개인의 일상적 맥락에서 통치권 테크닉을 접하는 정도는 분명 정치체와 역사적 맥락에 따라 상당히 다를 것이다. 그러나 모든 경우에서 우리는 상징적 표상과 습관 기억 모두, 즉 마음에 대한 소명과 육체에 대한 소명 모두를 포함하는 사회적 퍼포먼스를 다룬다. 자신의 세계에서 정치적 권위의 장소를 기억하거나 강제로 떠올리는 이질적 맥락이 일관된 헤게모니적 질서에 연결된다는 점이 중요하다.

따라서 스펙터클에서 루틴으로 이어지는 연속체에서 다음과 같은 세 가지 포인트를 규정할 수 있다. 첫 번째는 직접적인 지적 성찰 대상의 생산이다. 이는 다른 수단 중에서도 말, 텍스트, 이미지, 퍼포먼스 그리고 조성된 환경을 통해 전달되는 효용성과 즐거움, 도덕성과 공공재 또는 협박과 공포의 메시지이다. 이러한 명시적 스펙터클은 정치적 권위의 메시지와 소통하는 역할을 한다. 그러나 이들은 또 헤게모니적 유대를 경유하여 습관적 신체 참여(예: 기념식 참석자), 환경과 배경(예: 광장, 기념물, 신전들) 조성 그리고 미디어, 맥락, 사물, 심지어 시간(예: 축제와 달력 준수) 동반을 통해 그 권위를 정례화하고 일상화하는 역할을 한다. 이러한 스펙터클의 일상화는 우리 연속체에서 두 번째 포인트이며 세 번째 포인트로 연결되는 다리를 제공한다. 즉, 세 번째 포인트는 흔히 정치적 권위의 일반적 표현으로 간주되는 주민 소환, 과세, 규제와 및 주체의 열거와 같은 보다 일상적인 통치 테크닉이다.

스펙터클에서 일상에 이르는 연속선상에서 세 가지 지점이 흥미로운 것은 사회적 퍼포먼스의 특정 순간에 이 세 가지가 분리될 수 없음이 얼마나 자주 드러나는가 하는 점이다. 특히 스펙터클과 루틴은 이념적 활동과 실제적 활동 사이를 구분하지 않는다. 기도와 먹기는 양자 모두 상징적 표상과 습관 기억 요소에 의해 동등한 척도로 구성된다. 이러한 사실의 해석적 의미는 고전기 마야 정치체에서 의식과 물 관리 사이의 관계를 잠시 생각해 보면 훨씬 분명해질 것이다.

왕실, 루틴 그리고 의식: 고전기 마야 정치체에서 물의 위상

마야 연구자들은 퍼포먼스의 고고학(예: Houston 2006; Inomata 2006)에 상당한 관심을 보여 왔는데, 솔직히 이들을 비난할 수 있는 이는 없다. 고전기 마야 중심지는 광장, 계단식 신전 플랫폼(platform), 구기장(ball court), 비석(inscribed stele) 등 의식 행사를 촉진하고 대변하는 것으로 보이는 건축 양식을 중심으로 구축되었다. 고전기(서기 250~900년)에 이르러 구축된 공간과 이미지의 상호 작용이 고도로 발달하여 다양한 규모 및 배타적 수준의 집단 축제와 의식 제정의 맥락에서 마야 우주론과 지역 통치자가 연결되었다(Sanchez 2005). 광장 주변의 비석과 (다색 용기, 벽화와 함께) 건물 정면과 계단에 새겨진 부조에는 신, 신화적 인물, 통치자, 희생 피해자(제물), 무용수와 기타 의식 수행자가 묘사되어 있다(Houston 2006; Inomata 2006; Schele and Miller 1986). 마야 중심지에서 뚜렷하게 보이는 왕실 후원 축제 및 공공 의식에 대한 이러한 강조는 변하기 쉽고 교차 충성하는 분산된 시골 주민과 소규모 통치자에 대한 통제를 경쟁하는 결합이 약하고, 통치자 외부로 뻗어가는 마야 정치체의 모델과 부합한다(예: Inomata 2004).

대부분의 고전기 마야 중심지의 구축 환경에는 수확(Scarborough and Gallopin 1991), 물 흐름 확산(Dunning and Beach 1994) 또는 통제(Davis-Salazar 2006; French et al. 2006)를 목적으로 하는 정교하고 광범한 시스템도 포함되었다. 식생과 강우에서 열대나 아열대 기후에 해당하는 마야 중심부는 강수량이 계절마다 매우 다르며, 1월부터 5월까지는 뚜렷한 건기(乾期)이다. 마야 영토의 약 70%, 다시 말해 페텐과 유카탄 반도(Petén and the Yucatán)는 지표수는 제한적이지만, 풍부한 지하수를 지닌 전형적인 카르스트 지형 환경의 저지대 석회암 지층으로 이루어졌다(Veni 1990). 나머지 마야 영토의 대부분은 화산 산악지대 및 고원지대로, 수로는 훨씬 풍부하지만 깊게 파였거나 계절성 홍수의 영향을 받는다. 따라서 마야에서는 특정 시기, 특정 지역에서만 물 이용이 가능했는데, 이마저도 지식/정보 및 적극적인 관리가 필요했다(그림 5.1).

한편 물이 마야 우주론, 이미지, 의식의 핵심 요소 중 하나임은 놀랍지 않다(Brady and Ashmore 1999; Fash 2005). 마야인에게 물은 지상, 천상, 지하세계 사이의 연결고리였으며, 이는 가장 두드러지게는 산의 형태로, 다른 한

그림 5.1 본문에 언급된 유적들이 표시된 고전기 마야 중심지 지도

편으로는 동굴, 샘, 싱크홀[세노테(cenote)][4]의 형태로 나타났다(Brady and Ashmore 1999; Vogt and Stuart 2005). 물을 표현하는 상형문자(water glyphs)나 수련과 같은 물 관련 이미지는 비석과 건축 부조에 널리 채택되었다(Fash 2005; Schele and Miller 1986; 그림 5.2 참조). 비의 신 차크(Chaak)의 거처 및 지하수와 강우의 원천으로 널리 간주된 동굴이나 산과 관련된 이미지도 흔했다 (Adams and Brady 2005; Brady 1997; Vogt and Stuart 2005). 치첸 이차(Chichén

....

4   카르스트 지역에서 발견되는 커다란 물웅덩이.

그림 5.2 수련 뱀을 가장한 시야 킨 차크 2세가 새겨진 마차킬라 비석 4
출처: 린다 셀레 촬영, 중미 진흥 연구 재단 허가로 복제

Itzá), 코판(Copán), 도스 필라스(Dos Pilas) 등 여러 유적에서(Brady 1997; Brady and Ashmore 1999; Davis-Salazar 2003) 공공 건축은 동굴이나 샘을 통합 또는 일직선으로 정렬되도록 구획된 것으로 보인다.

동굴, 샘, 세노테는 모두 마야의 상형문자에서 '첸(ch'een)'이라는 단어로 포괄되며(Vogt and Stuart 2005; 157-163), 이 단어는 고전기 마야 정치체의 중심적인 권력 기구와 연관되어 있음이 분명하다. 아마도 치첸 이차의 소위 '희생의 세노테/우물(Cenote of Sacrifice)'이 가장 유명한데, 여기에는 고전기 말부터 후기 고전기까지의 인간 희생과 금, 옥, 토제 향로와 수입품이 대량으로 퇴적되었다(Coggins and Shane 1984). 한편, 왕실(또는 최소 엘리트층) 의례에서 동굴을 이용한 흔적은 과테말라 페텐 지역의 나즈 투니치 동굴 단지(Naj Tunich cave complex)의 벽화 및 상형문자(Stone 1995)와 같은 다른 맥락에서도 많이 보인다(Stone 1995). 또한 최근 마야 공동체의 경우처럼(Adams and Brady 2005; Vogt and Stuart 2005), 고고(考古) 증거는 의식용 동굴 사용이 엄격한 엘리트 관행을 넘어 고전기 이전까지 확장되었음을 시사한다(Brady and Prufer 2005).

일반적으로 민족지학, 특히 에본 포크트의 치아파스 고원(highland Chiapas) 연구(Evon Vogt 1969)는 최근 마야 공동체의 일상생활에서 소규모 물 관련 의식의 중요한 역할에 대한 증거를 제공했다. 고고학 증거에 따르면, 특히 샘 및 동굴과 관련된 소규모 물 관련 의식은 고대 저지대 마야 '평민(commoners)'의 일상생활에서 비슷한 역할을 수행했을 수도 있음을 시사한다. 따라서 이러한 의식은 고전기 왕실 과시라는 헤게모니적 목적으로 엘리트에 의해 전용되거나 변형될 수 있었다(Davis-Salazar 2003; Lucero 2006; Scarborough 1998).

여러 학자는 물 관리와 물 의식은 상호 작용하여 마야 통치자의 권위를 구성하고 정당화했다고 주장하며, 물의 이 두 가지 측면을 연계시켜 왔다. 물의 통제와 사람의 통제는 매우 오랜 기간에 걸쳐 학자들이 자주 만들어 온 등식인데, 가장 잘 알려진 사례로 카를 비트포겔(Karl Wittfogel)의 저서 『*Oriental Despotism*』(1957)이 있다. '관개 관리=전제주의' 논쟁에서 마야의 위치는 항상 모호했는데, 이러한 주장은 마야의 카르스트 저지대와 지형이 깊게 파인 화산 고원에는 일반적으로 적합하지 않은 대규모 하천 관개 기술에 초점을 맞추었기 때문이다. 마야의 경우 관개 목적 수로 관리보다는 건기(乾期)의 정수(靜水) 저장 관리에 치중했다.

여러 마야 중심지 중 특히 티칼(Tikal) 집수지와 저수지를 지도상에 표시한 버넌 스카버러(Vernon Scarborough 1998, 2003: 108-115; Scarborough and Gallopin 1991)는 고전기 마야 통치자는 지표를 흐르는 빗물을 모아 저장하

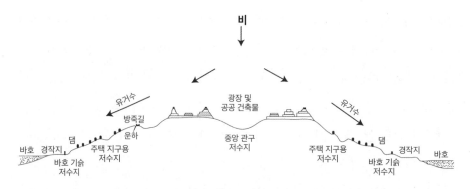

그림 5.3 고전기 마야 유거수(流去水) 수집 체계의 도식적 단면도 (Scarborough 1998: Figure 2)

는 볼록하게 돌출된 대규모 분수계를 조성했다고 주장했다(그림 5.3). 이는 물이 새지 않는 석공술을 이용하고, 핵심 건축 단지에서 지표수가 대형으로 구축되거나 수정된 자연 저수지로 흘러 내려가도록 수로를 조성하고, 도시 중심부는 높은 지면에 건설하는 방식으로 완성됐다. 스카버러와 갤러핀(Scarborough and Gallopin 1991: 659)은 마야 중심부에서 다음과 같은 세 종류의 저수지를 정의한다. 1) 주요 광장 및 공공 건축물과 가깝고 취락 중심부에 위치한 중앙 관구 저수지, 2) 거주 지역에 인접한 주택 지구용 저수지, 3) 바호 기슭(bajo-margin) 저수지. 이 세 저수지 유형 중 마지막 유형은 저지대 석회암 기반층에서 표면 함몰로 생성된 습지대인 바호 주변에 입지했다(Dunning et al. 2006). 고대 마야 농부들이 집약적인 농업[예: 부상(浮上) 경작지(raised fields)]을 목적으로 바호를 어느 정도 개조했는지는 논란의 여지가 있지만, 적어도 바호 기슭은 많은 저지대에서 중요한 농경지가 되었다(Dunning et al. 2006). 중앙 관구 저수지는 대개 가장 큰 저수 용량을 지니며, 물의 상징 및 엘리트 의식 퍼포먼스와 가장 밀접하게 관련되었다. 또 이들은 건기에 바호 기슭 저수지를 재충전하거나 바호 기슭 경작지를 직접 관개하는 방식으로 수로와 지형을 조합하여 바호 기슭과 연결되었다(Scarborough and Gallopin 1991: 360). 따라서 그 이름이 암시하듯이 중앙 관구 저수지는 건기에 식수(食水)와 관개용수를 모으고 공급하는 데 중심 역할을 했다.

스카버러(Scarborough 1998: 136-7)는 마야의 물 관리 시스템은 (이 시스템이 없었다면 불가능했을) 많은 양(量)의 양질(良質)의 물을 엘리트 주민이 관리할 수 있는 방식으로 집중시켰음을 지적한다. 그러나 스카버러에 따르면, 분산(分散)된 마야 취락과 토지 이용 방식으로 인해 농촌 주민들은 엘리트가 통제하는 저수지에 의존하는 대신 대안을 찾게 되었고, 그래서 사람들은 도시 중심지로 몰려들었다.

스카버러(Scarborough 1998: 149)는 신전 플랫폼과 광장에서 나온 지표수가 저수지를 채우는 마야 중심부는 물산(water mountains), 즉 산의 동굴과 샘에서 물줄기와 비구름이 뿜어져 나온다고 알려진 인공(人工)의 산으로 이해했다. 예를 들어 스카버러는 멕시코 중부 테오티와칸(Teotihuacan) 유적의 틀랄로칸(Tlalocan) 벽화에 보이는 흐르는 물로 구성된 산(山) 묘사와 마을이나 공동체를 의미하는 나와틀[Nahuatl, 아즈텍(Aztec)] 단어 알테페틀(altepetl)이 '물의 산(mountain of water)'으로 번역된다는 사실을 지적한다. 자연과 마찬가지로 안정적 물 공급을 이루어 낸 메소아메리카(Mesoamerica, 중미)의 이념적 경관의 핵심 장소를 재현하고, 시간이 지남에 따라 이 물 공급의 재현에 중요한 핵심 의식을 주도함으로써 마야 통치자들은 우주의 바로 그 중심에 스스로를 삽입했다.

스카버러 버전의 '물=권력(water=power)' 주장은 온건한 버전이라 할 수 있다. 예를 들어 그는 마야 통치자는 결코 지역 공동체의 물 관리를 완전 독점할 수는 없었음을 인정한다(Scarborough 2003: 113). 또 그는 엘리트 권력이 일차적으로 물의 통제에 기반을 둔 정도와 건기(乾期)에 분산된 취락이 중앙 집중화된 저수지에 의존한 정도에 대해 여전히 모호한 입장을 보인다.

리사 루세로(Lisa Lucero 2006)가 가장 강력하게 제시한 극단(極端) 버전의 '물=권력' 주장에는 이러한 애매모호함이 보이지 않는다. 대체로 집중된 정수(靜水) 비축분에 근거하는 루세로의 주장에 따르면, 그들은 도시 중심부에의 의존을 유도하고 핵심 의식의 전용 및 정교화를 통해 자신의 정수 비축분에 대한 통제를 합법화했다. 그러나 루세로는 마야 통치자와 마야 평민 사이 관계의 성격 및 역학 관계를 훨씬 더 구체적으로 설명한다.

　루세로는 마야의 광범한 정치체(즉 소규모 중심지, 이차 중심지, 지역 중심지)는 정치체 내의 중앙집권적 물 관리의 형태 및 정도와 직접적인 상관관계가 있다고 주장한다. 원래 그녀는 마야 엘리트가 평민으로부터 잉여를 추출할 수 있었던 정도는 건기에 마야 평민이 엘리트가 통제하는 비축된 정수에 의존하는 정도와 직접적인 상관관계가 있었다고 주장한다. 스카버러와 마찬가지로 루세로는 사람들을 주요 중심지로 끌어들이고 마야 통치자를 마야 세계를 재현하는 핵심 활동(예: 물의 정화 및 소생)의 중심에 세우기 위한 의식 퍼포먼스에 큰 역할을 부여한다. 의식에 주목하고 있긴 하지만, 그녀의 최종 분석에서 의식 퍼포먼스는 여전히 주로 루세로의 주장에 나타나는 허위의식(false conscious-ness)을 정당화하는 역할을 한다. 그녀가 잉여를 추출하는 주된 능력으로 정의하는 권력은 엘리트가 통제하는 물에 대한 평민의 실질적 의존도에 달려 있다.

　루세로의 기계론적 관점, 즉 '물=권력' 등식의 한계는 티칼(Tikal)과 같은 대규모 저수지가 있는 주요 저지대 유적 너머를 살펴보기 시작하면 뚜렷해진다. 루세로는 대규모 지역 중심지의 유무는 건기 수원(水源)의 가용성과 부적인 상관관계가 있다고 본다. 농민들이 일 년 동안 이용할 수 있는 분산된 수원을 통제할 수 없었기 때문에 벨리즈(Belize) 중부의 새터데이 크릭(Saturday Creek)과 같은 지역 중심지는 대규모 중심지로 발전할 수 없었다(Lucero 2006: 72-73). 케빈 존스턴(Kevin Johnston 2004)의 지적대로, 루세로의 관점은 저지대에 분산된 소규모 유적에서 발견되는 가정용 우물과 이에 따른 물 자급자족 관련 증거를 무시한다. 루세로(Lucero 2006: 37)는 이러한 우물이 지역 중심지가 발달하지 않은 지역에서만 발견된다고 주장하지만, 이는 소규모 시골 유적에서는 우물을 확인하기 어렵기에 알려진 우물은 빙산의 일각에 불과할 수 있다는 존스턴의 더 중요한 지적을 무시한 것이다.

　존스턴의 입장과 무관하게 저지대 너머를 살펴보고, 관개가 잘된 산록과 강변의 지역 중심지를 생각해 보면, 루세로의 주장은 난관에 봉착한 것으로 보인다. 온두라스(Honduras) 서부 코판(Copán)에는 물이 풍부한 코판 계곡(Copán valley)을 중심으로 고전기 마야의 대규모 지역 중심지가 발달했다. 코판의 주요 건축물들과 엘리트 주거군에 배수와 홍수 조절을 관리하는 도관, 배수구 그리고 방죽길 등 두드러진 물 관리 유구가 확인되었다(Davis-Salazar 2006). 코판과 주변의 많은 주거군의 중심이자 안정적인 담수원 역할을 하는 인공적으로 변형된 석호(潟湖, lagoon) 역시 눈에 띈다(Davis-Salazar 2003). 바바라 패쉬(Barbara Fash 2005; Fash and Davis-Salazar 2006; Davis-Salazar 2003)가 지적했듯이, 석호는 특히 수련 머리 장식, (물을 지닌 동굴의 상징인) 튠(tuun) 상형문자와 반사판식(半四瓣式, half-quatrefoil) 프레임 등과 같은 왕실 또는 엘리트 도상(iconography) 및 물과 관련이 있다. 패쉬와 데이비스 살라자르(Fash and Davis-Salazar 2006)는 물웅덩이 무리는 코판의 핵심 사회 단위를 형성했을 것이고, 물 관리를 위임받은 엘리트는 석호 내부 및 주변에서 확인되는 고고학 자료가 입증해 주는 공물과 잔치를 담당했을 것이라고 주장해 왔다(Davis-Salazar 2003).

데이비스 살라자르(Davis-Salazar 2006)는 배수 및 홍수 조절 설비에 있어 코판의 서로 다른 주거군 간, 또 이러한 주거군과 코판의 주요 건축물 간에 매우 다른 건설 기술과 자재가 사용되었음을 지적한다. 그녀는 주변 배수 시스템 건설과 관리에 영향을 미치는 다양한 물웅덩이 무리가 이런 차이를 야기했다고 믿는다. 코판의 통치자는 위원회를 통해 다양한 물웅덩이 무리 간의 상호 작용을 감독함으로써 계곡 전체 수준에서 물 관리를 조정했다고 한다(Fash and Davis Salazar 2006). 또한 통치자들은 물 공급을 재개하고 통제하는 데 필수적인 것으로 여겨지는 의식 주기에서 중심적인 위치를 차지했다.

코판과 티칼에서 물 관리와 물 의식은 서로 연결되어 있고, 중앙의 정치 권위와 연계되어 왔지만, 서로 별개의 방식과 메커니즘으로 연관되어 있다. 치아파스(Chiapas)의 물이 풍부한 지역에 위치한 또 하나의 대규모 지역 중심지 팔렝케(Palenque) 사례도 생각해 볼 수 있다[마야 유적명 라캄하(Lakamha')는 '큰 물'을 의미한다; French et al. 2006: 145 참조]. 팔렝케 유적 경계 내에 41개 지점의 수원과 9개의 수로가 알려져 있다(French 2007; French et al. 2006). 또한 물 의식과 관련된 풍부한 도상 컬렉션이 유적에서 보고되었는데, 동굴과 한증(汗蒸, sweat-bath) 사이에 조성된 의례적 연계에서 더욱 두드러진다(Child 2007). 코판과 마찬가지로, 팔렝케의 물 관리는 홍수 조절을 지향하지만, 유적 전체에 걸쳐 훨씬 균일해 보인다는 점에서 아마도 중앙에서 계획한 것으로 여겨진다(Davis-Salazar 2006). 그러나 팔렝케의 물 관리는 (일 년 내내 물 이용이 가능한) 외부 지역에서 농민을 끌어올 만한 수자원을 조성하지는 않는다. 홍수가 나기 쉬운 수로를 운하화한 배수 도관 위에 주 광장이 올려져 있고, 그렇지 않으면 대규모 건축물을 지탱하지 않을 울퉁불퉁한 지면 위에 연장된다는 점에서 팔렝케의 물 관리는 오히려 유적 자체의 조성을 도왔다(French 2007). 다시 말해서, 중앙집권화가 유일한 선택지이기 때문이 아니라 특정 방식으로 살아갈 수 있는 가능성을 만들기 때문에 대규모 물 관리는 정치 권력과 연계되어 있다. 중앙집권적 물 관리가 없었다면, 여전히 여기저기 흩어져 살아가는 마야 농민은 있었겠지만, 티칼, 코판, 팔렝케 같은 지역 중심지는 존재하지 않았을 것이다.

　　루세로(Lucero 2006)는 코판이나 팔렝케와 같은 유적 인근은 취락 밀도가 훨씬 높다는 점에서 강변 중심지는 저지대 카르스트 지대 중심지와 다르다고 주장한다. 루세로에 따르면, 이러한 상황은 농민의 유동성을 제한하고, 통치자가 물은 물론 땅에 대한 접근도 통제할 수 있게 한다. 그러나 강변 중심지를 특별한 사례로 다룬 루세로는 고지대 지역 중심지와 저지대 지역 중심지 간의 분명한 대칭 관계를 간과하는데, 이는 취락 유형과 비축된 저지대 정수의 중앙화된 통제 사이의 인과 관계를 보전하기 위함이다. 그런데 이 관계를 보전할 가치가 있을까? 비축된 정수 통제를 결정적인 요인으로 상정하면, 불가피하게 우리는 사회적 불평등에 대한 물 의존 기원과 관련하여 '닭이 먼저냐 달걀이 먼저냐(chicken or egg)' 논쟁에 빠지게 된다. 또한 이는 의식을 일종의 허위의식으로 격하시키고, 물이 풍부한 지역과 물이 부족한 지역 모두에서 마야 통치자의 일반적인 '세계 건설(world building)' 관행으로부터 우리의 관심을 멀어지게 한다.

헤게모니와 통치 테크닉 논의의 관점에서 마야 왕국의 물 관리와 물 의식과의 관계를 재구성하는 편이 훨씬 생산적일 것이다. 마야에서 (물질적·문화적 측면에서 모두) 물은 중요 자원이었고, 마야인들 사이에서 통치자의 지위는 (옥수수, 조상, 피와 같은 다른 핵심 자원 중에서도) 물의 물리적·의식적 관리를 포함하는 관행을 통해 구성되었음에는 의심의 여지가 없다. 물을 공급하고 필수 의식을 통해 물을 재공급하는 것은, 우주의 질서가 어떻게 자리 잡았고 인간이 이 세상에서 어떻게 살아남아 번영하는지에 대한 마야인들의 널리 공유된 관행을 명시하는 일종의 공공재(public good)였다. 그러므로 이는 그람시의 관점에서 통치권에 대한 동의의 한 근거를 제공했다(제2장 참조).

한편, 중앙집권적 통치가 살아가는 유일한 또는 최선의 방식은 아니었다. 실제로 특히 저지대의 자원 분포상은 분산된 취락 여건과 잘 어울린다. 따라서 물의 물리적·의식적 관리는 특정 이해관계와 관련하여 공공재로 간주되었으며, 이러한 관리는 계절적 이동과 같은 특정 선택지가 없다고 인식되는 상황에서 이루어졌다. 마야 왕의 헤게모니는 '현 상황 있는 그대로'라는 주장을 끊임없이 요구했다. 여기에는 사회적·우주적 질서의 재현에서 왕권이 중심이 됨을 주장하는 전략적 관행, 불이행(non-compliance) 비용을 높이는 관행 그리고 구축된 환경, 의식 준수의 계절성, 저장된 물의 공급을 통해 왕권을 일상생활이라는 배경으로 스며들게 하는 관행이 포함된다.

이러한 통치 테크닉은 각기 능동적 성찰과 내재된 습관화의 가능성을 모두 포함하기 때문에 스펙터클과 루틴으로 분할할 수 없다. 신전 플랫폼에 흐르는 빗물을 독창적으로 모은 물을 뽑아내는 것과 관중석에서 통치자가 수련뱀을 가장하는 것을 지켜보는 것은 스펙터클과 루틴의 두 요소를 모두 포함한다. 이러한 요소는 공존하면서 서로를 결정하기도 한다. 실제적·우주론적 의미 모두에서, 물 관리는 생명체에게 특정 방식으로 살아갈 것을 명령함으로써 웅장한 건축물과 의식 준수라는 스펙터클을 루틴(일상)화했다. 이 저수지 물을 마시고, 이 수로를 통해 경작지에 물을 받고, 이 신전에 제물을 바치거나, 광장에서 춤추는 일에 참여함으로써 다시 비가 오기를 기원하는 삶이었다. 다시 말해서 마야의 중심지에서 삶의 기본적인 '발판(scaffolding)'은 마야 통치자의 중심성을 구성했고, 이는 특정 삶의 질서와 지속적 존재에 대한 의미 있는 설명을 제공했다. 이것만이 마야 사람이 상상하고, 실제 선택할 수 있는 삶은 아니었음은 마야 통치자가 주민의 마음을 얻고 유지하면서 겪은 어려움에서 뚜렷하게 드러난다.

요약

필자는 이 장에서 특정 정치 질서를 구성하는 관행, 전략과 관계는 동시에 스펙터클하고(spectacular) 루틴한(routine) 상징적 표상과 습관 기억의 요소를 모두 포함한다고 주장해 왔다. 특정 헤게모니의 논리하에서, 특정 역사적 블록 내에서 상호 의존적 요소를 조성하고 모으는 스펙터클적·루틴적 관행에서 통치권이 어떻게 등장하고, 어떻게 이 모든 것이 조화되는지 생각해 볼 필요가 있다. 특히 주요 관심사인 통치권의 핵심으로서의 폭력, 즉 헤게모니가 명시하는 이해관계에 한계를 설정하는 힘의 관계에 대해서는 아직 다루지 않았다. 예를 들어 마야 왕권의 중심에는 물과 옥수수라는 생명을 주는 물질 이외에, 마야 왕권에 중요한 다른 물질로 피(blood)가 있었다는 사실은 중요하다. 본질적으로 일부의 이익이 다른 사람들의 이익과 대립되는 폭력의 스펙터클이 어떻게 헤게모니의 사회적 퍼포먼스 내에 포함되고 일상화될 수 있는가? 우리는 다음 장에서 우르 왕릉군(the Royal Tombs of Ur)의 사례 연구를 통해 이 문제를 폭넓게 다룰 것이다.

제6장

일상적 삶과 극적 죽음: 우르 왕릉

괭이야, 그렇게 심하게 화내지 마라! 그렇게 심하게 경멸하지 마라! 니사바(Nisaba)[1]는 괭이의 검사관이 아닌가? 니사바는 괭이의 감독관이 아닌가? 서기가 당신의 일을 등록할 것이고, 그는 당신의 일을 등록할 것이다. 괭이야, 그가 네 장부에 5나 10기그(giĝ)를 기입하든지, 괭이야, 그가 네 장부에 1/3이나 1/2마나(mana)[2]를 기입하든지, 괭이야, 항상 하녀처럼 준비하면 너는 과업을 완수할 것이다.
— '괭이와 쟁기의 논쟁'(ETCSL[3] translation t.5.3.1: lines 186-193)

레너드 울리(Leonard Woolley)는 1926~1934년 이라크 남부 우르 유적(현 텔 엘무카이야르 Tall al-Muqayyar)의 달의 신 난나 신전(the temple of Nanna the moon god) 인근에서 서기전 3천년기 무덤 2,110여 기를 발굴하고 이에 대해 상세히 기록했다(Woolley 1934, 1955 참조; 그림 6.1, 그림 6.2 참조). 울리는 1) 묘실 축조, 2) 풍부하고 풍요로운 부장품, 3) 많은 시종의 의식 살해나 집단 자살 증거를 포함한 정성스런 매장 의식을 근거로 초기왕조시대 IIIA기(Early Dynastic IIIA period, 서기전 2600~2450년경)에 해당하는 무덤 중 16기를 '왕릉

....

1 메소포타미아의 문자와 곡물의 여신인 니사바는 기록으로 입증된 가장 오래된 수메르 신 중 한 명이다. 메소포타미아 역사에서 여러 시대에 걸쳐 두드러지며, 흔히 서기(書記)로 숭배되었다 (출처: 위키피디아).

2 마나는 원래 멜라네시아 일대 원시 종교에서 보이는 비인격적인 힘을 지칭하는 개념으로 초자연적인 신비한 힘을 의미한다.

3 The Electronic Text Corpus of Sumerian Literature(ETCSL)는 온라인 도서관 프로젝트로, 서기전 3천년기 후반부터 2천년기 전반 고대 메소포타미아에서 수메르어로 작성된 400여 편의 문학작품의 문헌 자료, 영문 번역과 서지 정보를 제공한다. 이 프로젝트는 제러미 블랙(Jeremy Black)이 1997년 시작하였으며, 영국 옥스퍼드대학교 오리엔탈 연구소에 기반을 둔다(출처: 위키피디아).

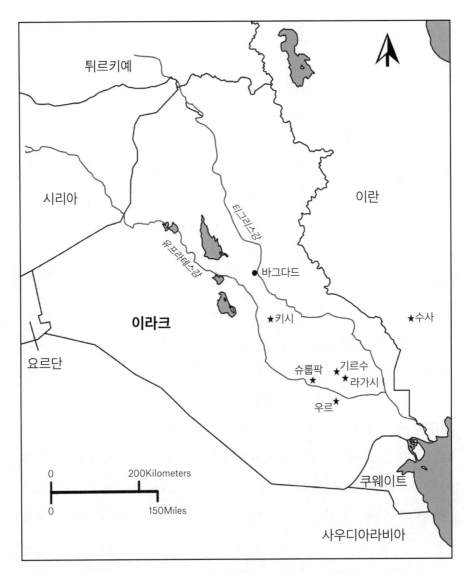

그림 6.1 본문에 언급된 유적이 표시된 메소포타미아 지도

(Royal Tombs)'으로 판단했다(Woolley 1934: 33-42). 80년이 지난 지금 '우르 왕릉(Royal Tombs of Ur)'은 세계에서 가장 화려한 고고학적 발견 중 하나로 남아 있다(예: Zettler and Horne 1998). 이는 부분적으로는 희귀한 재료로 정교 하게 공들여 만든 무덤 부장품과 인내를 갖고 유물을 발굴하고 보존하려 노력 한 울리의 전형적 서사의 산물이다. 그러나 우리가 왕릉에 계속 매료되는 것

은 대규모 장례 의례에서 합법적으로 행해진 의도적인 살인이라는 부조화, 즉 미스터리 때문이기도 하다. 필자는 이번 장에서 우르 왕릉을 통해 일상화된 통치 폭력이 우르 초기 왕실 장례 광경의 예외적 폭력에 어떻게 드러나는지 살펴볼 것이다.

무덤, 시종들 그리고 장례 광경

울리(Woolley 1934: 33-38)는 우르 왕릉에서 조사된 무덤 16기의 매장 양식이 동일하다고 주장했다. 각 무덤마다 한쪽에 경사진 진입로가 있는 깊은 수직 갱(坑)이 설치되었고, 그 바닥에는 돌이나 벽돌로 만든 1) 전면에 개방된 공간이 있는 단실묘(單室墓)나 2) 주묘실(主墓室)과 1개 또는 2개 이상의 보조 묘실(墓室)로 구성된 다실묘(多室墓)가 조성되어 있다. 13기의 무덤에서 복수(複數)의 시신(屍身)이 확인되었지만, 교란과 인골 훼손이 심했던 나머지 세 무덤(PG/580, PG/1236, PG/1631)에서는 시신(屍身) 개체 수 식별이 제대로 이루어지지 않았다. 매우 많은 시신이 함께 매장된 경우가 많았고, 가장 밀도가 높은 6기의 무덤에는 22구(PG/800)에서 74구(PG/1237)의 시신이 매장되기도 했다. 많은 경우 주실의 위치, 관 또는 단상 안치, 공반된 부장품의 풍부함 등 덕분에 무덤의 주인공을 식별할 수 있었는데, 명문(銘文) 있는 원통형 도장으로 신원이 확인된 푸아비 여왕(또는 왕비, Queen Pu-abi)이 가장 잘 알려져 있다. 그런데 무덤에서 나온 시신의 대부분은 보조 묘실이나 단실묘 전면의 개방된 공간에 위치했다. 울리(Woolley 1934: 33)는 이 시신들은 남녀 주인 무덤에 배장(陪葬)되는 분명한 목적으로 살해된 시종이라 주장하며, 이 공간에 '죽음 구덩이(death pits)'라는 별칭을 붙였다.

울리(Woolley 1934: 41)를 포함한 여러 학자는 고도로 구조화된 왕릉 퇴적층은 정교한 의식 행위의 결과로 보인다고 지적해 왔다(예: Baadsgaard et

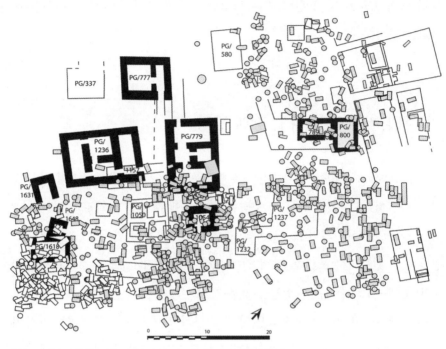

그림 6.2 '우르 왕실 묘지' 평면도 (Woolley 1934: 도판 274 재실측)

al. 2012; Cohen 2005; Vidale 2011; Winter 2009). 종종 매우 숙련된 장인(匠人)이 귀한 원자재(原資材)로 만든 보석류, 개인 용품, 특정한 기능이 있는 도구, 무기, 기구를 착장(着裝)한 시신들이 정성스럽게 배치되었다. 시신의 무리 짓기 및 조합 역시 뚜렷했다. 몇몇 입구 근처에 배치된 무장 '병사(soldiers)' 무리, 여전히 수레나 썰매에 연결되어 조(組)를 이루는 황소 뼈 밑에서 발견된 '마부(grooms)'의 시신들, 유명한 우르의 리라[4]와 하프 근처에서 발견된 '악

....

4   리라는 현을 고정하는 장치인 요크가 달린 류트류 악기로 하프와 모습이 비슷하지만 구조적으로 다르다고 한다. 그 기원이 서기전 3000년경까지 올라가는 리라는 서양 문화권에서 음악과 문학을 상징하는 도상으로 중동, 서아시아, 아프리카 등 여러 문화권에서 종교적이고 신성한 악기로 여겨진다(출처: 네이버 지식백과).

사(musicians)'의 시신들이 가장 두드러졌다. 한편 몰레슨과 호그슨(Molleson and Hogson 1993; 2000; 2003: 125-127)은 제한된 인골 자료 조사 결과 업무-특정적 근육 발달과 골병리학(osteopathologies)적 증거가 특정 개인에게 확인되었지만, 푸아비 여왕을 포함한 무덤의 주인공에게는 상대적으로 이러한 특징이 보이지 않는다고 했다. 불분명한 인골 자료의 수습 및 검토 기준은 우르 인골 자료에 의문의 여지를 남겼지만, 검토 결과는 왕릉에 묻힌 사람들이 생전에 맡았던 역할과 동일한 역할(예: '짐꾼', '마차나 썰매의 마부', 엘리트 등)을 사후에도 맡았다는 상식적인 추론을 뒷받침한다.

이처럼 잘 알려진 사례 외에 무덤 내부의 보석류, 특히 머리 장식의 분포에서도 체계적 패턴이 확인된다(Gansell 2007 참조). 예를 들어 PG/789호 고분(그림 6.3)에서 출토된 두개골은 대부분 은제 머리 고리와 공반되었거나 머리 장식이 없는 반면에, 묘실(墓室) 남서벽 바깥쪽과 반대 방향으로 열 지어 배치된 11구의 시신 중 적어도 8구는 금제 머리 고리 및 화관(花冠)과 공반되고, 1구는 은제 고리와 공반되었다(Woolley 1934: 65-67, Pl 29). 비슷하게 '위대한 죽음 구덩이(Great Death Pit)'(PG/1237)의 중앙에 배치된 시신 대부분은 금제 머리 리본과 화관을 착장했지만, (구덩이 북동 및 남서 벽을 따라 배치된) 가장 바깥쪽 줄에 배치된 시신들은 모두 그렇게 치장하지 않고, 대부분 금제 귀걸이와 목에 꼭 끼는 목걸이를 착용했다(그림 6.4).

전반적으로 보석류는 수행원들이 이승이나 장례 의식에서 그들의 역할을 반영하는 고도로 구조화된 방식으로 무덤 그룹 내에서 치장되고 배치되었음을 시사한다(Vidale 2011 참조). 또는 이러한 패턴은 치장된 시신의 구조적 변형을 중심으로 계획된 매장 행사의 전반적 미학을 반영할 수도 있었다(예: 대조되는 보석류를 기준으로 수행원을 배치).

울리는 규칙적인 시신 배치와 악기, 무기, 조를 이룬 소 무리와의 적극적 유대가 수행원들이 정교한 장례 행렬 참여 후 격렬한 몸부림 없이 누웠던 자리에서 죽어 갔음을 시사하는 것으로 이해했다. 이와 함께 울리는 왕릉원에서

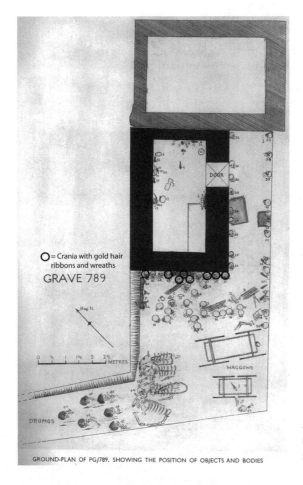

그림 6.3 PG/789호 고분 시신 위
머리 장식(Woolley 1934: 도판 29
전재)

자주 보이는 시신과 컵의 공반을 근거로 왕릉 수행원들은 일종의 독약이나 진
정제를 마시고 자발적으로 자살했다고 상정했다(Woolley 1934: 35-36). 울리
의 말에 따르면 '죽음 구덩이'는 궁중을 상징한다. 수행원들은 "… 주인과 같
이 가서 새로운 조건에서 계속 주인을 모시면, 평범한 방식으로 죽는 다른 이
들보다 저승에서 덜 모호하고, 덜 비참한 존재가 될 수 있다고 스스로를 납득
시켰을 수도 있다(Woolley 1934: 42)."

　　그러나 울리의 믿음대로 수행원들이 평화롭게 죽음을 맞이했을지는 의
문이다. 펜실베이니아대학교 박물관에 소장된 남성 군인 1인(PG/789호분 시
신 50호)과 여성 수행원 1인(PG/1237호분 52호 시신)의 두개골 CT 스캔 결과

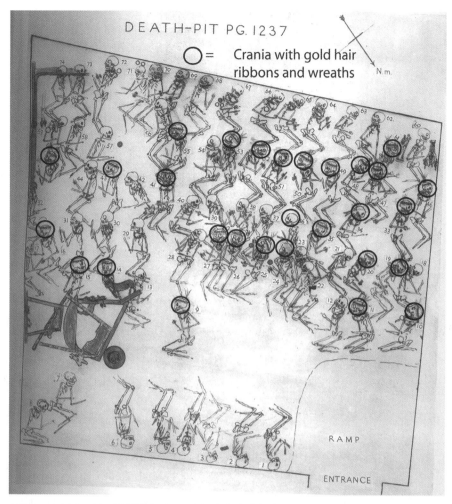

그림 6.4 PG/1237호 고분(위대한 죽음 구덩이) 시신 위 머리 장식(Woolley 1934: 도판 71 전재)

는 두 사람 모두 날이 좁은 도끼로 추정되는 둔기 타격에 따른 외상으로 사망
했음을 시사했다(Baadsgaard et al. 2011: 32-37). 또한 여성은 보존 조치의 일
환으로 가열된 뒤 황화수은(수은 황화물) 처리되었을 수 있다는 증거도 나왔다
(Baadsgaard et al. 2011: 37-38).

울리(Woolley 1934: 142)는 우르 묘지의 많은 시신이 '약간 불에 탄 것으
로' 보인다고 말해 왔고, 자연사박물관(Natural History Museum, 런던)이 소장
한 인골을 다시 분석한 결과 펜실베이니아대학교 박물관 샘플(Molleson and

Hogson 2003: 123)의 경우처럼 시신이 숙성 가열되었다는 사실이 확인되었다. 따라서 가장 잘 보전된 '죽음 구덩이'(예: PG/789호분, PG/800호분, PG/1237호분) 시신의 규칙적 배열은 현장에서의 평화적 죽음이 아닌 수행원들의 시신을 사후 보존 및 조작한 결과일 가능성이 높다(Baadsgaard et al. 2011: 39-40과 비교). 이러한 모든 증거를 고려했을 때, 왕릉은 1차 매장에 따라 계획되고, 목적을 갖고 특별히 살해되고 보존된 수행원의 시신들로 실현된 일종의 섬뜩한 광경(tableau)으로 보인다(Vidale 2011).

우르 왕릉의 경우 오늘날에도 매혹적이며 혼란을 주는 대규모 스펙터클을 다루고 있음이 분명하다. 로저 무리(Roger Moorey 1977: 40)에 따르면, 이는 '분명 특별한 사람들을 위한 특별한 의식'이었다. 그러나 이러한 매장 관습 고유의 스펙터클한 성격을 인정하는 것은 단지 이런 의식이 어떻게 그리고 왜 발생했는가 하는 문제를 강조할 뿐이다. 수행원의 죽음은 무작위적 폭력 행위가 아닌 고도로 질서 있고 정례적인 사건이었다. 어떤 관행과 관계가 이러한 죽음을 가능하게 했을까? 수행원들은 어떻게 스스로 또는 다른 사람의 생각(Pollock 2007a: 89-90와 비교)에 '죽일 수 있는 백성들'(Agamben 1998)이 되었을까?

일부 학자는 이 놀라운 왕릉 매장 관행을 설명하기 위해 메소포타미아 문헌에 등장하는 공식 의식에 주목했다. 일찍이 대체 왕(substitute kings)이 무덤 안에 있을 수도 있다는 가설이 제안된 바 있고, 나쁜 징조에서 현직 왕을 구하기 위한 의례적 살인이 서기전 2천년기와 1천년기에 간헐적으로 확인된 바 있다(Frankfort 1948: 264, 400n. 12). 훨씬 많은 학자들은 이 무덤들이 새해 축제와 관련된 신성한 결혼 의식에 참여했던 주요 인물들의 매장을 보여 주는 것인지를 궁금해해 왔다. 다시 말해서 주요 인물들이 해당 의식의 일부로 바로 매장되었는지(예: Moortgat 1949), 아니면 그들에게 부여된 고위(高位) 역할을 반영하며 생(生)의 마지막에 이르러 매장되었는지(Moorey 1977: 40)를 궁금해해 왔다.

왕릉의 장례 의식을 수메르 문학의 죽음과 저승에 대한 묘사와 연관시켜 온 학자들도 있다(예: Tinney 1998). 예를 들어 『길가메시의 죽음(*Death of Gilgamesh*)』의 일부에서 영웅적인 왕 길가메시는 다음과 같이 묻힌 것으로 보인다.

> … 사랑하는 아내, 사랑하는 아이들, 사랑하는 첩, 사랑하는 음악가, 잔 올리는 사람, 사랑하는 이발사, 사랑하는 궁전 가신들과 하인들, 사랑하는 물건들 …'(ETCSL 번역 t.1.8.1.3: Nibru fragment lines 1-7)

동일 점토판의 바로 다음 줄에서 길가메시는 여러 신과 사망한 주요 인물은 물론 저승의 여인 에레시키갈라(Ereškigala)[5]에게 귀한 선물을 바친다. 덕분에 임종에 다다른 그에게 예고되었던 대로 길가메시는 저승 통치자의 역할을 맡게 된 것으로 추정된다. 『우르남무의 죽음(*The Death of Ur-Namma*)』(ETCSL t.2.4.1.1)에 따르면, 자기 당나귀와 함께 묻힌 우르남무 왕은 저승에 도착하자마자 어울리는 지위를 확보하기 위해 주요 인물들에게 선물을 주고, 그들을 위해 호화로운 연회를 베풀었다.

사회학적 성향이 더 강한 학자들은 왕릉의 예외적 성격은 카리스마적 통치에서 세습적 통치(또는 종교적 통치에서 세속적 통치)로 전환되는 역사적 위기의 순간에 발생한다고 주장한다. 앤드루 코헨(Andrew Cohen 2005: 147-154)은 비록 여전히 신전 의식에 포함되기는 하지만, 종족과 승계된 권위에 기초한 새로운 형태의 왕권 출현의 부산물이 왕릉의 예외적 과시로 나타났다고 주장해 왔다. 이러한 초기 단계에서 왕의 죽음 이후 통치자들 간의 과도기는 통치 종족의 권력, 합법성, 연속성을 강조하는 정교한 장례 의식을 통한 협상이 필요한 불안정하고 불확실한 시기였다(Redman 1978: 297-298과 비교). 브루스

....

5   수메르 신화에 등장하는 저승의 여신으로 에레시키갈(Ereshkigal) 혹은 이르칼라(Irkalla)라고도 한다. '에레시(Eresh, 여왕, 여주 女主)'와 '키(ki, 땅)' 그리고 '갈(gal, 큰, 크다)'이 합쳐진 이름으로 문자 그대로 저승의 여왕이다(출처: 위키피디아).

딕슨(Bruce Dickson 2006)은 비슷한 역사적 맥락을 인정하면서도 장례 의식이 지닌 위협과 공포라는 훨씬 노골적인 기능을 앞세워, 이러한 의식은 백성을 겁박해서 계속 복종하게 하려는 목적을 지닌 '잔혹한 공개 기록'이라 말한다. 이와는 대조적인 입장의 수전 폴록(Susan Pollock 2007a, 2007b)에 따르면, 왕릉은 초기왕조시대에 등장한 상속된 형태의 권력에 극단적 입장을 표명하는 부와 노동의 현저한 파괴 및 (신성한 선택 같은) 카리스마적 리더십의 원칙에 기반한 기관 가정의 마지막 숨막힘을 상징한다.

문화적으로 특정한 의식에 호소하는 사람들과 일반적인 사회적 전환에 호소하는 사람들 모두에게 두 가지 문제가 따라다닌다. 첫 번째는 경험적이다. 울리(Woolley 1934: 37-42) 스스로 이미 우르 묘지(Ur Cemetery) 관련 출판물에서 주장했듯이, 공식 의식 사례는 문헌 자료와의 관련성이 매우 미미하다. 아시리아에서 대체 왕의 살해 관련 자료는 왕릉보다 일천년기 이상 지난 후에 등장했고, 모호하며, 많은 수행원을 수반하지 않는다. 이와 마찬가지로, 매년 풍요로운 농산물 수확을 기원하기 위해 왕이 두무지 신(the god Du-muzi), 여사제가 이난나 여신(the goddess Inanna)의 역할을 담당하는 신성한 결혼 의식은 의례적 살인을 수반하지 않고, 왕릉에서 발견되는 것과 같은 단일 주요 매장보다는 오히려 신성한 부부에 초점을 맞춘다. 몇몇 최근 연구에 따르면, 신성한 결혼 의례는 실제 의식이 아닌 단지 문학적 이미지로만 존재했을 수도 있다(Lapinkivi 2004 참조).

안타깝게도 『길가메시의 죽음』은 왕릉에서 보이는 시종 매장의 문학적 증거는 제공할 수 있지만(그러나 Marchesi 2004: 156-160 참조), 왜 그러한 관행이 생겼는지에 대한 실질적 통찰력을 제공하지는 못한다. 『길가메시의 죽음』과 특히 『우르남무의 죽음』에서 저승 진입에 앞선 선물 주기와 연회 베풀기는 왕릉에서 출토된 풍부한 부장품과 무덤과 현대 연회 장면 사이의 명확한 연관에 내적 근거를 제공할 수도 있을 것이다(Marchesi 2004: 141-148 참조). 그러나 이것이 왕릉에서 입증된 대량 살해를 어떻게 그리고 왜 정당화할 수 있는지는 여전히 의문이다.

왕릉을 사회적 전환에 대한 이념적 대응으로 설명할 때, 메소포타미아에서 '카리스마적' 종교적 리더십에서 세속적/군사적 리더십으로 계승되고 제도화된 것으로 추정되는 궤적은 대부분 학술적으로 재구성된 것임을 기억해야 한다. 일부 학자들은 군사적 갈등과 공격적 확장의 필요성에 의해 촉발된 내부적 진화를 상정한다(예: Frankfort 1948: 215-226; Jacobsen 1957). 반면에 다른 학자들은 신전에 근거한 리더십과 신이 승인한 선택이라는 메소포타미아 남부 전통보다 세습 왕권에 기반한 메소포타미아 북부 전통이 점진적으로 우위를 점했음을 상정한다(Heimpel 1992). 이 둘 중 하나가 실제로 일어났을 수 있지만, 현재 가용한 증거로는 어느 쪽이 실제로 일어난 일인지 알 수 없다(Zettler 1998: 29). 잘 알려진 것처럼, 메소포타미아에서 도시화된 사회생활의 첫 단계, 즉 우루크 후기(Late Uruk, 3400-3100 BCE)와 젬데트 나스르기(Jemdat Nasr period, 3100-2800 BCE)는 이미 중앙집권적 통치의 물질적 폐해의 대부분을 보여 준다. 도시, 대형 신전 경내, 최초 문건 이외에도 우루크 도시 또한 다양한 매체를 통해 소위 '사제 왕(priest-king)'의 표준화된 이미지를 입증한다(Vogel 2008: 83-134). 이 인물은 그물 치마(net skirt)를 입고 중절모(中折帽)를 연상시키는 머리 장식을 착용하였으며, 종교적이면서도 전투적인 성격을 띤 다양한 주요 왕권 활동을 수행하는 장면으로 묘사된다. 궁전을 의미하는 단어인 에갈[é-gal, '큰 집(big house)']은 왕릉과 거의 동시대인 초기왕조시대 IIIA기(2600~2450 BCE)에 처음 등장하지만, 초기왕조시대 IIIA기 이전 발견된 고대 문건의 제한적이며 모호한 성격을 고려하면 그 의미는 분명하지 않다.

초기왕조시대 IIIA-B기 수메르 도시국가 통치자들은 주로 엔(en), 엔식(ensik), 루갈(lugal)[6]이라는 세 가지 수메르 단어로 불렸고, 이 호칭들은 종종

....

6   lugal은 왕, 통치자라는 의미의 수메르어로 문자 그대로의 의미는 대인(big man)이다. 수메르어 lu는 사람(man), gal은 위대한(great) 또는 큰(big)이라는 의미이다. 각 표현의 정확한 의미 차이에는 논란이 있지만, lugal은 en, ensi, ensik 등과 함께 수메르 도시국가 통치자의 칭호이다. 또

서로 대체 가능했다(Cooper 1986 참조). 더 중요한 점은 엔이 처음 수메르 도시 국가를 통치하고, 초기왕조시대에 와서 엔식과 루갈이 그 직(위)(office)을 대체했다 하더라도, 어떻게 개인이 엔 직(위)에 임명되는지를 알려 주는 직접적인 증거는 없다. 초기왕조시대 왕실 명문은 엔식과 루갈 모두 상속될 수 있거나 적어도 아버지, 아들, 손자가 그 직을 유지할 수 있었음을 말해준다. 반면 엔은 종교적 역할로 정당화된 카리스마적 지도자였을 수도 있지만(예: Heimpel 1992), 그 실상은 알 수 없다. 사실 '수많은 사람 중에서' 선택되었다는 쿠퍼의 번역(Cooper 1986: La 5.18; La 9.1)에서 신의 선택이란 주장에 대한 최선의 증거는 우루크나 성직자 맥락이 아닌, 초기왕조시대 IIIB기(2450-2350 BCE)의 라가시(Lagash) 통치자의 표준 명칭(the standard titular)에서 비롯되었다. 대부분의 통치자는 이전 라가시 통치자의 직계 후손으로 보이는데, 모두 엔식 또는 루갈이란 호칭이나 두 호칭 모두를 사용한다. 다시 말해서 이용 가능한 단편적 증거에서 신에 의해 선택되었다고 주장하는 통치자는 아버지로부터 칭호를 물려받은 것으로 보이는 사람들뿐이다. 카리스마적 권위에서 승계된 권위로 진화했다는 추정은 직접적으로 입증될 수는 없지만, 이용 가능한 증거에 존재하는 많은 편의적 문제점들은 항상 고려되어야 한다.

이는 우리가 종교적/카리스마적 권위에서 세속적/제도적 권위로 전환되었다고 가정할 수 없다 하더라도, 특히 초기왕조시대 III기에 사회적·정치적으로 중요한 변화가 있었음을 말해 준다. 예를 들어 광역적 연구에 따르면, 메소포타미아 남부에서 도시 중심지 규모와 중심지 거주 인구 비율은 초기왕조시대 III기에 정점에 달했다(Pollock 1999: 45-77). 따라서 도시와 아마도 그 신전 기관과 군사/정치 지도자는 과거 어느 때보다 훨씬 많은 사람의 삶에서 큰 역할을 담당하고 있었다. 게다가 초기왕조시대 IIIB기 명문(inscriptions)에 따

....

수메르어 lugal은 주인(an owner, 예: 경작지나 선박의 주인) 또는 어떤 단위의 장/우두머리(예: 가장)를 지칭하는 데 사용되기도 한다. 즉 수메르 문명권의 군주 칭호 중 하나인 lugal은 같은 군주 칭호인 ensi보다 격이 높은 칭호이다(출처: 위키피디아).

르면, 도시 중심지 통치자는 정복과 후원을 통해 더 큰 규모의 새로운 정치 단위를 구축하려 시도했고, 토지와 주민 그리고 서로를 통제하려 격렬한 경쟁 중에 있었다. 다시 말해서, 왕릉은 정치 제도와 공동체 정체성이 유동적이었던 시기에 조성되었다는 다소 강력한 주장이 가능하다.

따라서 초기왕조시대 III기의 광범한 사회 변화의 증거를 토대로 일종의 정당성 위기라는 관점에서 왕릉의 예외적 성격을 설명하려는 시도가 있을 수 있다. 그러나 이러한 의식들을 일종의 일반적 설명(공식 의식이든 사회적 위기이든)의 범주에 두고 고려하려 한다면, 왕릉에서 입증된 매장 의식의 예외적 성격은 더욱 중요한 두 번째 문제를 제기한다. 만약 메소포타미아 남부에서 일반적인 사회적 또는 정치적 전환의 결과가 왕릉이었다면, 우루크(Uruk), 움마(Umma), 라가시(Lagash) 등에서 왜 다른 왕릉은 발견되지 않았을까? 물론 표본 추출과 잔존 여부가 중요한 역할을 했겠지만, 몇몇 학자가 강조해 왔듯이(Moorey 1977; Selz 2004), 심지어 우르(Ur)에서조차 이러한 매장 의례는 예외적인 사례에 해당한다.

부장품이 풍부하고 정성을 들여 조성된 서기전 3천년기 무덤은 메소포타미아의 다른 지역에서도 발견되어 왔다(예: Eickhoff 1993; Pollock 1999: 205-217). 실제로 수레를 끄는 황소와 당나귀가 출토된 무덤은 (자료가 다소 부실하기는 하지만) 이란 남서부의 수사(Susa)(Mecquenem 1943: 103-104, 122-123)와 바빌론 북부의 키시(Kish)(Moorey 1978: 104-110)에서도 보고된 바 있다. 키시에서 발견되어 보고서가 출판된 3기의 마차 출토 고분은 경사로(ramp)가 설치된 깊은 갱(坑)으로 조성되었을 가능성이 있으며(Moorey 1978: 104-106), 여러 기의 무덤에서 시신 여러 구가 발견되었기에 우르 왕릉과 비교되어 왔다. 그런데 시턴 로이드(Seton Lloyd)에 따르면, 키시의 무덤은 '형편없이 발굴되고, 발굴 내용은 형편없이 기록되고, 출판된 보고서 역시 형편없었다'(Lloyd 1969: 48). 그 결과 이 무덤들의 매장 관행을 복원하기는 매우 어려웠고, 실제로 출판되지 않은 현장 기록을 검토한 기예르모 알가제(Guillermo Algaze)는 동물이 끄는 수레의 존재를 제외하고는 우르와의 유사성을 부정했다(Algaze 1983/4: 149-154 참조). 학자들은 키시의 전차(戰車) 부장 무덤은 물질적 풍요로움과 전반적 구성 측면에서 결코 우르 왕릉과 비교될 수 없음에 동의한다(Moorey 1978: 105-106; Algaze 1983/4: 153-154).

무리(Moorey 1977: 39)는 문제의 핵심은 '우르 특유의 의식 관행'에 있을 수도 있는데, '각각의 수메르 도시국가는 고유의 전통이 있지만, 우리는 여전히 각 도시국가의 입장에서 많은 부분을 제대로 이해하지 못하고 있음'을 지적하면서 왕릉의 예외적 성격으로 제기된 문제점을 해결한다. 이러한 매장 관행은 우르에만 국한된 것이며, 현재로서는 그 직접적인 원인을 알 수 없다는 좁은 의미에서 무리의 주장은 옳다. 이와 동시에 이러한 무덤들에서 드러난 두드러진 소비와 의식 살인이 어떻게 그리고 왜 우르 초기왕조에 만연했던 국지적 상황을 적절하게 표현한 것으로 여겨지게 되었는지를 이해하는 더 넓은 의미에서 무리의 해결책은 부적절하다.

예외적 성격에도 불구하고, 왕릉은 초기왕조시대 수메르에 널리 퍼져 있던 상징, 가치, 물질, 아이디어로 명확하게 구조화되고, 그 속에 내재되어 있었다. 왕릉에서 발견된 의식 살인과 두드러진 소비라는 예외적 스펙터클(광경)이 서기전 3천년기 중반 수메르 사회의 좀 더 루틴(일상)적 상황에서 어떻게 생겨났고, 수용될 수 있었는지 질문해 보아야 한다. 다시 말해 이러한 예외가 초기왕조시대 수메르 통치를 어떻게 입증하는지 살펴볼 필요가 있다.

왕릉에서 가장 눈에 띄는 특징 중 하나는 엘리트들의 연회 관행을 여러 가지 방식으로 드러내고 있다는 점이다. 연회 장면은 초기왕조시대 미술의 일반적 테마이다(Schmandt-Besserat 2001). 전형적으로 각 장면의 핵심은 하인의 시중을 받으며, 앉아서 컵으로 또는 빨대로 공동 항아리의 술을 마시는 한 쌍의 인물이다. 연회 장면은 푸아비(Pu-abi)의 인장을 포함하여 우르 왕실 묘지에서 출토되는 원통형 인장의 가장 흔한 장식 테마이다. 이외에도 리라 울림통(Woolley 1934: Pl. 116)과 가장 유명한 '우르의 깃발(Standard of Ur)'(Wool-

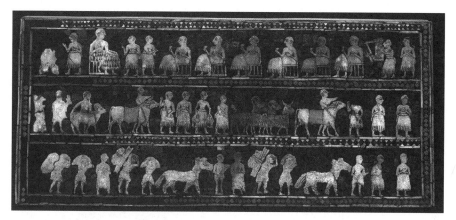

그림 6.5 우르의 깃발 '평화' 면 연회 장면 (©The Trustees of the British Museum, 브리티시박물관)

ley 1934: 266-274)에 상감 장식된 연회 장면을 왕릉의 다른 곳에서도 볼 수 있다. '우르의 깃발'의 소위 '평화' 면은 상단에 손님과 술을 마시는, 실물 사이즈보다 큰 인물에게 전리품을 가져가는 하인 행렬이 있는 연회 장면을 포함한다 (그림 6.5).

여러 학자(Baadsgaard et al. 2012; Cohen 2005; Pollock 2003, 2007a; Selz 2004)가 왕릉의 시신과 부장품이 연회를 암시하는 방식으로 배치되었다고 언급한 바 있다. 예를 들어 앤드루 코헨(Andrew Cohen 2005: 82-93, 167-220)은 왕릉의 토기복합체가 주로 음식 분배와 식기용으로 한정되어 있으며, 요리와 장기 보관을 위한 그릇이 눈에 띄게 부족하다는 사실을 지적했다. 울리(Woolley 1934:36) 역시 대부분 인골의 손 가까이에 위치한 왕릉 내 음주용 용기의 빈도에 대해 언급했다. 연회 장면에 묘사된 많은 독특한 유물들이 왕릉에서 발견됨도 흥미롭다.

원통형 인장(Woolley 1934: 21-22, Pl. 193), '우르의 깃발'(Woolley 1934: 266-274, Pl. 91) 그리고 리라 울림통(Woolley 1934: Pl. 105; 그림 6.6 참조)에 묘사된 연회 장면에 황소 머리 모양 리라와 황소 형상 리라가 있고, 또 이러한 리라들이 왕릉에서도 출토된다는 점은 다소 주목할 만한 사례이다(Woolley 1934: 249-258, Pls 107-121). 초기왕조시대 수메르 전역에서 엘리트 연회 관행

그림 6.6 PG/789호 고분 출토 동물과 신화 속 생명체와 풍자
적 연회 장면을 보여 주는 리라 울림통(펜실베이니아대학교 박
물관 이미지 번호 150888, 소장품 번호 B17694)

의 표상과 밀접하게 연계되는 매우 특별한 물상인 황소 형상 리라는 서기전
3천년기 중반의 다른 유적에서 출토된 원통형 인장(Amiet 1980: Pl. 91: 1200-
1201)과 석판(stone plaque)(Boese 1971: Taf. 17: 1)에도 묘사되어 있다. 이렇
게 밀도 있고, 매우 구체적인 상호 참조를 통해 서기전 3천년기 중반 수메르
엘리트 삶의 주제, 이미지, 물질 문화에 왕릉이 얼마나 깊이 내재되어 있었는
지를 알 수 있다. 실제로 왕릉에 조심스럽게 놓인 시신과 부장품은 단순히 연
회 장면을 상징하는 또 다른 매개체라고 말할 수 있다.

초기 메소포타미아의 연회는 신(神)과 사자(死者)에게 음식을 제공하는 중요한 도덕적 요구와 연계되었다(Jagersma 2007). 이 의무에는 정기적으로 음식을 올리고 헌주(獻酒, libation)하는 것을 비롯하여 대규모 축제와 잔치를 여는 것이 포함된다. 잔을 들고 앉은 신 앞에서 액체를 따르는 하인 역할을 하는 인간 사제와 엘리트가 표현된 연회 장면이 원통형 인장(Amiet 1980: Pl. 100-103)과 석판(Boese 1971: Taf. 18: 1-4; 21: 4)의 헌주 장면과 꽤 비슷함은 흥미롭다. 아이린 윈터(Irene Winter 2009)는 헌주 장면에 보이는 술 따르는 용기들과 많은 우르 무덤에서 출토된 술 따르는 용기들이 매우 비슷하다고 지적했다. 윈터는 술 따르는 용기가 다목적으로 이용되었을 가능성을 조심스럽게 강조했는데, 신을 위해 수행되는 의식처럼 이러한 매장 의식에 헌주가 포함되었을 가능성은 있다.

장례 연회는 신을 섬기는 것과 상사적(相似的)으로 연결되고 죽은 자를 섬기는 것과 직접적으로 연결되기 때문에 메소포타미아의 의식(儀式) 생활에서 중요한 사건으로서 이중으로 기념되었을 것이다. 그러나 이러한 상징적 내용도 비교문학에서 연회와 공생 정치(commensual politics)의 탓으로 돌려지는 다양한 사회적·정치적 기능도 왕릉의 예외적 성격을 충분히 설명하지 못하는 듯하다.

예를 들어 브라이언 헤이든(Brian Hayden 2009)은 정교한 장례 연회는 초평등(超平等, trans-egalitarian)과 초기국가(early state)라 명명한 사회에서 통문화적으로 중요했음을 주장해 왔다. 헤이든의 이러한 입장은 사자(死者)에 주목했을 때 장례식은 도덕적으로 인정할 만한 정도의 과시가 허용되는 생애주기 의식이라는 사실에서 비롯된다. 장례 의식은 집단의 부와 성공을 알리는 맥락은 물론 식량 제공을 통해 동맹을 확대하고 강화하는 환경을 조성한다(Hayden 2001, 2009). 특히 헤이든의 '정치 생태학(political ecology)'은 왕릉의 구체적인 상징적 내용을 넘어서, 화려한 장례 연회가 동맹과 고객 관계를 형성하고 확인하는 무대로서 수행하는 적응적 기능에 초점을 맞출 것을 강조한다.

헤이든의 통문화 모델(cross-cultural model)에 따르면, 메소포타미아 초기왕조시대 엘리트 장례에서는 하위 등급 개인에 대한 식료(食料) 제공에 많은 지출이 있었던 것 같다. 기르수(Girsu) 출토 초기왕조시대 IIB기(2450-2350 BCE) 두 문건에 따르면, 당대 왕비 샤그샤그(Šagšag)는 이전 왕비 바라남타라 (Bara-namtara)의 애도 의식에 참여한 애도 전문가[lamentation specialist, 갈라(gala)], '원로의 아내(wives of elders)', 고인의 남성 친척 그리고 신전 하녀 (총 618명)에게 많은 빵과 맥주를 두 차례 대접했다(Cohen 2005: 56-7, 157-62; Jagersma 2007: 293-294; Selz 2004: 198-199). 이러한 지출이 접대 행위나 애도 봉사에 따른 지불로 인정되었는지는 불분명하다. 예를 들어 샤그샤그의 남편 라가시(Lagash) 왕 우루이님기나(Uru-inimgina)는 유명한 개혁에서 애도 의식 중 애도 전문가와 '노파들(old women)'에게 제공된 빵과 맥주에 고정 요금을 규정한 것 같다(Cooper 1986: La 9.2). 동시에 초기왕조시대 IIIB기 기르수 (Girsu) 문건에 보이는 폭이 큰 말뭉치는 '여인의 집(house of the woman)'(에미, é-mí)과 후에 '바우 여신의 집'(에드바우, é-ᵈba-ú)으로 알려진 라가시 왕비가 이끄는 기관 소속의 많은 사람이 일년 내내 종교 축제 동안 기관의 가게를 통해 공동으로 식료를 지출했음을 보여 준다(Beld 2002: 96-196; Jagersma 2007: 303-308). 즉 엘리트가 고객, 부양 가족, 하급자에게 식료를 제공하는 큰 잔치는 메소포타미아 초기왕조시대에 이미 확립되어 있었다.

왕릉의 구체적인 상징적 내용을 넘어서서 그 적응적 기능을 보는 것은 헤이든의 시사(示唆)처럼 간단하지 않다고 한다. 왕릉을 둘러싼 장의(葬儀) 행사에 잔치가 수반되었을 수 있지만, 무덤 자체가 잔치의 표상(representations of feasts)이기도 하다. 다시 말해 왕릉의 상징적 내용 자체가 장례가 잔치임을 알려 준다. 더욱이 장례 잔치의 실제 이야기가 항상 그리고 단지 유리한 동맹 구축이라면, 수행원의 살해가 정말 효과적인 충원 전략인지 의아할 수 있다! 초기왕조시대 메소포타미아에서 고객 관계와 다른 형태의 의존이 연회에서 매우 중요한 구성 요소였음에는 의심의 여지가 없다(Beld 2002 참조). 그러나 곧 알게 되겠지만, 제도적 틀(특히 신전과 궁전 가구)과 이러한 의존이 실현된 구체적인 경제 관계를 고려하지 않고는 이러한 관계 분석은 불가능하다.

마이클 디틀러(Michael Dietler 2001)의 '구별되는 잔치(diacritical feast)'의 범주가 잔치의 표상으로서의 왕릉을 논의하는 데 좀 더 적합할 수 있다. 디틀러에 따르면, 위계사회에서 잔치는 종종 이중관계와 사회적 결속의 형성 및 강화 수단으로 기능하기보다는, 사회적 차별을 강조하고 계층 내 사회적 경쟁을 위한 장을 제공하는 역할을 할 수도 있다. 디틀러의 구별되는 잔치는 전문지식을 시사하는 정교한 준비와 연습은 물론, 이국적 음식, 매우 독특하고 값비싼 장신구와 설정 등 배타적 징후를 강조하는 것으로 특징지어진다. 왕릉에서 확인된 음식(Ellison et al. 1978 참조)에 대해 우리가 알고 있는 지식은 매우 제한적이지만, 금·은·청금석(lapis lazuli)·타조 알 껍질로 만든 그릇(Woolley 1934: Pls 156-157, 160-165, 170-174), 금·은·구리·청금석으로 만든 음료 빨대(Weber and Zettler 1998: 139), 상아·터키옥·조개껍질이 상감된 악기와 가구(Woolley 1934: Pls 91-126), 정교한 보석류(Woolley 1934: Pls 127-150) 등 실제로 왕릉에서 발견된 다른 모든 것은 디틀러의 구별되는 잔치의 정의와 잘 부합한다.

초기왕조시대 연회는 분명 엘리트적 성격이 두드러진 행사로 표현되었지만, 마르셀 모스(Marcel Mauss 1990: 6-7)가 경쟁적 교환(agonistic exchange)이라 명명한 경쟁적 선물 주기의 관점에서 표출되었는지는 확실하지 않다. 데니제 슈만트베세라트(Denise Schmandt-Besserat 2001)는 이러한 엘리트 경쟁의 예로 수메르 문학(Sumerian literary composition), 『*Debate between Winter and Summer*』(ETCSL t.5.3.3)을 지적한다. 작품 내용을 자세히 검토해 보면, 수메르 잔치와 사회적 경쟁에 대한 상당히 재미있는 사안을 발견할 수 있다. 이야기에는 잔치로 볼 수도 있는 두 사건이 나온다. 더 우월한 계절로 인정받기 위해 겨울과 여름은 엔릴 신(the god Enlil) 신전에서 음식 공양을 준비하며 노력하고 경쟁한다. 그러나 엔릴이 (겨울의 물이 여름의 수확을 가능하게 하므로) 겨울이 우월하다고 선언하자, 여름은 겨울을 자기 집으로 데리고 와서는 '기름 같은 형제애와 우정'을 쏟아 낸 다음, '다툼에 달콤한 말을 가져와'(ETCSL 번역 t.5.3.3: 310-15행) 금, 은, 청금석을 선물하고 맥주, 와인, 다육 식물 성찬을 대접한다. 다시 말해서 겨울과 여름의 경쟁 맥락은 주인이 아닌 동료 숭배자(따라서 하인)로서 엔릴의 집(즉 엔릴 신전)에서 신의 비위를 맞추는 것이었다. 엔릴이 겨울의 우월함을 선언하면서 위계질서가 확립되고, 이 경쟁은 마무리된다. 경쟁을 끝내고 관계를 회복한 여름은 겨울을 자신의 집으로 초대하며 겨울의 우월한 지위를 인정한다.

사회적 경쟁은 초기왕조시대 연회의 실제 역학관계에 영향을 미쳤을 가능성은 있지만, 이는 왕릉이 참여하는 연회의 시각적·문학적 표상에서 주된 초점은 아니다. 초기왕조시대 수메르에서 연회는 엘리트 간의 경쟁적 교류라기보다는 손님들을 찬양하고, 또 손님들을 풍요의 상향 이동으로 특징지어지는 이미 수립된 위계 체계로 통합하는 것처럼 보인다. 가장 분명한 것은 신을 기리기 위해 개최되는 종교 축제에서 주빈(主賓)인 신에게 제물을 바치는 것이었다. 그러나 대부분의 연회 장면에서, 잔이나 빨대로 술을 마시는 의식 집행자들에게 음식을 제공하는 장면이 강조되기도 한다.

서비스 강조는 초기왕조시대 연회 장면의 두드러진 한 측면이다. 연회 장면에서 하인 수는 연회 참석자 수 이상인 경우가 대부분이고, 복수(複數)의 단을 갖춘 훨씬 정교한 장면의 경우 소모품 운반과 서비스 제공 광경이 대부분을 차지한다. '우르의 깃발'에 묘사된 연회 장면의 경우 전체적으로 소비 행위의 절정에 이른 듯하다. 아래 두 단에서는 동물과 물품이 상단에 있는 커다란 중심 인물과 그의 연회 동료를 향해 행진하는 것처럼 보이는 등 문자 그대로 서비스가 위쪽으로 이동한다(그림 6.5).

서비스와 하인이라는 주제는 중요하게 다루어지는데, 이는 동물이 인간 역할을 하는 풍자적 연회 장면의 사례에서도 강조된다(Amiet 1980: Pl. 99 참조). 왕릉 출토 리라 울림통(U. 10556)(Woolley 1934: Pl. 105)에는 동물과 신화 속 생명체가 연회 맥락상 악사와 하인으로 나오는 3단으로 구성된 장면이

그림 6.7 초기왕조시대 우르에서 출토된 동물과 풍자적 연회 장면이 묘사된 원통형 인장(LeGrain 1936: Plate 20 no. 384)

있고, 그 윗단에는 누운 두 '황소 형상 사람(bull-men)' 사이에 '동물들의 주인(master of the animals)'인 듯한 자세를 취하고 있는 '영웅(hero)' 인물이 묘사되어 있다(그림 6.6). 왕실 묘지보다 시간적으로 앞선 우르 출토 초기왕조시대 IIIA기 원통형 인장(그림 6.7)은 좀 덜 미묘한 사례로, 여기에는 아이벡스(ibex)[7] 1마리, 얼룩말(equid) 3마리 그리고 작은 포유류 몇 마리가 앉아 있는 사자를 위해 음악, 술, 음식을 제공하는 장면이 묘사되어 있다(Legrain 1936: Pl. 20: 384). 마치 메시지를 놓치지 않으려는 듯 풍자적 연회 장면 우측으로 암사자가 단검으로 유제류를 공격하는 동물 싸움 장면이 있다. 이런 식으로 의인화된 하인들은 자신이 섬기는 이들의 사냥감이 되고 자양물이 된다. 동시에 이러한 서비스 관계가 풍자된다는 사실 자체가 연회 장면이란 장르에서 그 중심적 역할을 강조한다. 다시 말해서, 서비스를 행하는 하인은 수메르 연회 장면 내부(within)에서는 부차적이고 종속적일 수 있지만, 중심 메시지를 전달한

....

7   소목(偶蹄目) 소과의 포유류로 야생 염소의 근연종이다. 몸이 크고 튼튼하며, 수컷은 작은 턱수염과 길이 1m의 뿔이 있고, 암컷은 뿔이 짧고 작다(출처: 네이버 지식백과).

다는 의미에서 해당 장면에서는 그들이 1차적으로 중요하다.

어떤 의미에서는 수메르 연회 장면에서 서비스를 강조할 때, 단순히 필자는 엘리트 연회 주최자 간 계급 내부 경쟁보다는 오히려 계급 구분의 재생산을 강조하는 디틀러의 연회 구분의 두 가지 특징 중 두 번째를 지적하게 된다. 그런데 사제와 통치자 역시 신에게 음식과 술을 바칠 때 마찬가지로 하인 역할을 수행한다는 것을 기억해야 한다. 사실, 표상적 관점에서 이고르 디아코노프(Igor Diakonoff)를 인용하자면, 서기전 3천년기에 "주인(인간 또는 신)이 없는 사람은 없다. 따라서 … 모든 사람은 누군가의 노예이다(Diakonoff 1987: 2).". 다시 말하자면, 초기왕조시대 수메르에서 서비스라는 주제는 상향적 의무 관계를 강조하는 더 큰 구상주의적 질서에 포함되었다. 이러한 의미에서, 연회 장면에서 서비스의 표상은 단지 그러한 즉각적 계급 구분의 재현을 목표로 하지 않는다. 대신 연회 장면은 신에 대한 의무 등 상급자에 대한 의무로 정의된 세상에서의 서비스를 포함하며, 따라서 궁극적으로 우주론적 관점에서 일상적인 계급 구분을 합리화하려 하였다.

수전 폴록(Susan Pollock 2007a, 2007b)은 우르 묘지의 모든 초기왕조시대 무덤, 특히 왕릉 간 핵심 연결 고리는 초기왕조시대 수메르 정치 경제를 구축한 대규모 기관 가정의 구성원 자격임을 오랫동안 강조해 왔다. 지아니 마르케시(Gianni Marchesi 2004: 175-181)의 지적대로 왕릉에서 출토된 금석학적 증거는 적어도 주요 여성 무덤 중 일부는 높은 신분과 '귀부인(lady)'을 의미하는 '닌(nin)'이란 칭호를 지녔다는 주장을 강력하게 뒷받침하고 있음에 틀림없다(Marchesi 2004: 186-189). 이는 왕릉을 우르의 주요 기관 가정 중 적어도 하나와 연결 짓는 것이 타당함을 시사한다. 기르수(Girsu) 문건이 시사하듯이, 만약 동일 가문 구성원이 특정 도시[8]나 정치체의 사원과 궁궐 가정 모두를 통제한다면, 어떤 것은 덜 중요하게 보인다. 다시 말해 초기왕조시대 수메르

....

8   원문(Routledge 2014: 149 4행)에 cites로 되어 있으나, cities의 오타로 이해하고 번역했다.

정치체가 사원국가(temple-states)는 아니었지만, 궁전과 주요 사원이 정부 기구 및 내부 엘리트라 지칭할 수 있는 것을 구성하는 데 핵심을 이루었던 것으로 보인다.

폴록(Pollock 2007a: 100, 2007b: 216-217)에 따르면, 왕릉은 위대한 가정의 주요 인물 1인이 사망했을 때 고인의 상징적 죽음을 대변한다. 기관 가정의 중상 등급 구성원은 상징적으로 귀중한 가정의 재산과 함께 무덤 자체에서 진행되는 실제 또는 상징적 장례 연회에 참여하고 죽음으로써 중요한 고인과 합류했을 것이라고 그녀는 말한다(Pollock 2007a: 102n. 8, 2007b: 214). 앞에서 언급했듯이, 폴록(Pollock 2007b: 216-218)은 가정에 대해 이처럼 극단적으로 충성심을 표출하는 것은, 상속 가능한 왕조 권력의 대두에 맞서 전통적이고 신성하게 결정되며 세습되지 않는 리더십을 극적이고 대중적으로 표현하는 것이었다고 여긴다. 그녀(Pollock 2007a: 100-106)는 이처럼 신하가 기꺼이 죽음을 맞이한 것은 대규모 기관 가정의 정규 업무에서 '유순한 신체(docile bodies)'로 체질화된 결과라고 보았다. 특히 폴록(Pollock 2007a: 101-105)은 무엇보다도 정례적으로 공식 연회에 참여하여 특정 기대가 부여된 특정 역할을 수행했던 것이 자신의 상대적 지위 및 의무를 구체화된 관행(즉 습관 기억, habit-memory)으로 주입하는 데 도움이 되었을 것이라 주장한다. 폴록은 기관 가정 내에서 자신의 신분을 확인하는 것이 일상화되다 보면, 주인이나 마님을 따라 무덤에 들어가는 것이 선택의 문제가 아니라 도리가 되었을 것이라고 말한다.

본질적으로 폴록은 장례 스펙터클의 극단적 논리는 정기적 연회 관행의 루틴적(routine) 논리에 묻혀 있으므로 왕릉은 스펙터클과 루틴 양자 모두로 구성된다고 주장한다. 이러한 폴록의 설명은 가장 폭넓은 수준에서 설득력이 있다. 만약 왕릉의 의식 살인이 누가(예: 통치자, 왕비 등) 죽었고, 누가(예: 하녀, 악사, 마부 등) 고인과 함께 안치될 것인가에 대한 논리적 결과로 이해된다면, 이 논리는 애초에 왕비와 하녀를 정의하는 기관 가정의 루틴(일상) 업무에 포함되어야 했다. 그러나 폴록의 주장은 두 가지 문제의 소지가 있는데, 하나는 구체적 근거 없이 무덤에 묻힌 시종이 엘리트라고 주장한 것과, 또 하나는 시종이 '유순한 신체'를 지니게 된 주요한 맥락을 지나치게 축소해 연회로만 국한했다는 점이다.

기관 가정에서 '의례/컬트 또는 관리 업무를 하던' 이가 왕실 묘지에 묻혔다는 폴록의 가정(Pollock 2007a: 99)에는 한 가지 문제가 있다. 이는 제한된 수의 왕릉 출토 인골 연구를 근거로 몰레슨과 호그슨이 제기한 특정 업무와 관련된 심한 골격 변형의 증거(Molleson and Hogson 1993, 2000, 2003: 125-127)와 연관된다. 폴록(Pollock 2007b: 214n. 4)은 필자가 앞서 언급해 온 표본 추출 문제를 지적하며 두 사람의 결론을 과장되었다고 보고 거부한다. 그러나 매장된 시종의 일부 뼈에 나타난 극단적 육체 노동의 골학적(骨學的) 증거는 문제의 소지가 있을지라도, 왕릉에서 이러한 시신에게 맡겨져 왔던 역할이 대부분 초기왕조시대 연회 장면에서 강조된 서비스 역할임은 흥미롭다. 악사, 마부, 병사 그리고 하녀는 왕릉과 연회 장면 양쪽 모두에서 조연이다. 적어도 일부 수행원의 죽음은 머리를 강타하는 폭력에 의한 것이라는 최근 증거를 수용한다면(Baadsgaard et al. 2011), 왕릉에 누가 왜 묻혀야 하는가 하는 질문은 다소 문제가 된다. 필자는 왕릉에 매장되는 것은 선별적이었고, 기관 가정 내의 개인의 지위에 따라 결정되었다고 주장하는 폴록이 옳다고 생각한다. 그러나 이러한 가구의 성격은 부양되는 구성원의 자격 구성처럼 상당히 복잡하다. 이 가정의 일부 구성원이 어떻게 '죽일 수 있는 대상(killable subjects)'으로 여겨지게 되었는지를 이해하려면, 가정의 공적 표현인 연회를 넘어서야 한다. 식탁에서 무덤까지의 거리는 멀기 때문이다. 대신 초기왕조시대 가정과 의존도를 규정하는 경제적·정치적 관계를 검토해 볼 필요가 있다.

고대 기르수(오늘날 텔로 Telloh)와 슈룹팍(Šuruppak, 오늘날 파라 Fara)에서 출토된 초기왕조시대 아카이브(archives)는 이러한 의존 관계에 대해 어느 정도의 통찰력을 제공한다. 기르수 아카이브는 라가시 왕비가 이끈 대규모 기관 가구에 관한 것이었다. 슈룹팍 아카이브는 동일 통치자가 이끈 것으로 여겨지는 관계가 불확실한 두 기관 가구['궁궐(the palace)'과 '도시의 집(the house of the city)']가 작성한 것으로 보인다(Visicato 1995 and Cripps 2007와 비교). 이러한 기관 아카이브의 핵심에는 대규모 토지 소유 가구 측에서 다양한 개인에 대한 정기적인(주로 매달) 식량(보리, 기름, 양모) 배급 지출이 있었다(예: Gelb 1965; Maekawa 1973/4). 기르수나 슈룹팍의 모든 주민이 논의되고 있는 기관 가구로부터 배급을 받은 것은 아님 역시 분명하다. 주세페 비시카토(Giuseppe Visicato 1995: 25-26)는 세분된 행정 구역과 그 평균 구성원 수에 근거하여 슈룹팍 '궁전'의 부양자를 2,500~3,000명으로 추정했다. 기르수 아카이브는 약 30%만이 남아 있는 것으로 추정되긴 하지만, 실제 기록된 배급 수령자는 연간 428~697명이다(Prentice 2010: 20, 65, 79 참조). 텔 파라(Tell Fara, 고대 슈룹팍)와 텔로(Telloh, 고대 기르수) 모두 면적이 100ha[9]에 가까운 텔(tells)[10]로, 인구는 10,000~25,000명 정도로 추정된다. 따라서 슈룹팍과 기르수의 주요 기관이 직접 부양하는 주민은 전체 인구의 상당 부분을 차지했을 것이다.

기르수와 슈룹팍의 아카이브는 가장 일반적인 수준에서 사람이 이러한 큰 기관에 피부양자로 등록되는 두 가지 방식을 구분한다(Cripps 2007; Prentice 2010 참조). 첫 번째 범주는 기관 가구로부터 사적(私的) 용도로 토지를 할당 받은 사람이다. 토지를 할당 받은 이는 그 대가로 기관에 주로 육체 노동(운하 파기, 수확 등)이나 병역과 같은 일종의 부역(賦役)을 수행해야 했다(Cripps 2007; Maekawa 1973/4). 점토판 기록에 따르면, 기르수와 슈룹팍에서 이 범주에 속하는 사람들은 일년 중 부역을 하는 일부 기간에만 보리 배급을 받았다.

....

9   1ha=10,000m² =0.01km²; 100ha=1,000,000m² =1km²
10   언덕이란 의미의 아랍어로, 튀르키예어로 테페라고 한다. 중근동 지역에서는 괴석과 굽지 않고 햇볕에 건조한 벽돌로 건물을 짓는다. 마을이 버려지면 건축 자재였던 돌과 벽돌이 무너져 쌓이게 되고, 이후 같은 지점에 다시 마을이 생겼다가 폐허가 되기를 반복하면 건축 자재들이 더 높이 쌓인다. 이런 현상이 반복되면서 작은 언덕을 형성한다(출처: 네이버 지식백과).

이들 모두가 노동 의무를 스스로 이행했는지, 아니면 일부는 부역 기간 중 기관에서 배급받은 보리로 부양하는 자신의 가족을 일꾼으로 공급했는지는 확실하지 않다(Prentice 2010: 74-82 참조).

두 번째 범주는 해당 기관 가구의 상점에서 1년 내내 매달 보리 배급을 받는 사람들이다(Prentice 2010; Visicato 1995 참조). 노동자, 기술자, 성직자, 하인을 포함하여 다양한 전문 직종의 사람들이 여기에 포함된다. 연중 매달 배급을 받는 사람과 토지 할당을 받은 사람이 직업으로 구분되지는 않는다. 실제로 적어도 14가지 직종(예: 요리사, 술 따르는 자, 가죽 기술자, 뱃사공, 양치기, 대장장이 등)의 구성원이 기르수의 양 범주에서 발견된다(Prentice 2010: 72). 그러나 토지 할당을 받은 사람의 배급 목록에 등재된 개인의 약 절반이 매달 배급을 받는 사람의 감독관으로 다른 배급 목록에 다시 등장하므로 등급의 차이는 있었던 것으로 보인다(Prentice 2010: 72). 슈룹팍(Visicato 1995)과 기르수(Prentice 2010)에서는 직업에 따라 정해진 감독관을 통해 배급품 수령이 중재되었음이 분명하다. 감독관들은 토지 할당과 같은 특별 지원에 대한 대가로 자신에게 종속된 노동력을 소집하고 지휘하는 책임을 가졌다. 기르수 감독관들은 여왕 가구로부터 생산 수단(예: 도구, 원자재) 제공과 함께 기관과 관련하여 부채 또는 잉여금을 축적할 가능성이 있는 할당량을 책정받은 것으로 보인다(Magid 2001: 323-324). 흥미롭게도 글렌 마지드(Glenn Magid 2001)는 기르수에서 지속적으로 매달 배급을 받는 일부 기술자가 종속된 작업장으로 여겨지는 곳에서 직계 가족 없이 감독관과 함께 살았을 수 있다는 증거를 제시했다.

기본 생활 조건은 물론, 직속 상사가 궁궐이나 신전과의 관계를 중재했을 수도 있는 공예 노동자의 상황과는 대조적으로, 슈룹팍과 기르수 두 지역에는 궁궐(사덥에갈 šà-dub-é-gal)에 '소속된(belonging to)' 또는 '등록된(registered at)'으로 묘사되는, 매달 배급을 받는 사람의 범주가 있다. 주로 직종별로 열거되는, 이런 사람들의 직종으로는 다양한 가내 업무에서 예상될 수 있는 요리사, 잔에 술 따르는 사람, 배달원, '내실(inner room)'·'저장실(store room)'·'온수(hot water)' 담당, 필경사, 미용사, 청소부 등이 있다. 이들은 왕릉의 수행자 무덤에서 표현되거나 연회 장면에서 묘사된 직종의 일부와 중복되기도 한다. 이들에게도 감독관은 있었지만, 이들 중 일부는 다른 가구의 일원이 아니거나 다른 생계 수단이 없었다. 따라서 궁전에서 이들을 직접 부양하였다고 추정할 수 있다.

기관 가구에 가장 종속적으로 보이는 사람에게 잠시 초점을 맞춰 보면, 적어도 이런 노동자 중 일부는 자유롭지 못했음이 분명하다. 감독관이 몇몇 낮은 지위의 일꾼을 라가시 왕비에게 팔았음을 시사하는 문서적 증거가 기르수에서 확인된다(Prentice 2010: 144, 147-148). 주로 정원사의 감독을 받으며 일했던 매우 낮은 지위의 피부양자 범주인 이기누두(igi-nu-du$_8$, '맹인')라 불렸던 일꾼이 두 판매 문건에 등장하는데, 실제로 정원사가 팔았다고 문건에 적혀 있다. 일반적인 설명에 따르면, 이들은 의도적으로 눈이 멀게 되고, 노예가 된 전쟁 포로이다(Gelb 1973). 그러나 이러한 거래가 특별한 것은 아니다. 이 경우 판매자는 부모/후견인이었지만, 다른 판매 문서는 '버려진 아이(found-ling)'는 물론 '갈라[gala, 애도 가수(lamentation singers)]'도 왕비에게 팔렸음을 보여 주는 데, 이는 부채 때문에 노예 생활을 하는 것과 어느 정도 연관될 수 있다(Prentice 2010: 147-148). 배급 목록에 게메두무(geme-dumu, '여성 및 아동')로 분류되는 낮은 지위의 직물 노동자 중 '구입된(purchased)'이라는 표현이 일부 보인다(Prentice 2010: 55-59). 그렇다고 해서 기수르의 모든 종속 일꾼이 '여인의 집/바우 여신의 집'의 교환 가능한 동산(chattels)이라는 의미는 아니다. 기르수에서는 일꾼의 경험 및 또는 기술에 따라 배급률에 차이를 두었다는 증거가 있으며(Prentice 2010: 91-95), 일부 여성 방직공은 시간이 지나면 방직공에서 감독관으로 승진하기도 했다(Prentice 2010: 54-55).

이러한 기관 가구에서 자원 배분과 노동 의무 양자는 계급 관계(예: 토지 보조와 아마도 생산 수단 및 노동 생산물의 부분적 통제권을 지닌 감독자와 전업 종속자 사이)를 통합하고 만인의 의무 봉사라는 전반적 이데올로기 안에서 이 계급 관계를 가렸던 것으로 보인다. 수전 폴록은 이에 관해 다음과 같이 언급했다.

> 사회적 지위에 관계없이 모두가(심지어 신들까지도) 배급을 받는다는 관념은, 모든 사람이 '그 안에서 함께'하고, 공동의 이익을 위해 노동에 참여하며, 기여에 따라 보수를 받는다는 의식을 형성하는 데 이념적으로 기여했을 수 있다(Pollock 2003: 32).

간단히 말해서, 초기왕조시대 수메르 문건 증거는 상당 주민이 종속 네트워크를 통해 어떤 방식으로든 대규모 기관 가구와 연결되어 있음을 시사한다. 그러나 종속의 정도, 정례성, 연관성 정도는 상당히 다양했다. 어떤 이들은 때때로 (운하 굴착과 같은) 공공 사업 프로그램이나 지역 엘리트와의 관계를 통해 간접적으로 신전이나 궁궐 가구와 불규칙하게 접촉했다. 이들은 본질적으로 독립적이긴 했지만, 신전과 궁전의 경제력의 영향을 받으며 생활했다. 또 다른 이들은 토지, 원자재, 심지어 종속 노동력 할당 형태로 기관으로부터 생산수단을 양도받았는데, 일단 해당 기관에서 할당한 의무를 충족시킨 후에는 자유롭게 자신의 부를 축적할 수 있었던 것으로 보인다. 또한 독립된 자신의 가구나 독립적 생계 수단이 없는 이들도 있었는데, 실제로 일부는 기관에 의해 구매되었다는 의미에서 공식적으로 동산이었다. 궁궐과 신전의 주요 엘리트를 위해 다양한 가내 업무를 담당했던 가내 직원의 경우는 기관의 주요 엘리트에게 직접 종속되었다고 이해할 수도 있다. 우르 왕릉과 연회 장면에 묘사된 것처럼 엘리트와 손님에게 식료를 제공하고, 시중 들고, 접대하는 것 등이 이러한 업무에 포함되었을 것이다.

연회 자체가 축하 행사였던 것처럼 연회 장면도 축하 행사였다. 이러한 연회 장면에는 기관 가구가 생산한 풍요로움을 한껏 즐기는 모습이 표현되어 있다. 이 풍요로움은 종속 노동자부터 인간 통치자, 궁극적으로는 신들에 이르기까지 이어지는 의무와 명령의 사슬을 따라 실현된 것이었다. 이는 초기왕조 시대 수메르의 '좋은 삶(the good life)'의 헤게모니적 표현이었지만, 극단적 왕릉의 경우 의식을 위해 수백 명을 살해할 수 있게 하기도 했다.

철학자 조르조 아감벤(Giorgio Agamben 1998, 2005)은 국가 권력이 비상사태나 애매한 법적 정체성을 만드는 경우처럼, 가정된 법치주의의 예외적 상황(예: 강제 수용소, 불법 이민자 구금, 관타나모 만의 '적 전투원' 등)에서 행사될 때 현대국가 권력의 자의적 토대가 노출됨을 주장해 왔다. 이러한 '예외 상태(states of exception)'는 국가가 법적 틀 밖에서 강압적 권력을 행사할 수 있는 능력을 강조하며, 국가의 통치가 힘보다는 법에서 비롯된다는 규범적 가정을 약화시킨다. 아감벤은 푸코가 말한 생명권력, 즉 물리적 존재를 형성하고 억제하며 배제하는 국가 권력을 '벌거벗은 삶의 정치화'라고 표현하며, 이러한 권력의 발현에 특별한 관심을 보인다(Agamben 1998: 6).

현대의 '예외 상태'와 마찬가지로, 우르 왕릉의 극단적인 상황은 서기전 3천년기 기관 가구의 구성에서 특정한 종류의 생명권력이 작동했음을 드러낸다. 그러나 여기서 '벌거벗은 삶(bare life)'은 국가로부터 배제가 아닌 국가로 포함됨에 따라 드러난다. 왕릉에서 시종의 존재(신분, 친족관계, 과거와 미래)는 장례 연회의 의식 드라마에 의해 사라졌다. 왕릉 내부의 시종의 시신은 독립적인 참조 대상이 없으며, 생물학적 삶이라는 있는 그대로의 사실까지 제거되면, 그 생명은 쉽게 소멸됨이 입증된다. 이것은 질서, 권력, 열망, 두려움의 메시지로 가득 찬 특이하고 극단적이고 압도적인 가장 순수한 의미에서의 스펙터클이었다. 그러나 필자는 이 스펙터클은 이미 기관의 회계, 배급 분배, 노동 관리라는 조직적 구조를 통해 정규화된 기관 가구의 루틴 업무에서 구성되어 왔기 때문에 상상할 수 있었다고 주장하고 싶다. 독립 가구와 독립 생계 수단이 없는 사람과 노동력이 생존 조건으로 자유롭게 전용될 수 있는 사람의 존재는 기관 가구의 재현에서 물질적·상징적 중심이었다. '죽일 수 있는 대상(killable subjects)'은 이데올로기와 스펙터클 차원에서만 형성되지 않는다. 보편적 의무 봉사라는 헤게모니적 질서 내에서 모두 명시되는 기관, 소속 노동력, 생산, 배급의 물질적 상호 의존이 왕릉의 스펙터클을 가능하게 했다.

왕릉에 순장된 시종이 해당 가구의 가장 종속적인 구성원이었는지는 확실하게 알 수 없다. 그들이 충성스럽고 명예로운 지원자, 전쟁 포로, 극빈자 또는 단지 적절한 잉여였는지 역시 알 수 없다. 우르 왕릉의 장례 스펙터클에서 그러한 구별은 더 이상 중요하지 않다는 점만을 알 수 있다. 출신과는 무관하게 죽어가는 사람은 권위, 폭력, 초월을 통치권에 융합시킨 의식 드라마에서 기관 가구의 헤게모니적 질서를 재현하는 봉사 역할에 흡수되었다. 이 장례 스펙터클에서 각 개인은 자신의 사회적 지위에 따라 봉사를 진행했다. 이는 어떤 사람에게는 신에게 술을 바치는 것을 의미했고, 다른 사람에게는 시간이나 보리를 바치는 것을 의미했으며, 또 어떤 사람에게는 날이 좁은 도끼로 뒤통수를 가격당하는 것을 의미했다.

제7장

결론: 위험한 비교

나는 가끔 천사들이 체계적인 추론에서 비롯된 자신감으로
자신들만이 유일하게 현명하다고 말하는 허영심을 갖고
있다고 느낀다.

— 윌리엄 블레이크(William Blake), 『천국과 지옥의 결혼(*The Marriage of Heaven and Hell*)』

　필자는 어릴 때 만화책을 지나치게 많이 보았다. 따라서 만화라는 장르가 필자에게 익숙했음에도, 단색으로 보이는 색깔이 실제로는 수천 개의 작은 점이 만들어 낸 효과라는 사실을 알게 되었을 때는 매우 놀랐다. 단순히 선과 선 사이를 색칠하는 행위라고 여겼던 것이, 눈에 보이면서도 숨겨져 있는 듯한 신비로움으로 다가왔다. 이를 알게 된 뒤부터 겉보기에 견고해 보이는 만화책의 이미지는 초점이 맞기도 하고 맞지 않기도 했다. 그것들이 색점의 구름으로 구성되어 있다는 사실을 잊었다가 기억해 내기를 반복했기 때문이다.

　구성의 실체를 얼마나 잘 기억했는가에 따라 이미지가 견고해지기도 하고 해체되기도 하던 이 경험은 이 책의 초점 및 목적과 관련해 훌륭한 비유(比喩, analogy)를 제공한다. 제1장에서 언급한 대로 우리가 국가라 부르는 것은 실체라기보다는 효과이며, 국가의 견고함과 표면적 평온함은 이러한 국가 효과를 구성하는 관행, 전략, 기술을 망각하는 것과 직접적인 관련이 있다. 이 책의 많은 부분은 이러한 국가 효과를 염두에 두었다. 말하자면, 입체 형상 대신 점 구름을 보기 위해 눈을 가늘게 뜨고 국가 효과에 주목해 왔다.

　이러한 초점은 국가 관련 고고학 문헌에서 주로 논의되는 것과 다르며, 논

의의 폭도 이보다는 좁다.

일반적으로 고고학 분야에서 국가와 관련한 논의는 서로 다른 실체들이 전문화된 의사 결정, 자원 할당, 분쟁 해결, 무력 독점 등과 같은 요소들 또는 이 모든 요소를 포함한 기관 구조로서의 국가의 바우플란(bauplan)을 공유하고 있는지와 그 변동성에 초점을 맞춘다. 앞에서 소개한 만화책 비유를 확장해 보면, 이러한 논의는 만화책에 그려진 그림들을 비교하면서, 그 그림의 단색 표면을 당연한 것으로 간주하는 것과 같다고 말할 수 있다. 이때 단색 바탕면은 당연하게 여겨진다. 이에 반해 필자는 점으로 구성된 그림을 보는 게슈탈트(gestalt)[1] 경험에 초점을 맞춰 왔다. 이러한 방식으로 보편적 실체(entity)로서 국가의 실재에 대해 비판적 질문을 제기했으며, 권위, 힘, 초월성의 교차점을 수반한 실제 현상(이라고 필자가 믿는 것)을 탐구하였다.

따라서 이 책은 애덤 스미스(Adam Smith 2011)가 '통치(권)의 고고학(ar-chaeologies of sovereignty)'이라 지칭한 것을 일부 수정한(제1장) 예라고 볼 수 있다. 필자는 이 책에서 통치(권)를 권위, 힘과 초월성의 교차 효과로, 헤게모니는 이 교차가 발생하도록 허용한 조건으로 이해한다. 이러한 관점은 통치(권)이 어떻게 만들어지는지 계속 눈으로 볼 수 있도록 항상 통치(권)를 분해하고 해체하려 한다는 점에서 국가 고고학과는 다르다. 동시에 이 관점은 수많은 다양한 문화적·역사적 맥락과 관련하여 유익하게 논의될 수 있는 일반 현상을 인식한다는 점에서 특수주의 및 해체주의 입장 모두와도 다르다.

이 마지막 포인트는 비교 문제를 다소 직접적으로 제기한다. 분명히 하자면, 끝없이 불연속적인 감각적 인상이 아닌 지식을 얻기 위해서는 항상 비교

....

1   단독으로 사용되기보다는 게슈탈트 심리학(gestalt psychology)이나 형태주의적 접근(gestalt approach) 등 다른 개념 앞에 붙어 주로 사용되는 실험/형태 심리학 개념이다. '형태주의'로 번역되거나 '게슈탈트'라는 독음이 그대로 사용된다. 형태주의는 각각의 부분 혹은 요소의 의미가 고정되어 있기보다는 부분들이 모여 이룬 전체에 따라 의미가 달라진다고 본다. 전체 또한 부분에 의해 달라지므로, 형태주의는 전체와 부분의 전체성 혹은 통합성을 강조한다(출처: 네이버 지식백과).

가 필요하다는 점에서 비교 그 자체가 쟁점은 아니다. 정말 중요한 것은 어떻게, 무엇을 그리고 왜 비교하는지이다. 다시 말해서 무엇을 비교할 수 있으며, 이러한 비교를 통해 무엇을 얻기 바라는지 주목해야 한다.

첫 번째는 아마도 가장 복잡하지 않은 비교 방법에 대한 질문이다. 이 책에서 필자는 제한된 사례의 맥락적 세부 사항에 초점을 맞췄다는 의미에서 스미스와 페레그린이 '집약적 비교(intensive comparison)'(Smith and Peregrine 2012)라 칭했을 것을 다루었다. 스미스와 페레그린은 이 접근법을 '체계적 비교(systematic comparison)'와 대조한다. 이는 스미스와 페레그린의 용어로, 많은 사례에 걸쳐 제한된 수의 속성을 통계적으로 분석하는 것을 의미한다 (Smith and Peregrine 2012). 이러한 구별은 인류학에서 오랫동안 존재해 온 것으로, 예를 들면 사회 구조의 기계적·통계적 모델과 관련된 것으로 클로드 레비스트로스(Claude Lévi-Strauss)의 비교 방법 논의에서도 보인다(Lévi-Strauss 1967: 279-281). 레비스트로스(Lévi-Strauss 1967: 281)는 문화적 변수는 민족지적 맥락에서 결코 동일하지 않기 때문에 대규모 비교는 전혀 바람직한 비교가 아니라고 주장했다. 따라서 인류학자는 '많은 사례를 피상적으로, 결국 비효율적 방법으로 연구하거나, 소수의 사례만을 철저하게 연구함으로써, 최종 분석에서 제대로 수행된 한 건의 실험이면 충분히 입증이 가능함'을 증명한다(Levi-Strauss 1967: 281). 그러나 카스파르 브룬 옌센(Caspar Bruun Jensen 2011: 5)의 지적대로, 레비스트로스의 단일 사례이자 일반 증명인 '골든 이벤트(golden event)' 찾기는 해결하기 힘든 문제를 제기한다. 해당 사건이 무엇을 보여 주는지 미리 알지 못하는 상태에서 어떻게 그것이 '골든 이벤트'임을 알 수 있을까? 이는 완전히 동일하지 않은 여러 사례를 비교하는 것 못지않은 심각한 문제임에 틀림없다.

적어도 부분적으로 이 문제는 비교 연구를 통해 성취하고자 하는 바가 무엇인가에 달려 있다. 필자는 이 책에서 주장의 일반화에 많은 관심을 기울였다. 예를 들어 필자는 인간 집단에게 일반적이고 필수적인 무력의 합법적 사용에 대한 제약을 극복할 필요성을 통해 초월은 통치권 구성에서 폭력과 짝을 이룬다고 제안했다. 또 필자는 헤게모니가 주어진 정치 체제에서 동의의 기초로 '상식(common sense)'이라는 문화 자원을 전용, 변형 및 되새김하는 일반적 패턴을 보여 줌을 설명하기도 했다. 그러나 클로드 레비스트로스와 마이클 스미스(Michael E. Smith)와 달리 필자는 그 자체로 보편적 원리를 밝히기 위해 이러한 일반화를 제안해 오지 않았다. 예를 들어, 필자는 마치 역사적 내용의 제거를 통해 보편적 의미가 입증되는 것처럼, 다양한 역사적 맥락을 조직화하는 정치 권력의 추상적 원리 추출에는 관심이 없다. 필자는 오히려 특정한 역사적 맥락에 이를 다시 몰입시키려는 명시적 목적을 위해 일반적 논거를 개발했다. 이런 의미에서 필자의 일반화는 문화적·역사적 세부 사항을 희생하지 않고 비교 토론을 조장하는 도구보다 검정할 모델이 적다. 필자의 사례 연구는 특정 맥락의 역사적·문화적 세부 사항에의 지속적 재몰입을 통한 핵심 개념의 개발을 의미하므로 '집약적 비교(intensive comparison)'의 사용은 필자의 목표에서 특히 중요하다. 필자는 이것이 궁극적으로 이 책에서 제시해 온 일반적 개념의 개발 및 수정 그리고 이의 제기를 위해 특정 맥락에 걸쳐 (또 이러한 맥락을 통해) 진행 중인 논의를 자극해 주기를 바란다.

　　따라서 필자의 비교 연구 목표는 과거를 이해하고 현재 행동하기 위한 목적으로 통치권의 공통된 과정에 대해 구체적인 맥락에서 대화를 생성하는 것이다. 그러나 실제로 이것이 가능한가? 공통 주제와 분석 개념의 추정은 매우 특별한 현재(21세기, 유럽계 미국인, 학술적)를 보편화함으로써 서로 다른 과거를 종속하지 않는가? 다시 말해서 필자의 분석 틀 자체가 헤게모니의 한 형태가 아닌가? 정치 조직에 대한 다양한 목적론적 보편 역사가 유행하는 시점 (예: Diamond 1997; Fukuyama 2011)에 비교 연구가 실제로 다른 형태를 취하는 것이 가능할지 묻는 것은 중요해 보인다. 여기서 인류학자 루이 뒤몽(Louis Dumont)이라는 뜻밖의 인물을 살펴볼 필요가 있다.

　　뒤몽은 권력에서 분리될 수 있는 공유 가치로서 (의례적 순수 형태의) 위계가 반대를 포괄함으로써 일관된 사회 전체를 구성하는 역할을 담당한 이데올로기적 관점에서 인도 연구의 틀을 구성한 것으로 잘 알려져 있다(또는 악명이 높다)(Dumont 1980 참조). 뒤몽의 인도 해석의 구체적 내용은 광범한 비판 대상이 되어 왔고, 그 대부분이 (편집을 거쳐) 출판되었다(Khare 2006). 여기서는 세부 사항보다는 뒤몽이 자신의 연구 작업의 목적 및 그 함축적 의미로 본 것에 주목한다. 뒤몽의 인류학 연구는 뻔뻔스러울 정도로 비교에 기반했다. 그런데 뒤몽은 유사점 추적이 아닌 차이점 강조를 위해 비교를 활용했고, 이는 통문화적(通文化的) 해석 행위가 아닌 이념적 자기 비판의 한 형태로 작용했다(Dumont 1975). 다시 말해서 인도의 집단주의 및 위계 강조와 서구의 개인주의 및 평등 강조 사이의 차이에 주목한 결과 인도 사상의 '이국적(exotic)' 성격을 이해하는 것만큼이나 서구 준거 틀의 이데올로기적 성격을 강조하게 되었다.

일부 학자가 지적해 왔듯이(예: Kapferer 2011), 뒤몽의 작업은 이 마지막 지점에서 최근 인류학계의 '존재론적 전환(ontological turn)'과 유사점이 있다(예: Descola 2006; Viveiros De Castro 2004). 예를 들어 에두아르도 비베이로스 데 카스트로(Eduardo Viveiros De Castro 2004)는 단일 공유 세계('한 세상, 여러 세계관')에 대한 일관성 있는 대안적 관점들로 설명함으로써 존재의 본질(존재론)에 대한 명백히 비이성적인 토착적 이해를 합리적인 것으로 만든 고전 인류학적 움직임이 이러한 존재론을 암묵적으로 우리 자신의 것으로 종속화한다고 주장해 왔다. 카스트로의 지적대로 "이 세계를 마치 우리 자신의 환상적 버전처럼 묘사하고, 다른 세계를 일종의 관습으로 축소하여 이 둘을 통합하는 것은 두 세계의 관계를 지나치게 단순한 형태로 상상하는 것이다"(Viveiros De Castro 2004: 14). 대신 비베이로스 데 카스트로는 뒤몽과 유사한 방식으로 "좋은 번역이란 낯선 개념들이 번역자의 개념적 도구 상자를… 변형하고 파괴하도록 허용하는 것"이라 주장한다(Viveiros De Castro 2004: 5). 따라서 비교 목적은 타자(他者)와 조우하고 이를 되돌아보는 것이다. 실제로 비베이로스 데 카스트로(Viveiros De Castro 2004: 11)에 따르면, "동일 척도로 비교할 수 없는 것만이 비교할 만한 가치가 있기 때문에 동일 척도로 계산할 수 있는 것을 비교하는 것은 인류학자가 아닌 회계사의 과제이다".

이러한 관점에서 현대국가에 대한 비판적 분석에서 유래한 개념을 통해 전근대 정치 형성을 뒤돌아보려는 필자의 시도는 인류학으로 가장한 회계학의 모습일 수 있다. 특히 뒤몽은 필자가 통치권의 혼합적 성격을 강조하고, 갈등, 힘 그리고 권력에 초점을 맞추는 것에서 그가 계몽주의 이후 서구 사회 사상을 지배해 왔다고 주장한 소유적 개인주의 이데올로기를 보았을 수 있다 (Dumont 1986). 정치 권력의 '가면 뒤를 들여다보려는' 필자의 시도는 필자가 설명하려 주장하는 역사적 맥락에 살고 있는 사람에게는 별 의미가 없을 것 같은 용어로 표현된다. 실제로 필자의 일반화 주장(통치권, 헤게모니, 폭력 등에 관한)은 이러한 맥락의 특정 관습이 필자의 '개념적 도구 상자(conceptual toolbox)'를 '변형 및 파괴(deform and subvert)'하는 것을 허용하기보다는 필자 자신의 관행의 추가적 예로 축소시킬 위험이 있다.

이에 대한 응답으로 필자의 주장에서 폭력과 헤게모니의 위치를 강조하는 것이 중요하다. 이 책에서 분석한 사례는 폭력에 의해 정의된다. 즉 폭력은 국가와 같은 다른 현상에 기인하는 특성이 아니다. 오히려 이 책은 제도적 폭력의 일종인 통치권에 관한 것이다.

이렇게 정의된 통치권에서 폭력의 중심성은 필자가 선택해 연구해 온 사례에 이미 갈등과 저항이 내재되어 있음을 의미한다. 따라서 이러한 맥락은 일관된 '다른 것(Other)'으로서 우리와 직면하지 않는다. 즉 이들은 이미 불평등한 폭력 수단에의 접근에 의해 구분된다. 여기서 헤게모니의 메타문화적[2] 지위가 중요해진다. 헤게모니는 총체화 프로젝트로 대안적(代案的) 견해의 배

....

2   메타문화란 모든 문명에 존재한다는 추상적 세계(예: 유머, 지위 계통 등)를 지칭한다(출처: 네이버 백과사전).

제 또는 종속을 목표로 한다. 제2장에서 논의한 대로 헤게모니 프로젝트는 일상생활에서 발생한 여러 가능성에서 문화 자원을 선정하고, 통치권의 이익에 따라 이 자원을 구성한다. 따라서 대체 또는 배제된 구성은 항상 단일한 문화적 형성 내에서 구체화될 수 있다. 다시 말해서 통치권에 대한 비판적 분석은 외부적이고 객관적인 권력의 정체를 폭로하는 배타적 영역은 아니다. 주어진 헤게모니 프로젝트의 기초를 형성하는 동일한 문화 세계와 동일한 존재론적 가정을 제대로 이끌어 낼 수 있는 비판, 즉 통치권에 대한 내부 비판은 항상 가능하다. 제3장에서 우리는 라다마 1세의 조발(調髮)과 집단 매장 의식을 두고 갈등을 빚었던 이메리나에서 왕족과 비왕족이 서로 다른 목적을 지향하며, 서로 다른 방식으로 동일한 문화적 가치를 구성함을 보았다.

고전기 아테네의 노예 제도 문제를 다시 한번 생각해 보자. 아리스토텔레스는 『정치학(*The Politics*)』 제1권에서 일부 인간은 본래 노예라는 존재론적 주장을 한다. 대부분의 독자는 아리스토텔레스의 견해는 수용 불가하다고 생각할 것이다. 또한 그의 견해는 무엇보다 세계인권선언(Universal Declaration of Human Rights)과, 대부분의 현대 자유민주주의 법 체계를 뒷받침하는 법 앞에 평등이라는 개념과도 부합하지 않는다. 이러한 맥락에서 아리스토텔레스 주장의 역사적 또는 문화적 설명은 노예의 본질에 대한 아리스토텔레스의 신념과 관련하여 어떤 진실도 인정하지 않고 아리스토텔레스를 이해하는 수단인 인류학적 '번역(translation)' 행위에 상당할 것이다. 누군가 아리스토텔레스를 흥미롭게 생각할 수는 있겠지만, 그가 틀렸음을 의심하는 사람은 결코 없을 것이다.

선천적 노예(natural slaves)를 인정하는 아리스토텔레스의 용납할 수 없는 주장은 비베이로스 데 카스트로가 인류학자에게 단 하나를 제외하고는 번역하기보다는 맞닥뜨리라고 충고하는 바로 그 다름의 종류이다. 아리스토텔레스가 주장을 구성하는 방식은 비록 이와 상반된 입장이 현존하는 문헌을 통해 쉽게 확인되지는 않지만, 고대 그리스의 동시대 사람 모두가 그의 견해를 공유하지 않았음은 분명하게 해 준다(Cambiano 1987 참조). 따라서 아리스토텔레스 시대에 존재했던 다양한 관점을 축소하고, 그 정수를 추출하지 않고는 (단수로) 노예의 본질에 대한 고대 그리스 관점의 다름을 마주칠 수 없다(Lloyd 2010: 208-209와 비교). 우리의 비교 주제와 분석 개념에 우선할 '고대 그리스 모델(ancient Greek model)'은 없다. 우리는 사실 어느 정도는 단순히 토론에 참여하고 있지만, 이는 진정 문제의 핵심이 아니다.

소크라테스는 플라톤의 『국가(*Republic*)』에서 노예가 봉기하면, 도시 전체가 각각의 개인 시민을 도우러 올 것이기 때문에 부유한 노예 소유자가 노예를 두려워하지 않았다고 말한다. 그러나,

> … 만약 신의 도움으로 한 남자가 아내와 아이들, 재산, 50명 이상의 노예를 데리고 자유인이 도우러 올 수 없는 인적 없는 곳에 숨게 된다면, 그는 자신과 아내와 아이가 노예에게 살해되지 않을까 두려워할 것이다.
>
> (Plato, *Republic*, IX.578e)

아리스토텔레스는 플라톤과 많은 부분에서 의견을 달리한다. 그러나 이상적인 농업 경관 계획에 대해 논의하면서 노예 반란을 막기 위한 조치를 고려할 필요가 있다고 말하는 등 노예제와 관련해서는 플라톤이 말하는 위험을 인정하기도 한다(Aristotle, *The Politics*, VII.x.1330a).

노예 제도를 자연 상태로 보든 아니든 간에, 노예들의 저항은 분명 상상할 수 있는 일이었다. 부자들은 이를 두려워하였으며, 자유인은 이에 맞서 싸울 준비가 되어 있었다. 따라서 단순히 고대 아테네에 노예의 성격에 대한 다양한 의견이 있었다는 점이 아니라, 오히려 폭력 관계로서의 노예 제도 자체가 정치, 시민권, 노동 또는 부에 대한 토착적 관점을 관통하는 아테네 사회 내부 단층선을 대변했다는 점이 중요하다.

서로 다른 사회에서 이러한 종류의 단층선(fault-lines)을 비교하는 것은 유

사성 비교의 한 방법이다. 이는 현재를 단순히 과거에 투영하는 것 이상의 중요한 역할을 수행할 수 있다. 고대 아테네의 시민권 및 노예 제도와 같은 쟁점을 살펴보자. 이는 폭력 관계에 의해 지형이 구분되고, 자기 표현 수단이 불평등하게 분배된 상황이었다. 이러한 쟁점을 다룰 때, 비교는 과거의 권력자가 만들어 낸 용어와는 구별되는 기준(예: 통치권, 헤게모니 등)을 제공한다. 또한 다양한 맥락에서 단층선을 비교함으로써 이러한 사회적·정치적 분열의 양쪽에 항상 사람이 있었음을 상기할 수 있으며, 이는 배제되거나 잊힌 이들의 흔적을 찾아야 할 필요를 강조한다. 다시 만화책 비유로 돌아가 보자. 다양한 맥락에서 단층선을 비교하는 것은 단색으로만 보였던 부분에서 점들을 확인하는 데 도움을 준다. 이처럼 비교는 통치권에 대한 비판적 연구에 필수적이다.

　　비교의 이점(利點)은 과거에만 존재하는 것이 아니다. 오히려 그 반대라고 말할 수 있다. 따라서 단층선 비교는 고대 아테네나 이메리나 왕국과 마찬가지로 현대 자유민주의 국가와도 관련이 있다. 예를 들어 법 앞의 평등은 대부분의 자유민주주의에서 기본 원칙[3]일 수 있지만, 이는 종종 우리가 잊어버리거나 당연하게 여기는 폭력 관계를 포함하는 특별한 방식으로 구성되기도 한다. 법 앞의 평등은 법이 적용되는 공간과 대상을 규정하는 시민권 및 영토와 연결된다. 시민권과 영토는 결국 집단 정체성과 국가적 자부심으로 연결되지만, 의무적 출생신고, 거주 허가, 부와 교육에 기반한 이민 기준, 여권 제출, 국경 경비, '불법(illegal)' 체류 외국인 체포 및 강제 추방과 연계된다. 또한 법 앞의 평등은 치안 유지 및 법 집행과 연계되며, 이는 결국 시민(그리고 다른 사람들)에 대한 (다른 것 중에도) 무력의 합법적 적용을 수반한다. 우리 모두가 아는 대로 법 앞의 평등은 시민의 실제적 평등으로 귀결되지 않는다. 실제로 자본주의 경제 체제하 대부분의 자유민주주의 국가에서 법은 다른 형태의 평등(예: 재산 분배의 평등)에 대해 일부 형태의 평등(재산 소유 권리 및 재산 보호의 평

....

3　　원문 164쪽 31행과 32행의 principal은 principle의 오타로 판단된다

등)을 선호하도록 작용하며, 경찰력과 사법권은 이를 보장하기 위해 배치된다. 동시에 시민권과 영토는 무력 적용이 경찰 문제일 때와 군사 문제일 때를 규정한다. 다시 말해서 법 내에서 국가에 의해 무력이 행사될 때와 법 외부에서 무력이 투영될 때를 규정한다. 더욱이 비상 사태에는, 예를 들어 법과 민주주의 체제가 테러나 반란의 위협을 받고 있다고 간주되는 경우, 그 보존 및 구제를 목적으로 법 자체가 유예될 수 있다.

이러한 폭력 관계의 상당 부분은 대규모 공동체 생활에 필수 요소일 수 있다. 어떤 이들은 이를 자유의 대가라고 말하기도 한다. 그러나 비교적 관점에서 이 불행한 필수품은 다소 다르게 보이기 시작한다. 예를 들어 질서 유지와 특정한 생활 방식의 지속은 이집트 파라오와 잉카 황제에게만큼이나 현대 자유민주주의 국가의 정치인과 시민에게도 중요했다. 사실 이 책이 보여 주었듯이 이와 관련하여 비교할 근거는 많다. 차이점은 방어되는 것의 내용과 이러한 방어에 적용되는 방식과 한계에 있다고 많은 사람이 말하겠지만, 바로 이것이 필자가 말하고자 하는 바의 핵심이다.

우리가 영속화하는 제도적 폭력 관계는 단순히 복합적 정치체의 불행한 필수 요소에 그치지 않는다. 이는 어떤 형태의 질서와 생활 방식을 보존할지, 그 대가를 무엇으로 할지에 대한 우리의 선택을 의미한다. 비교 연구가 우리를 대신해서 이 선택을 하는 것은 아니다. 그러나 이는 어떤 선택이 이루어지고 있다는 점을 분명히 보여 준다. 즉 비교 연구는 우리가 '정확히 무엇을 옹호하고 있으며 왜 이를 옹호하는지' 질문하게 한다. 또한 비교 연구는 우리와 관련되어 있는 헤게모니적 프로젝트를 인식하고, 해당 프로젝트가 누구의 이익을 영속화하며, 그 목적이 무엇인지 묻게 한다. 우리는 그 이익이 우리 자신의 것이고, 우리가 자유롭게 동의했음을 깨닫고 기뻐할 수 있다. 그러나 이마저도 우리가 당연하게 여기는 가상 관계가 아닌, 비판적 성찰에서 비롯되어야 한다.

이러한 쟁점을 다루는 데 있어 과거의 다름에 배타적으로 초점을 맞추기

보다는, 정보에 입각하여 개방적으로 토론할 때, 우리의 '개념적 도구 상자'가 '전복되고 변형'될 가능성이 크다. 이런 의미에서 통치권의 비교 고고학은 우리가 세상에서 함께 살아가는 방식에 대한 성찰, 토론, 행동을 촉진하는 역할을 한다. 우리는 자신을 '유일하게 현명한 자(the only wise)'라 칭하고, 이미 알고 있는 세계의 목적론적 역사를 만들어 내는 윌리엄 블레이크의 천사처럼 이 역할을 추구할 수 있다. 이보다 더 어렵고 보람 있는 과제는 다양한 인간 존재의 가능성의 도전을 인정하면서 상대적 고려와 함께 맥락상의 세부 사항에서 난제를 끌어안는 것이다. 이 책을 집필하면서 이러한 과제를 설정했는데, 필자의 개인적 능력과 시간적 한계를 고려할 때 불완전하게 실현될 수밖에 없는 목표였다. 그러나 장기적 관점에서 정치 권력과 인간의 다양성에 관해 향후 더 많은 정보를 갖춘 토론의 장이 열린다면 이러한 불완전함도 제자리를 찾을 수 있을 것이다. 10년에 걸친 전쟁, 테러 그리고 위기 이후에 이러한 토론은 꼭 필요하다. 이 토론이 어떤 형태를 취하고, 어떤 행동을 야기하느냐는, 적어도 부분적으로는, 이 책의 독자인 당신의 결정에 달려 있을 것이다.

역자 후기

『고고학과 국가(*Archaeology and State Theory: Subjects and Objects of Power*)』(Routledge 2014)는 2014년 블룸즈베리 출판사(Bloomsbury Publishing Plc[1])에서 출간되었다. 저자(著者) 브루스 라우틀리지(Bruce Routledge 1966~)는 2025년 현재 잉글랜드(England) 서북부 도시 리버풀(Liverpool) 소재 공립 대학인 리버풀 대학교(University of Liverpool) 고고(考古)·고전(古典)·이집트(埃及)학과(Department of Archaeology, Classics and Egyptology) 교수(Reader)로 재직중이다.

역자 후기 작성을 위해 라우틀리지 관련 정보를 찾아보았는데 본서의 저자라는 정보와 리버풀 대학교 홈페이지에 제공된 이력서(https://liverpool.academia.edu/BruceRoutledge/CurriculumVitae) 외에는 별다른 정보를 찾을 수 없었다. 이 자료에 근거하여 라우틀리지의 학력, 경력, 학문적 관심사를 살펴보았다. 영국 대학 교수인 라우틀리지의 학문적 배경은 의외로(?) 캐나다이다. 캐나다 윌프리드 로리에 대학교(Wilfrid Laurier University, Waterloo, Ontario)를 졸업하고(B.A. in Archaeology 1984~1988), 역시 캐나다 토론토 대학교(University of Toronto) 대학원 근동학과(Department of Near Eastern Studies)에서 석사(M.A. 1988~1989)와 박사(Ph.D. 1989~1996) 학위를 취득했다. 박

....

1 블룸즈베리는 2024년 현재 영국 런던(London) 본사 외에 미국 뉴욕(New York), 인도 뉴델리 (New Delhi), 호주 시드니(Sydney) 등 해외 지사(publishing offices)와 옥스퍼드를 비롯한 국내 지사를 두고 있다. 잘 알려지지 않은 군소(群小) 출판사에 불과했던 블룸즈베리는 1997년 제1 편 『해리 포터와 마법사의 돌(*Harry Potter and the Philosopher's Stone*)』부터 2016년 제8편 『해 리 포터와 저주받은 아이(*Harry Potter and the Cursed Child*)』까지 이어진 영국 작가 롤링(J. K. Rowling)이 집필한 해리 포터 시리즈(Harry Potter series)를 출간하면서 엄청난 부와 명성을 얻 어 굴지(屈指)의 대형 출판사로 성장했다. 그리고 2008년 이후 학술 및 전문 서적 부문 역시 크 게 성장했다. 한편 참고로 Plc는 Public limited company의 축약형으로 굳이 번역한다면 공개 유한회사(公開有限會社) 정도로 표현된다.

사 과정 중 라발 대학[2] 사학과(Dept. d'Histoire Université Laval)에서 수학(修學, 1995-1996)할 기회를 갖기도 했고, 캐나다 인문사회과학연구위원회(Social Sciences and Humanities Research Council of Canada[3])의 박사후 과정 연구 지원(Post-Doctoral Fellow)을 받기도 했다.

박사 과정 재학 중 모교 윌프리드 로리에 대학교에서 강의를 맡기도 했던 라우틀리지는 박사 학위 취득 후 미국 펜실베니아 대학교(University of Pennsylvania) 인류학과 조교수(Assistant Professor 1996~2003)를 거쳐 2003년 이후 리버풀 대학교 고고(考古)·고전(古典)·이집트(埃及)학과 조교수(Lecturer)와 부교수(Senior Lecturer)를 거쳐 정교수(Reader)로 재직하면서 고고학을 연구하고 가르치고 있다. 주 관심 지역 및 시대는 레반트(Levant)의 청동기시대 및 철기시대이다. 특히 요르단(Jordan)의 철기시대[4]를 주 전공으로 하는 그는 정치 이론, 정치경제, 그리고 복합(적) 네트워크에 대한 이론적 접근에 초점을 맞추어 왔다.

본서의 서언(preface) 격인 오리엔테이션(orientation)은 아래 제시된 프랑스 철학자 겸 사학자 미셸 푸코(Michel Foucault 1926~1984)의 콜레주드프랑스 강의 1977~78년 내용의 일부를 인용하며 시작된다.

"사물로서의 국가에 대해 그것이 자기를 출발점으로 해 발달하는 존재, 자발적인 장치를 통해 마치 자동적으로 개인에게 부과되는 존재인 것처럼 논의할 수 없습니다. 국가는 실천입니다. 국가는 실천의 총체와 분리될 수 없습니다.

....

2   캐나다 맥길 대학(McGill University) 출신 충남대 고고학과 유용욱 교수에 따르면, 퀘벡(Quebec City) 소재 라발 대학(Université Laval)은 캐나다에서 두 번째로 설립된 불어권 전통 명문대학이다.
3   역시 유용욱 교수에 따르면, 한국연구재단과 비슷한 성격의 캐나다의 연구지원 기관이다.
4   라우틀리지는 1992년 이래 요르단(Jordan)에서 지속적으로 고고학 현지조사(fieldwork)를 수행해 왔으며, 박사 학위 논문 역시 오늘날 요르단 남부에 존재했던 고대 왕국인 모아브(Moab)의 정치경제 및 농경을 연구한 「*Intermittent Agriculture and the Political Economy of Iron Age Moab*」(Routledge 1996)이다.

이 총체적 실천이 국가를 통치의 방식, 행동방식, 통치와 관계를 맺는 방식으로 만든 것입니다[5]."

We cannot speak of the State-thing as if it was a being developing on the basis of itself and imposing itself on individuals as if by a spontaneous, automatic mechanism. The State is a practice. The State is inseparable from the set of practices by which the State actually became a way of governing, a way of doing things, and a way of relating to government (Foucault 2007: 276-277).

첫 문단부터 번역에 어려움을 겪게 되면서, 또 골치 아프고 난해한 프랑스 철학(?)을 접해야 한다는 두려움에 휩쓸리게 되면서 결코 쉽지 않은 작업을 예상하게 되었고, 안타깝게도 그 예상은 그리 빗나가지 않았다. 여러 차례 읽고 생각하고 수정하고 또 고치는 작업 과정을 거쳐 번역을 마쳤지만 제대로 번역이 되었는지 의심이 가는 부분도 적지 않고 나는 이렇게 이해했는데 과연 독자도 그렇게 이해할까 하는 의문이 가는 부분 역시 적지 않다. 조금이나마 독자의 이해를 돕는 차원에서 본서의 주요 내용과 구성을 소개하고자 한다.

라우틀리지에 따르면, 오늘날 사람들은 현실적인 동시에 비현실적인 대규모 정치 공동체인 국가에 살고 있는데, 이 정치 공동체, 즉 국가는 담론의 주제인 동시에 좌절의 대상인 일상 현실이지만, 구체적인 물질적 실체의 부재라는 측면에서 비현실적이다. 정부, 특히 국가로서의 정치 집단은 전쟁, 징세, 법적 판결 및 집행, 사회 기반 시설, 사회 복지, 대중 교육 등 개인이 수행할 수 없는 실질적인 중요한 효과를 산출하지만 집단 에이전시(agency)와 친족(kinship), 종교, 계급, 종족성(ethnicity), 젠더(gender), 시장 원리(market force) 등

....

5   이는 역자가 참고한 프랑스어판의 번역이다[오트르망 번역 2011 『안전, 영토, 인구』(미셸 푸코 콜레주드프랑스 강의 1977~78년) p. 384, 난장, 서울].

결사(association)와 사회 권력의 다른 접점(nodes) 사이의 관계는 불분명하며, 맥락과 쟁점 사이의 관계 역시 변화함이 지적되었다.

대규모 정치 공동체의 등장 배경에 대한 고고학적 관점은 고고학자와 고대사학자에게 매우 어려운 과제를 선물한다. 라우틀리지는 이러한 어려움은 고대 대규모 정치 체제의 연구 및 개념화에서 '잘못된 면(wrong side)'에 서 있기 때문이라고 보았다. '국가 이론(state theory)'에서 범주로서의 국가는 고고학자에게 어려움을 야기하는데, 이는 국가는 정의의 정밀도가 높아지면 그 효용성이 감소되는 골치 아픈 개념이기 때문이다. 라우틀리지에 따르면, 정부의 공식 직무와 기관 측면에서 국가를 좁게 정의하면 사회적으로 내재된 국가 권력의 본질은 지워지고, 국가를 일종의 포괄적 사회 체계로 폭넓게 정의하면, 국가 권력의 진정한 한계가 무시된다.

그는 국가는 오랫동안 고고학적 담론에서 신진화론적 숙취에 시달려 왔다고 표현할 만큼 신진화론에 비판적 입장을 보인다. 탈과정주의 고고학 초기에 고고학적 관점에서 대규모 정치체 문제를 비판적으로 본 것은 좋은 출발이었지만, 비판의 반본질주의자적(反本質主義者的) 또는 반실재론자적(anti-essentialist) 토대는 바로 다른 문제를 야기했다고 보았다. 라우틀리지는 고고학계의 국가 담론을 미셸 푸코를 따르는 집단의 비판적 탐구와 탈과정주의 고고학의 입장 두 가지로 정리하고 자신은 푸코에 좀더 동조함을 밝힌다.

흔히 국내에서 국판(菊版)이라 하는 판형 내외의 본서(215×140mm)는 그림(도면과 사진 포함) 18건을 포함해 총 208쪽의 비교적 작고 얇은 책이다. 목차를 보면 본문은 7개의 독립된 장(章)과 저자 서문이라 할 수 있는 오리엔테이션으로 구성되어 있다. 라우틀리지는 본서가 고고학 토론(Debates in Archaeology) 시리즈의 한 부분임을 고려하여 일반적인 내용을 개괄하기보다는 논쟁을 확장하는 방식으로 서술되었음을 밝혔다.

각 장의 내용을 간략하게 살펴보면, 제1장 (신)진화론과 그 이후[After

(neo-)evolution(ism)]는 강력한[6] 신진화론 비판에 입각해서 대규모 정치체에 대한 고고학적 접근을 검토하면서 본서의 주 관심 대상을 구체화했는데, 애덤 스미스(Smith 2011)는 이를 '통치(권)의 고고학(archaeologies of sovereignty)' 이라 통칭해 왔다. 제2장 강요와 동의(Coercion and consent)는 '강요와 동의 문제'에 주목하면서 안토니오 그람시(Antonio Gramsci)의 정치 문건 검토를 통해 권력은 통치권 아래에서 권력이 행사되는 방식과 부합해야 하는 이유를 고찰했다. 제3장 헤게모니의 작동: 마다가스카르 중부 이메리나 왕국(Hegemony in action: The kingdom of Imerina in central Madagascar)은 고고학적(考古學的)·역사적(歷史的) 맥락에서 그람시의 헤게모니 이해를 설명하기 위해 19세기 마다가스카르의 이메리나 왕국을 고찰했다. 제4장 정치 너머로: 아테네와 잉카 제국(Beyond politics: Articulation and reproduction in Athens and the Inca Empire)은 서로 물질적으로 의존하는 사회 요소와 힘을 명시함으로써 복합(적) 정치체에서 헤게모니 전략이 어떻게 조화를 이루며 작동하는지를 살폈다. 특히 고전기 아테네(Classical Athens)와 잉카 제국(Inca Empire)의 정치, 젠더, 생산, 물질문화의 교차점이 검토되었다. 제5장 스펙터클과 루틴(Spectacle and routine)은 극단적인 스펙터클과 루틴으로 정의된 연속체와 함께 통치권의 실천과 전략을 좀 더 직접적으로 고찰했다. 고전기 마야 정치체에서 물 관리/물 의식의 관행과 맥락은 어떻게 스펙터클과 루틴이 하나의 퍼포먼스적 동전의 양면을 형성하는지를 보여 주는 사례 연구를 제시했다. 제6장 일상적 삶과 극적 죽음: 우르 왕릉(Routine lives and spectacular deaths: The Royal Tombs of Ur)은 본서의 주요 주제들을 연결해 주는 마지막 사례 연구로 우르 왕릉군의 장례 광경에 내재된 일상화된 폭력을 살펴보았다. 마지막으로 본서의 결론인 제7장은 통치권의 고고학에 비교적·정치적으로 연루된 잠재적 필요성과 문제에 대한 반성이라 할 수 있다.

....

6   고딕체는 역자 추가

번역 경험이 그리 많다고는 할 수 없지만, 매번 작업을 마칠 때마다 역자의 전공은 물론 어학 능력이 턱없이 부족함을 실감한다. 그래도 처음 역서를 출간했던 40대 초에는 시간이 흘러 공부가 깊어지면 번역서의 수준도 향상되어 영어가 익숙하지 않은 젊은 고고학도들에게 조금이나마 보탬이 될 수도 있을 것이라 스스로를 위로해 보기도 했지만, 정년이 몇 년 남지 않은 현 시점이 되니 젊은 날 학문에 진력하지 못했음이 못내 아쉽다.

고등학교 3학년 『국어』 교과서에 실린 「한국의 미」라는 제목의 수필을 쓰신 삼불(三佛) 김원용(金元龍) 교수가 고고학자(考古學者)라는 것이 고고학에 대해 알고 있던 전부인 상태로 고고미술사학과에 진입했던 역자를 품어 40여 년이 지난 지금까지 고고학을 업으로 먹고살게 해 주신 최몽룡 선생님 은혜에 깊이 감사드리고, 2025년 팔순을 맞으신 선생님께 부족하나마 본 역서를 바친다. 일천한 역자의 능력을 믿고 번역 지원을 해 주신 재단법인 한강문화유산연구원 신숙정 이사장님께 깊이 감사드리고 실무 진행을 맡아 주신 권도희 부장께도 감사의 뜻을 전한다. 좀 더 나은 책을 만들어 주시기 위해 노력해 주신 정용준 선생님을 포함한 사회평론아카데미의 임직원 여러분께도 깊이 감사드린다.

2025년 2월
부여 합정리 연구실에서

저널명

AA	*American Anthropologist*
AD	*Archaeological Dialogues*
APAAA	*Archeological Papers of the American Anthropological Association*
ARA	*Annual Review of Anthropology*
CA	*Current Anthropology*
CAJ	*Cambridge Archaeological Journal*
CQ	*Classical Quarterly*
CSSH	*Comparative Studies in Society and History*
ETCSL	*Electronic Text Corpus of Sumerian Literature*(http://etcsl.orinst.ox.ac.uk/)
JAA	*Journal of Anthropological Archaeology*
JNES	*Journal of Near Eastern Studies*
LAA	*Latin American Antiquity*
SEH	*Social Evolution and History*

인용문헌

Adam, S. (2007) Response á Edward Harris. *Symposion 2005: Vorträge zur griechischen und hellenistischen Rechtsgeschichte*. Austrian Academy of Sciences: Vienna; 177-182.

Adams, A. and J. Brady (2005) Ethnographic notes on Maya Q'eqchi' cave rites: implications for archaeological interpretation. Brady, J. and K. Prufer (eds), *The maw of the earth monster: Mesoamerican ritual cave use*. University of Texas Press: Austin, TX; 302-27.

Abrams, P. (1988) Notes on the difficulty of studying the state (1977). *Journal of Historical Sociology* 1(1): 58-89.

Agamben, G. (1998) *Homo Sacer: Sovereign power and bare life*. Trans. D. Heller-Roazan. Stanford University Press: Palo Alto, CA.

_____(2005) *State of exception*. Trans. K. Attell. University of Chicago Press: Chicago.

Alberti Manzanares, P. (1986) Una institución exclusivamente femenina en la época incaica: las acilacuna. *Revista Española de Antropología Americana* 16: 153-90.

Algaze, G. (1983-4) Private houses and graves at Ingharra, a reconsideration. *Mesopotamia* 18-19: 135-91.

Alonso, A. (1994) The politics of space, time and substance: state formation, nationalism, and ethnicity. *ARA* 23: 379-405.

Amiet, P. (1980) *La glyptique mésopotamienne archaïque*. 2nd edn. Editions du centre national de la recherche scientifique: Paris.

Anderson, G. (2009) The personality of the Greek State. *Journal of Hellenic Studies* 129: 1-22.

Aristotle (1962) *The Politics*. Trans. J. Sinclair. Penguin Classics. Harmondsworth.

Baadsgaard A., J. Monge, S. Cox and R. Zettler (2011) Human sacrifice and intentional corpse preservation in the Royal Cemetery of Ur. *Antiquity* 85: 27-42.

Baadsgaard, A., J. Monge and R. Zettler (2012) Bludgeoned, burned, and beautified: re-evaluating mortuary practices in the Royal Cemetery of Ur. In A. Porter and G. Schwartz (eds), *Sacred killing: The archaeology of sacrifice in the ancient Near East*. Eisenbrauns: Winona Lake, IN; 125-58.

Baines, J. and N. Yoffee (1998) Order, legitimacy and wealth in Ancient Egypt and Mesopotamia. In Feinman, G. and J. Marcus (eds), *Archaic states*. SAR Press: Santa Fe, NM: 199-260.

_____(2000) Order, legitimacy, and wealth: setting the terms. In Richards, J. and M. Van Buren (eds), *Order, legitimacy, and wealth in ancient states*. Cambridge University Press: Cambridge; 13-17.

Bartelson, J. (2001) *The critique of the State*. Cambridge University Press: Cambridge.

Barrett, J. and I. Ko (2009) A phenomenology of landscape: a crisis in British landscape archaeology? *Journal of Social Archaeology* 9(3): 275-94.

Bauer, B. (1996) Legitimization of the state in Inca myth and ritual. *AA* 98(2): 327-37.

Bauer, B. and R. A. Covey (2002) Processes of state formation in the Inca heartland (Cuzco, Peru). *AA* 104(3): 846-64.

Beld, S. (2002) *The Queen of Lagash: Ritual economy in a Sumerian state*. Unpublished Ph.D. dissertation. University of Michigan: Ann Arbor, MI.

Belrose-Huyghues, V. (1983) Structure et symbolique de l'espace royal en Imerina. In F. Raison-Jourdes (ed.), *Les Souverains de Madagascar: L'histoire royale et ses resurgences contemporaines*. Éditions Karthala: Paris; 125-52.

Berent, M. (2000) Anthropology and the Classics: war, violence, and the stateless polis. CQ 50(1): 257-89.

____(2006) The stateless polis: a reply to critics. *SEH* 5(1): 141-63.

Berg, G. (1981) Riziculture and the founding of monarchy in Imerina. *The Journal of African History* 22: 289-308.

_____(1985) The sacred musket: tactics, technology and power in eighteenth century Madagascar. *CSSH* 27: 261-79.

Bintliff, J. (2006) Solon's reforms: an archaeological perspective. In Blok, J. and A. Lardinois (eds), *Solon of Athens: New historical and philological approaches*. Mnemosyne, Bibliotheca Classica Batava Supplementum. Brill: Leiden; 321-33.

Blanton, R. (1998) Beyond centralization: steps toward a theory of egalitarian behavior in Archaic States. In Feinman, G., and J. Marcus (eds), *Archaic states*. SAR Press: Santa Fe, NM; 135-72.

Blanton, R. and L. Fargher (2008) *Collective action in the formation of pre-modern states*. Springer: New York.

Bloch, M. (1971) *Placing the dead: Tombs, ancestral villages, and kinship organization in Madagascar*. Waveland Press Inc.: London.

____(1986) *From blessing to violence: History and ideology in the circumcision ritual of the Merina of Madagascar*. Cambridge University Press: Cambridge.

_____(1987) The ritual of the royal bath in Madagascar: the dissolution of death, birth and fertility into authority. In D. Cannadine (ed.), *Rituals of royalty: Power and ceremonial in traditional soceieties*. Cambridge University Press: Cambridge; 271-97.

Blok, J. and A. Lardinois (eds) (2006) *Solon of Athens: New historical and philological approaches*. Mnemosyne, Bibliotheca Classica Batava Supplementum. Brill: Leiden.

Boese, J. (1971) *Altmesopotamische Weihplatten: Eine sumerische Denkmalsgattung des 3. Jahrtausends v. Chr.* De Gruyter: Berlin.

Bourdieu, P. (1999) Rethinking the State: genesis and structure of the bureaucratic field. In G. Steinmetz (ed.), *State/Culture: State formation after the cultural turn*. Cornell University Press: Ithaca, NY; 53-75.

Brady, J. (1997) Settlement configuration and cosmology: the role of caves at Dos Pilas. *AA* 99(3): 602-18.

Brady, J. and W. Ashmore (1999) Mountains, caves, water: ideational landscapes of the Ancient

Maya. In W. Ashmore and A. B. Knapp (eds), *Archaeologies of landscape: Contemporary perspectives*. Blackwell Publishing: Oxford; 124-45.

Brady, J. and K. Prufer (eds) (2005) *In the maw of the earth monster: Mesoamerican ritual cave use*. University of Texas Press: Austin, TX.

Bray, T. (2003) Inka pottery as culinary equipment: food, feasting, and gender in imperial state design. *LAA* 14(1): 3-28.

_____(2009) The role of chicha in Inca state expansion: a distributional study of Inca aríbalos. In Jennings, J. and B. Bowser (eds), *Power, drink and society in the Andes*. University Press of Florida: Gainesville, FL; 108-32.

Brock, R. (1994) The labour of women in Classical Athens. CQ 44(2): 336-46.

Brück, J. (2005) Experiencing the past? The development of a phenomenological archaeology in British prehistory. *AD* 12(1): 45-72.

Brumfiel, E. (1992) Distinguished lecture in archaeology: Breaking and entering the ecosystem – gender, class and faction steal the show. *AA* 94(3): 551-67.

Brumfiel, E. and T. Earle (eds) (1987) *Specialization, exchange and complex societies*. Cambridge University Press: Cambridge.

Bruun Jensen, C. (2011) Comparative relativism: symposium on an impossibility. *Common Knowledge* 17(1): 1-12.

Burford, A. (1993) *Land and labor in the Greek world*. The Johns Hopkins University Press: Baltimore.

Callet, F. (ed.) (1908) *Tantara ny Adriana eto Madagascar: Documents historiques d'après les manuscrits malgaches*. 2 vols. Académie Malgache: Tananarive.

Cambiano, G. (1987) Aristotle and the anonymous opponents of slavery. *Slavery and Abolition* 8(1): 22-41.

Campbell, G. (2005) *An economic history of imperial Madagascar, 1750-1895*. Cambridge University Press: Cambridge.

Campbell, R. (2008) Comments on Flad (2008). *CA* 49(3): 420-1.

Cartledge, P., E. Cohen and L. Foxhall (eds) (2002) *Money, labour and land: Approaches to the economies of ancient Greece*. Routledge: London.

Chang, K.-C. (1983) *Art, myth and ritual: The path to political authority in ancient China*. Cambridge University Press: Cambridge, MA.

Chapman, R. (2003) *Archaeologies of Complexity*. Routledge: London.

Child, M. (2007) Ritual purification and the ancient Maya sweatbath at Palenque. In D. Marken (ed.), *Palenque: Recent investigations at the Classic Maya center*. Altamira Press: Lanham, MD; 233-62.

Clastres, P. (1977) *Society against the State*. Trans. R. Hurley. Urizen Books: New York.

Coggins, C. C. and O. C. Shane (eds) (1984) *Cenote of sacrifice: Maya treasures from the Sacred Well at Chichén Itzá*. University of Texas Press: Austin TX.

Cohen, A. (2005) *Death rituals, ideology, and the development of early Mesopotamian kingship*.

Brill: Leiden.

Cohen, D. (1989) Seclusion, separation, and the status of women in Classical Athens. *Greece and Rome* 36(1): 3-15.

Cohen, E. (2000) *The Athenian nation*. Princeton University Press: Princeton.

_____(2002) An unprofitable masculinity. In P. Cartledge, E. Cohen and L. Foxhall (eds) Money, labour and land: *Approaches to the economies of ancient Greece*. Routledge: London; 100-12.

Comaroff, J. and J. Comaroff (1991) *Of revelation and revolution*. Vol. 1. University of Chicago Press: Chicago.

Connerton, P. (1989) *How societies remember*. Cambridge University Press: Cambridge.

Cooper, J. (1986) *Presargonic inscriptions. Sumerian and Akkadian royal inscriptions* 1. American Oriental Society: New Haven.

Costin, C. (1998) Housewives, chosen women, skilled men: cloth production and social identity in the late Prehispanic Andes. In C. Costin and R. Wright (eds), *Craft and social identity*. APAAA 8. Wiley-Blackwell: Washington, DC; 123-41.

Coucouzeli, A. (2007) From megaron to oikos at Zagora. In R. Westgate, N. Fischer and J. Whitley (eds), *Building communities: House, settlement and society in the Aegean and beyond*. Proceedings of a conference held at Cardiff University, 17-12 April 2001. British School at Athens: London; 169-81.

Crehan, K. (2002) *Gramsci, culture and anthropology*. University of California Press: Beskley, CA.

Cripps, E. (2007) *Land tenure and social stratification in ancient Mesopotamia: Third millennium Sumer before the Ur III dynasty*. BAR International series 1676. Archaeopress: Oxford.

Crossland, Z. (2001) Time and the ancestors: landscape survey in the Andrantsay region of Madagascar. *Antiquity* 75: 825-36.

Dahl, R. (1989) *Democracy and its critics*. Yale University Press: New Haven.

D'Altroy, T. (1992) *Provincial power in the Inka Empire*. Smithsonian: Washington, DC.

Davidson, J. (2011) Bodymaps: sexing space and zoning gender in Ancient Athens. *Gender and History* 23(3): 597-614.

Davies, J. (1981) *Wealth and the power of wealth in Classical Athens*. Arno Press: New York.

Davis-Salazar, K. (2003) Late Classic Maya water management and community organization at Copán, Honduras. *LAA* 14(3): 275-99.

_____(2006) Late Classic Maya drainage and flood control at Copán, Honduras. *Ancient Mesoamerica* 17: 125-38.

De Mecquenem, R. (1943) *Fouilles de Suse, 1933-1939*. Mémoires de la Mission Archéologique en Iran (Mission de Susiane) 29. Paul Geuthner: Paris.

Demarrais E., L. J. Castillo and T. Earle (1996) Ideology, materialization, and power strategies. *CA* 37(1): 15-31.

Dewar, R. (2007) Processual assessment of population changes in Western Avaradrano. In H. Wright (ed.), Early state formation in central Madagascar: An archaeological survey of western

Avaradrano. Museum of Anthropology, University of Michigan: Ann Arbor, MI; 101-3.

Diakonoff, I. (1987) Slave-labour vs. non-slave labour: the problem of definition. In M. Powell (ed.), *Labor in the ancient Near East*. American Oriental Society Series 68. American Oriental Society: New Haven, CT; 1-3.

Diamond, J. (1997) *Guns, germs and steel: A short history of everybody for the last 13,000 years*. Vintage: London.

Dickson, D. B. (2006) Public transcripts expressed in theatres of cruelty: the Royal Graves at Ur in Mesopotamia. *CAJ* 16(2): 123-44.

Dietler, M. (2001) Theorizing the feast. In M. Dietler and B. Hayden (eds), *Feasts: Archaeological and ethnographic perspectives on food, politics and power*. Smithsonian: Washington, DC; 87-125.

Dietler, M. and B. Hayden (eds) (2001) *Feasts: Archaeological and ethnographic perspectives on food, politics and power*. Smithsonian: Washington, DC.

Dillon, M. (2002) *Girls and women in Classical Greek religion*. Routledge: London.

Dumont, L. (1975) On the comparative understanding of non-modern civilizations. *Daedalus* 104(2): 153-72.

_____ (1980) *Homo hierarchicus: The caste system and its implications*. University of Chicago Press: Chicago.

_____ (1986) *Essays on individualism: Modern ideology in anthropological perspective*. University of Chicago Press: Chicago.

Dunnell, R. (1980) Evolutionary theory and archaeology. In M. Schiffer (ed.), *Advances in Archaeological Method and Theory*. Volume 3. Academic Press: New York; 38-99.

Dunning, N. and T. Beach (1994) Soil erosion, slope management, and ancient terracing in the Maya Lowlands. *LAA* 5(1): 51-69.

Dunning, N., T. Beach, and S. Luzzadder-Beach (2006) Environmental variability among bajos in the southern Maya Lowlands and its implications for Ancient Maya civilization and archaeology. In L. Lucero and B. Fash (eds), *Precolumbian water management: Ideology, ritual and power*. University of Arizona Press: Tucson, AZ; 81-99.

Ehrenreich, R., C. Crumely and J. Levy (eds) (1995) *Heterarchy and the analysis of complex societies*. APAAA 6. American Anthropological Association: Arlington, VA.

Eickhoff, T. (1993) *Grab und Beigabe: Bestattungssitten der Nekropole von Tall Ahmad al-Hattū und anderer frühdynastischer Begräbnisstätten im südlichen Mesopotamien und in Luristān*. Profil Verlag: München.

Eisenstadt, Sh. (1963) *The political systems of empires*. Transaction Publishers: New York.

Ellis, S. (1985) *The rising of the Red Shawls: A revolt in Madagascar 1895-1899*. Cambridge University Press: Cambridge.

Ellison, R., J. Renfrew, D. Brothwell and N. Seeley (1978) Some food offerings from Ur, excavated by Sir Leonard Woolley, and previously unpublished. *Journal of Archaeological Science* 5(2): 167-77.

Fabian, J. (1983) *Time and the other: How anthropology makes its object*. Columbia University Press: New York.

Fash, B. (2005) Iconographic evidence for water management and social organization at Copán. In E. W. Andrews and W. Fash (eds), *Copán: The history of an ancient Maya kingdom*. SAR Press: Santa Fe, NM; 103–38.

Fash, B. and K. Davis-Salazar (2006) Copán water ritual and management: imagery and sacred place. In L. Lucero and B. Fash (eds), *Precolumbian water management: Ideology, ritual and power*. University of Arizona Press: Tucson, AZ; 129–43.

Feinman, G. and J. Marcus (eds) (1998) *Archaic states*. SAR Press: Santa Fe, NM.

Feng, L. (2008) *Bureaucracy and the state in early China: Governing the Western Zhou*. Cambridge University Press: Cambridge.

Finley, M. (1981) Was Greek civilization based on slave labour? In B. D. Shaw and R. P. Saller (eds), *Economy and society in Ancient Greece*. Penguin Books: London; 97–115.

Flad, R. (2008) Divination and power: a multiregional view of the development of oracle bone divination in Early China. *CA* 49(3): 403–37.

Flannery, K. (1998) The ground plans of archaic states. In G. Feinman and J. Marcus (eds), *Archaic states*. SAR Press: Santa Fe, NM; 15–57.

_____(1999) Process and agency in early state formation. *CAJ* 9(1): 3–21.

Flannery, K., J. Marcus and R. Reynolds (2009) *The flocks of the Wamani: A study of llama herders on the punas of Ayacucho*, Peru. Left Coast Press: Walnut Creek, CA.

Forsdyke, S. (2006) Land, labor and economy in Solonian Athens: breaking the impasse between archaeology and history. In J. Blok and A. Lardinois (eds), *Solon of Athens: New historical and philological approaches*. Mnemosyne, Bibliotheca Classica Batava Supplementum. Brill: Leiden; 334–50.

Foucault, M. (1977) *Discipline and punish: The birth of the prison*. Vintage: New York.

_____(2007) *Security, territory and population: Lectures at the Collège de France, 1977–78*. Trans. G. Burchell. Palgrave Macmillan: Houndsmills.

_____(2008) *The birth of biopolitics: Lectures at the Collège de France, 1978–79*. Trans. G. Burchell. Palgrave Macmillan: Houndsmills, UK.

Foxhall, L. (1989) Household, gender and property in Classical Athens. *CQ* 39(1): 22–44.

_____(1994) Pandora unbound: a feminist critique of Foucault's History of Sexuality. In A. Cornwall and N. Lindisfarne (eds), *Dislocating masculinity: Comparative ethnographies*. Routledge: London; 133–45.

_____(2002) Access to resources in classical Greece: the egalitarianism of the polis in practice. In P. Cartledge, E. Cohen and L. Foxhall (eds), *Money, labour and land: Approaches to the economies of ancient Greece*. Routledge: London; 209–20.

Frankfort, H. (1948) *Kingship and the gods: A study of ancient Near Eastern religion as the integration of society and nature*. University of Chicago: Chicago.

French, K. (2007) Creating space through water management at the Classic Maya site of Palenque,

Chiapas. In D. Marken (ed.), *Palenque: Recent investigations at the Classic Maya center*. Altamira Press: Lanham, MD; 123-32.

French, K., D. Stuart and A. Morales (2006) Archaeological and epigraphic evidence for water ritual and management at Palenque. In L. Lucero And B. Fash (eds), *Precolumbian water management: Ideology, ritual and power*. Tucson, AZ; 144-52.

Fukuyama, F. (2011) *The origins of political order*. Farrar, Strauss and Giroux: London.

Gabler, S. (2007) Entries, gates and discs in Western Avaradrano. In H. Wright (ed.), *Early state formation in central Madagascar: An archaeological survey of western Avaradrano*. Museum of Anthropology, University of Michigan: Ann Arbor, MI; 63-6.

Gabrielsen, V. (1994) *Financing the Athenian fleet: Public taxation and social relations*. The Johns Hopkins University Press: Baltimore.

Gansell, A. (2007) Identity and adornment in the third-millennium BC Mesopotamian 'Royal Cemetery' at Ur. *CAJ* 17(1): 29-46.

Geertz, C. (1980) *Negara: The theatre state in nineteenth century Bali*. Princeton University Press: Princeton.

Gelb, I. (1965) The ancient Mesopotamian ration system. *JNES* 24(3): 230-43.

_____(1973) Prisoners of war in early Mesopotamia. *JNES* 32(1-2): 70-98.

Giddens, A. (1985) *The nation-state and violence*. University of California Press: Berkeley, CA.

Glatz, C., A. Kandler and J. Steele (2011) Pottery production in the Hittite capital: Cultural selection and drift in the bowl repertoire. In E. Cochrane and A. Gardner (eds), *Evolutionary and interpretive archaeologies: A discussion*. Left Coast Press: Walnut Creek, CA; 199-226.

Goldwasser, O. (2002) *Prophets, lovers and giraffes – wor[l]d classification in ancient Egypt*. Göttinger Orientforschungen IV. Reihe Ägypten 38. Harrassowitz Verlag: Wiesbaden.

Gose, P. (1993) Segmentary state formation and the ritual control of water under the Incas. *CSSH* 35(3): 480-514.

_____(1996) Oracles, divine kingship and political representation in the Inka State. *Ethnohistory* 43(1): 1-32.

_____(2000) The State as chosen woman: brideservice and the feeding of tributaries in the Inka Empire. *AA* 102(1): 84-97.

Graeber, D. (2004) *Fragments of an anarchist anthropology*. Prickly Paradigm Press: Chicago.

_____(2007) *Lost people: Magic and the legacy of slavery in Madagascar*. Indiana University Press: Bloomington.

Gramsci, A. (1971) Selections from the prison notebooks of Antonio Gramsci. Ed and trans. Q. Hoare, and G. Nowell Smith. International Publishers Co.: New York.

_____(2000) The Antonio Gramsci reader: Selected writings 1916-1935. D. Forgacs (ed.). New York University: New York.

Grinin, L. (2004) Democracy and early state. *SEH* 3(2): 93-147.

Grossberg, L. (1986) On postmodernism and articulation: An interview with Stuart Hall. *Journal of Communication Inquiry* 10: 45-60.

Habermas, J. (1989) *The structural transformation of the public sphere: An inquiry into a category of bourgeois society*. Trans. T. Burger. Cambridge University Press: Cambridge.

Hansen, M. H. (1991) The Athenian democracy in the age of Demosthenes: Structure, principles and ideology. Trans. J. A. Cook. Basil Blackwell: Oxford.

_____(1998) *Polis and city-state: An ancient concept and its modern equivalent*. Munksgaard: Copenhagen.

Hansen, T. and F. Stepputat (2006) Sovereignty revisited. *ARA* 35: 295-315.

Hanson, V. (1995) *The other Greeks: The family farm and the agrarian roots of Western Civilization*. The Free Press: New York.

Harmansah, Ö. (2007) 'Source of the Tigris'. Event, place and performance in the Assyrian landscapes of the early Iron Age. *AD* 14(2): 179-204.

Harris, E. (2002) Workshop, marketplace and household: the nature of technical specialisation in Classical Athens and its influence on economy and society. In P. Cartledge, E. Cohen and L. Foxhall (eds), *Money, labour and land: Approaches to the economies of ancient Greece*. Routledge: London; 67-99.

_____(2007) Who enforced the law in Classical Athens? In *Symposion 2005: Vorträge zur griechischen und hellenistischen Rechtsgeschichte*. Austrian Academy of Sciences: Vienna; 159-76.

Harvey, D. (1985) The geopolitics of capitalism. In D. Gregory and J. Urry (eds), *Social relations and spatial structures*. Palgrave Macmillan: London; 128-63.

Hastorf, C. (1990) The effect of the Inka state on Sausa agricultural production and crop consumption. *American Antiquity* 55(2): 262-90.

Hastorf, C. and S. Johanessen (1993) Pre-Hispanic political change and the role of maize in the central Andes of Peru. *AA* 95(1): 115-38.

Hayden, B. (2001) Fabulous feasts: a prolegomenon to the importance of feasting. In M. Dietler and B. Hayden (eds), *Feasts: Archaeological and ethnographic perspectives on food, politics and power*. Smithsonian: Washington, DC; 23-64.

_____(2009) Funerals as feasts: why are they so important? *CAJ* 19(1): 29-52.

Heidegger, M. (1962) *Being and time*. Trans. J. Macquarrie and E. Robinson. Basil Blackwell: Oxford.

Heimpel, W. (1992) Herrentum und Königtum im vor und frühgeschictlichen Alten Orient. *Zeitschrift für Assyriologie und Vorderasiatische Archäologie* 82(1): 4-21.

Hobbes, T. (1985 [1651]) *Leviathan*. Penguin: London.

Hodder, I. (2005) Socialization and feasting at Çatalhöyük: a response to Adams. *American Antiquity* 70(1): 189-91

_____(2006) The spectacle of daily performance at Çatalhöyük. In T. Inomata and L. Coben (eds), *Archaeology of performance: Theatres of power, community and politics*. Altamira Press: Lanham, MD; 81-102.

Hooper, R. J. (1953) The Attic silver mines in the fourth century BC *Annual of the British School at Athens* 48: 200-54.

_____(1968) The Laurion mines: A reconsideration. *Annual of the British School at Athens* 63: 293-326.

Houston, S. (2006) Impersonation, dance and the problem of spectacle among the Classic Maya. In T. Inomata and L. Coben (eds), *Archaeology of performance: Theatres of power, community and politics*. Altamira Press: Lanham, MD; 135-55.

Hunter, V. (1994) *Policing Athens: Social control in the Attic lawsuits, 420-320 BC* Princeton University Press: Princeton.

Inomata, T. (2004) The spatial mobility of non-elite populations in Classic Maya society and its political implications. In J. C. Lohse and F. Valdez, Jr. (eds), *Ancient Maya commoners*. University of Texas Press: Austin, TX; 175-96.

_____(2006) Plazas, performers, and spectators: political theaters of the Classical Maya. *CA* 47(5): 805-42.

Inomata, T. and L. Coben (2006) Overture: an invitation to the archaeological theatre. In T. Inomata and L. Coben (eds), *Archaeology of performance: Theatres of power, community and politics*. Altamira Press: Lanham, MD; 11-44.

Jacobsen, T. (1957) Early political developments in Mesopotamia. *Zeitschrift für Assyriologie und Vorderasiatische Archäologie*. 52(1): 91-140.

Jagersma, B. (2007) The calendar of the funerary cult in ancient Lagash. *Biblotheca Orientalis* 64(3-4): 289-307.

Jameson, M. (1977/78) Agriculture and slavery in Classical Athens. *The Classical Journal* 73(2): 122-45.

_____(1990) Domestic space in the Greek city-state. In S. Kent (ed.), *Domestic architecture and the use of space: An interdisciplinary cross-cultural study*. Cambridge University Press: Cambridge; 92-113.

_____(1992) Agricultural labor in Ancient Greece. In B. Wells (ed.), *Agriculture in ancient Greece: proceedings of the seventh international symposium at the Swedish institute at Athens, 16-17 May 1990*. Paul Åström: Göteborg; 135-46.

Jay, M. (1984) *Marxism and totality: The adventures of a concept from Lukács to Habermas*. University of California Press: Berkeley, CA.

Jennings, J. (2003) The fragility of imperialist ideology and the end of local traditions, an Inca example. *CAJ* 13(1): 107-20.

_____(2004) La chichera y el patrón: chicha and the energetics of feasting in the prehistoric Andes. In C. Conlee, D. O. and K. Vaughn (eds), *Foundations of power in the prehispanic Andes*. APAAA 14. American Anthropological Association: Washington, DC; 241-59.

Jennings, J. and B. Bowser (eds) (2009) *Power, drink and society in the Andes*. University Press of Florida: Gainesville, FL.

Jennings, J. and M. Chatfield (2009) Pots, brewers and hosts: woman's power and the limits of central Andean feasting. In J. Jennings and B. Bowser (eds), *Power, drink and society in the Andes*. University Press of Florida: Gainesville, FL; 200-31.

Jessop, B. (2006) Spatial fixes, temporal fixes and spatio-temporal fixes. In N. Castree and D. Gregory (eds), *David Harvey: A critical reader*. Blackwell Publishing: Oxford; 142-66.

_____(2007) *State power*. Polity Press: Cambridge.

Jing, Zhichun (2008) Comments on Flad (2008). *CA* 49(3): 424-5.

Johnson, M. (2006) Discussion article: On the nature of theoretical archaeology and archaeological theory. *AD* 13(2): 117-82.

Johnston, K. (2004) Lowland Maya water management practices: the household exploitation of rural wells. *Georchaeology* 9(3): 265-92.

Jones, A. (2007) *Memory and material culture*. Cambridge University Press: Cambridge.

Joyce, R. (2005) Archaeology of the body. *ARA* 34: 139-58.

Kapferer, B. (2011) Strathern's new comparative anthropology: thoughts from Hagen and Zambia. *Common Knowledge* 17(1): 104-10.

Keeley, L. (1996) *War before civilization: The myth of the peaceful savage*. Oxford University Press: Oxford.

Kent, R. (1970) *Early kingdoms in Madagascar 1500-1700*. Holt, Rinehart and Winston: New York.

Kertzer, D. (1996) *Politics and symbols: The Italian Communist Party and the fall of Communism*. Yale University Press: New Haven.

Khare, R. S. (ed.) (2006) *Caste, Hierarchy, and Individualism: Indian Critiques of Louis Dumont's Contributions*. Oxford University Press: Oxford.

Kohl, P. (1984) Force, history, and the evolutionist paradigm. In M. Spriggs (ed.), *Marxist Perspectives in Archaeology*. Cambridge University Press: Cambridge; 127-34.

_____(1987) State formation: useful concept or idée fixe? In T. Patterson and C. Gailey (eds), *Power relations and state formation*. Sheffield Publishing Company: Salem, WI; 27-34.

Kuper, A. (2000) If memes are the answer what is the question? In R. Aunger (ed.), *Darwinizing culture: The status of memetics as a science*. Oxford University Press: Oxford; 175-88.

Kurtz, D. (1996) Hegemony and anthropology: Gramsci, exegeses, reinterpretations. *Critique of Anthropology* 16(2): 103-35.

_____(2006) Political power and government: negating the anthropomorphized state. *SEH* 5(2): 91-111.

Kus, S. (1992) Toward an archaeology of body and soul. In J.-C. Gardin and C. Peebles (eds), *Representations in archaeology*. University of Indiana Press: Bloomington, IN; 168-77.

_____(2007) Appendix E. Ambohimanga: creating a capital and a polity in thought, deed and dirt. In H. Wright, H. (ed.), *Early state formation in central Madagascar: An archaeological survey of western Avaradrano*. Museum of Anthropology, University of Michigan: Ann Arbor, MI; 301-12.

Kus, S. and V. Raharijaona (1998) Between earth and sky there are only a few large boulders: sovereignty and monumentality in Central Madagascar. *JAA* 17: 53-79.

_____(2000) House to palace, village to state: scaling up architecture and ideology. *AA* 102(1): 98-113.

_____(2001) 'To dare to wear the cloak of another before their very eyes': state co-optation and local re-appropriation in mortuary rituals of Central Madagascar. In M. Chesson (ed.), *Social memory, identity and death: Intradisciplinary perspectives on mortuary rituals*. APAAA 10. John Wiley & Sons: Washington, DC; 114–31.

____(2006) Visible and vocal: sovereigns of the early Merina (Madagascar) state. In T. Inomata and L. Coben (eds), *Archaeology of performance: Theatres of power, community and politics*. Altamira Press: Lanham, MD; 303–29.

Laclau, E. and C. Mouffe (2001) *Hegemony and Socialist Strategy: Towards a Radical Democratic Politics*. 2nd edn. Verso Books: London.

Lapinkivi, P. (2004) *The Sumerian sacred marriage in light of comparative evidence*. State Archives of Assyria Studies 15. The Neo-Assyrian Text Corpus Project: Helsinki.

Larson, P. (2000) *History and Memory in the Age of Enslavement: Becoming Merina in Highland Madagascar, 1770–1822*. Heinemann: Portsmouth, NH.

____(2001) Austronesian mortuary ritual in history: transformation of secondary burial (Famadihana) in highland Madagascar. *Ethnohistory* 48(1–2): 123–55.

Latour, B. (2005) *Reassembling the Social: An Introduction to Actor-Network Theory*. Oxford University Press: Oxford.

Law, J. (1992) Notes on the theory of the actor-network: ordering, strategy and heterogeneity. *Systems Practice* 5: 379–93.

Leahy, A. (1995) Ethnic diversity in ancient Egypt. In J. Sasson (ed.), *Civilizations of the Ancient Near East*. Vol. I. Charles Scribner's Sons: New York; 225–34.

Legrain, L. (1936) *Ur Excavations III: Archaic seal impressions*. Trustees of the British Museum and the Museum of the University of Pennsylvania: London.

Lemke, T. (2007) 'An indigestible meal?' Foucault, governmentality and state theory. *Distinktion: Scandinavian Journal of Social Theory* 15: 43–64.

Lenin, V. I. (1976 [1917]) *The State and revolution: The Marxist teaching on the State and the tasks of the proletariat in the revolution*. Foreign Languages Press: Peking.

Leonard, R. and T. Jones (1987) Elements of an inclusive evolutionary model for archaeology. *JAA* 6(3): 199–219.

LeVine, T. (1987) Inka labor service at the regional level: the functional reality. *Ethnohistory* 34(1): 14–46.

LeVine, T. (ed.) (1992) *Inka storage systems*. University of Oaklahoma Press: Norman, OK.

Lévi-Straus, C. (1967) *Structural Anthropology*. Basic Books: Garden City, NY.

Lincoln, B. (1994) *Authority: Construction and Corrosion*. University of Chicago Press: Chicago.

Liu, L. (2009) State emergence in early China. *ARA* 38: 217–32.

Llewellyn-Jones, L. (2007) House and veil in ancient Greece. In R. Westgate, N. Fischer and J. Whitley (eds), *Building Communities: House, Settlement and Society in the Aegean and Beyond*. Proceedings of a conference held at Cardiff University, 17–12 April 2001. British School at Athens: London; 251–8.

Lloyd, G. E. R. (2010) History and human nature: cross-cultural universals and cultural relativities.

Interdisciplinary Science Reviews 35(3-4): 201-14.

Lloyd, S. (1969) Back to Ingharra: some further thoughts on the excavations at East Kish. *Iraq* 31(1): 40-8.

Lucero, L. (2006) *Water and Rutual: The Rise and Fall of Classic Mayan Rulers*. University of Texas Press: Austin, TX.

Lucero, L. and B. Fash (eds) (2006) *Precolumbian Water Management: Ideology, Ritual and Power*. University of Arizona Press: Tucson, AZ.

Lull, V. and R. Micó (2011) *Archaeology of the origin of the state*. Oxford University Press: Oxford.

McCarthy, T. (1989) Introduction to J. Habermas, *The Structural Transformation of the Public Sphere: An Inquiry into a Category of Bourgeois Society*. Trans. T. Burger. Ploty Press: Cambridge; xi-xiv.

McEwan, G. (2006) The Incas: New perspectives. W. W. Norton & Co.: Santa Barbara, CA.

McIntosh, S. (1999) Pathways to complexity: an African perspective. In S. McIntosh (ed.), *Beyond Chiefdoms: Pathways to Complexity in Africa*. Cambridge University Press: Cambridge; 1-30.

Maekawa, K. (1973/74) The development of the E-MI in Lagash during Early Dynastic III. *Mesopotamia* 8-9: 77-144.

Magid, G. (2001) Micromanagement in the é-mi/dBa-ú: notes on the organization of labor at Early Dynastic Lagash. In T. Abusch, P.-A. Beaulieu, J. Huehnergard, P. Machinist, P. Steinkeller (eds), *Historiography in the cuneiform world*. Proceedings of the 45th Rencontre Assyriologique Internationale. Part 1. CDL Press: Bethesda, MD; 313-28.

Mann, M. (1986) *The Sources of Social Power*. Vol. 1. Cambridge University Press: Cambridge.

Marchesi, G. (2004) Who was buried in the Royal Tombs of Ur? The epigraphic and textual data. *Orientalia* 73: 153-97.

Marcus, J. (2008) The archaeological evidence for social evolution. *ARA* 37: 51-66.

Marinetto, M. (2007) *Social theory, the state and modern society: The state in contemporary social thought*. Open University Press: Maidenhead.

Marken, D. (ed.) (2007) *Palenque: Recent Investigations at the Classic Maya Center*. Altamira Press: Lanham, MD.

Mauss, M. (1990) *The Gift: The form and reason for exchange in archaic societies*. Trans. W. Halls. Routledge: New York.

Meskell, L. (2002) *Private life in New Kingdom Egypt*. Princeton University Press: Princeton.

Mitchell, T. (1999) Society, economy, and the state effect. In G. Steinmetz (ed.), *State/Culture: State-Formation after the Cultural Turn*. Cornell University Press: Ithaca, NY; 76-97.

Miyazaki, M. (2007) Public coercive power of the Greek Polis. On a recent debate. *Bulletin of the Institute for Mediterranean Studies, Waseda University* 5: 101-14.

Mizoguchi, K. (2009) Nodes and edges: a network approach to hierarchisation and state formation in Japan. *JAA* 28(1): 14-26.

Molleson, T. and D. Hodgson (1993) A cart driver from Ur. *Archaeozoologia* 6: 93-106.

_____(2000) The porters of Ur. *Isimu* 3: 101-18.

_____(2003) The human remains from Woolley's excavations at Ur. *Iraq* 65: 91-129.

Monroe, J. C. (2010) Power by design: architecture and politics in precolonial Dahomey. *Journal of Social Archaeology* 10(3): 367-97.

Moore, J. (2006) 'The Indians were much given to their taquis': drumming and generative categories in ancient Andean funerary processions. In T. Inomata and L. Coben (eds), *Archaeology of performance: Theatres of power, community and politics*. Altamira Press: Lanham, MD; 47-79.

Moorey, P. R. S. (1977) What do we know about the people buried in the Royal Cemetery? *Expedition* 20/1: 24-40.

_____(1978) Kish excavations 1923-1933. Claredon Press: Oxford.

Moortgat, A. (1949) *Tammuz: Der Unsterblichkeitsglaube in der altorientalischen Bildkunst*. DeGruyter: Berlin.

Morera, E. (1990) *Gramsci's historicism: A realist interpretation*. Routledge: London.

Morris, C. and D. E. Thompson (1985) *Huánuco Pampa: An Inca City and its Hinterland*. Thames and Hudson: London.

Morris, I. (2000) *Archaeology as cultural history*. Blackwell: Oxford.

Murra, J. (1962) Cloth and its functions in the Inka state. *AA* 64(4): 710-28.

_____(1980) *The economic organization of the Inka state*. JAI Press Inc.: Greenwich, CT.

Nafisi, M. (2004) Class, embeddedness and the modernity of ancient Athens. *CSSH* 46(2): 378-410.

Nagle, D. B. (2006) *The household as the foundation of Aristotle's polis*. Cambridge University Press: Cambridge.

Nevett, L. (1995) Gender relations in the Classical Greek household: the archaeological evidence. *The Annual of the British School at Athens* 90: 363-81.

_____(2010a) *Domestic space in classical antiquity*. Key Themes in Ancient History. Cambridge University Press: Cambridge.

_____(2010b) Domestic culture in Classical Greece. In O. Hekster and S. Mols (eds), *Cultural Messages in the Graeco-Roman world*. Acta of the BABESCH 80th Anniversary Workshop Radboud University Nijmegen, September 8th 2006. Peeters: Leuven; 49-56.

_____(2011) Towards a female topography of the ancient Greek city: case studies from Late Archaic and Early Classical Athens (c.520-400 bce). *Gender and History* 23(3): 576-96.

O'Brien, M. J., R. L. Lyman, A. Mesoudi and T. L. VanPool (2010) Cultural traits as units of analysis. *Philosophical Transactions of the Royal Society B* 365: 3797-806.

O'Connor, D. (1995) Beloved of Maat, the horizon of Re: the royal palace in New Kingdom Egypt. In D. O'Connor and D. Silverman (eds), *Ancient Egyptian Kingship*. Brill: Leiden; 263-300.

O'Connor, D. and D. Silverman (1995) Introduction to D. O'Connor and D. Silverman (eds), *Ancient Egyptian Kingship*. Brill: Leiden; xvii-xxvii.

Osborne, R. (1997) Law, the democratic citizen and the representation of women in Classical Athens. *Past and Present* 155: 3-33.

Owen, W. F. M. (1833) *Narrative of voyages to explore the shores of Africa, Arabia and Madagascar performed in H.M. ships Leven and Barracouta under command of Capitan W.F.M. Owen by command of the Lord Comminsoners of the Admiralty*. Volume II. Richard Bentley: London.

Parkinson, R. (2002) *Poetry and Culture in Middle Kingdom Egypt: A Dark Side to Perfection*. Equinox Publishing: London.

Pauketat, T. (2007) *Chiefdoms and other archaeological delusions*. Altamira Press: Lanham MD.

Paynter, R. (1989) The archaeology of equality and inequality. *ARA* 18: 369-99.

Peirce, C. (1931) Prolegomena to an apology for Pragmaticism. In C. Hartshorne and P. Weiss (eds), *Collected papers of Charles Sanders Peirce*. Vol. 4. Harvard University Press: Cambridge, MA; 531

Plato (1974) *The Republic*. Trans. G. Grube. Hackett Publishing Co: Indianapolis, IN.

Pluciennik, M. (2005) *Social evolution*. Duckworth: London.

Pollock, S. (1999) *Ancient Mesopotamia: The Eden that never was*. Cambridge University Press: Cambridge.

_____(2003) Feast, funerals, and fast food in early Mesopotamian states. In T. Bray (ed.), *The archaeology and politics of feasting in early states and empires*. Kluwer Academic/Plenum Publishers: New York; 17-38.

____(2007a) The Royal Cemetery of Ur: ritual, tradition, and the creation of subjects. In M. Heinz and M. Feldman (eds), *Representations of political Power: Case Histories from Times of Change and Dissolving Order in the Ancient Near East*. Eisenbrauns:Winona Lake, IN; 89-110.

____(2007b) Death of a household. In N. Laneri (ed.), *Performing death: Social analyses of funerary traditions in the ancient Near East and Mediterranean*. Oriental Institute of the University of Chicago: Chicago; 209-22.

Poma de Ayala, F. G. 1936 [1615] *El primer nueva corónica y buen gobierno*. Sigio XXI: Institut d'Ethnologie: Paris.

Prentice, R. (2010) *The exchange of goods and services in Pre-Sargonic Lagash*. Ugarit-Verlag: Münster.

Prentiss, A., I. Kuijt and J. Chatters (eds) (2009) *Macrevolution in human prehistory: Evolutionary theory and processual archaeology*. Springer: New York.

Pyburn, K. A. (ed.) (2004) *Ungendering civilization*. Routledge: London.

Raison-Jourde, F. (1991) *Bible et pouvoir à Madagascar au XIXe siècle: Invention d'une identité chrétienne et construction de l'État (1780-1880)*. Éditions Karthala: Paris.

Redman, C. (1978) *The rise of civilization: From early farmers to urban society in the ancient Near East*. W. H. Freeman & Co. Ltd: San Francisco. Renfrew, C. and P. Bahn (2012) Archaeology: Theories, methods and practice. 6th edn. Thames and Hudson: London.

Richards, J. (2000) Modified order, responsive legitimacy, redistributed wealth: Egypt 2260-1650 bc. In J. Richards and M. Van Buren (eds), *Order, legitimacy, and wealth in ancient states*. Cambridge University Press: Cambridge; 36-45.

Richards, J. and M. Van Buren (eds) (2000) *Order, legitimacy, and wealth in ancient states*. Cambridge University Press: Cambridge.

Richerson, P. and R. Boyd (2001) Institutional evolution in the Holocene: the rise of complex societies. In W. G. Runciman (ed.), *The origin of human social institutions*. Proceedings of the British Academy 110. Published for the British Academy by Oxford University Press: Oxford; 197–204.

Robinson, D. M. and J. W. Graham (1938) *Excavations at Olynthus Volume 8: The hellenic house: A study of the houses found at Olynthus with a detailed account of those excavated in 1931 and 1934*. The Johns Hopkins University Press: Baltimore.

Rosenberg, J. (1994) *The empire of civil society: A critique of the realist theory of International Relations*. Verso Books: London.

Rosenberg, M. (2009) Proximate causation, group selection and the evolution of hierarchical human societies: systems, processes and patterns. In A. Prentiss, I. Kuijt and J. Chatters (eds), *Macrevolution in human prehistory: Evolutionary theory and processual archaeology*. Springer: New York; 23–50.

Routledge, B. (2003) *The antiquity of the nation? Critical reflections from the ancient Near East*. Nations and Nationalism 9(2): 213–33.

_____(2004) *Moab in the Iron Age: Hegemony, polity archaeology*. University of Pennsylvania Press: Philadelphia.

Sanchez, J. (2005) Ancient Maya royal strategies: creating power and identity through art. *Ancient Mesoamerica* 16: 261–75.

Ste Croix, G. de (1981) *The class struggle in the ancient Greek world: From the Archaic age to the Arab conquest*. Gerald Duckworth & Co. Ltd: London.

Scarborough, V. (1998) Ecology and ritual: Water management and the Maya. *LAA* 9(2): 135–59.

_____(2003) *The flow of power: Ancient water systems and landscapes*. SAR Press: Santa Fe, NM.

Scarborough, V. and G. Gallopin (1991) A water storage adaptation in the Maya lowlands. *Science* 251: 658–62.

Schele, L. and M. E. Miller (1986) *The blood of kings: Dynasty and ritual in Maya art*. Thames and Hudson: New York.

Scheidel, W. (1995) *The most silent women of Greece and Rome: rural labour and women's life in the ancient world*. (I). Greece and Rome 42: 202–17.

_____(1996) *The most silent women of Greece and Rome: rural labour and women's life in the ancient world*. (II). Greece and Rome 43: 1–10.

Schmandt-Besserat, D. (2001) Feasting in the ancient Near East. In M. Dietler and B. Hayden (eds), *Feasts: Archaeological and ethnographic perspectives on food, politics and power*. Smithsonian Institute Press: Washington, DC; 391–403.

Scott, J. (1985) *Weapons of the weak: Everyday forms of peasant resistance*. Yale University Press: New Haven.

_____(1990) *Domination and the arts of resistance*. Yale University Press: New Haven.

_____(1998) *Seeing like a State*. Yale University Press: New Haven.

Schwartz, G. (2007) Appendix D. Population and production in eighteenthcentury Madagascar:

analyzing archaeological evidence of the subsistence economy of the central highlands. In H. Wright (ed.), *Early state formation in central Madagascar: An archaeological survey of western Avaradrano*. Museum of Anthropology, University of Michigan: Ann Arbor, MI; 289-300.

Selz, G. (2004) Early Dynastic vessels in 'ritual' contexts. *Wiener Zeitschrift für die Kundes des Morgenlandes* 94: 185-223.

Seri, A. (2005) *Local power in Old Babylonian Mesopotamia*. Equinox: London.

Shanks, M. (1999) *Art and the early Greek city state: An interpretive archaeology*. Cambridge University Press: Cambridge.

Shanks, M. and C. Tilley (1988) *Social theory and archaeology*. University of New Mexico Press: Albuquerque, NM.

Sibree, J. (1870) *Madagascar and its people. Notes of a four year residence. With a sketch of the history, position and prospects of missionary work amongst the Malagasy*. The Religious Tract Society: London.

Silverblatt, I. (1987) *Moon, sun and witches: Gender ideologies and class in Inca and Colonial Peru*. Princeton University Press: Princeton.

Skinner, Q. (1989) The State. In T. Ball, J. Farr and R. Hanson (eds), *Political innovation and conceptual change*. Cambridge University Press: Cambridge; 90-131.

Smith, A. T. (2003) *The political landscape: Constellations of authority in early complex polities*. University of California Press: Berkeley, CA.

_____(2004) The end of the essential archaeological subject. *AD* 11(1): 1-20.

_____(2006) Representational aesthetics and political subjectivity: the spectacular in Urartian images of performance. In T. Inomata and L. Coben (eds), *Archaeology of performance: Theatres of power, community and politics*. Altamira Press: Lanham, MD; 103-34.

_____(2011) Archaeologies of sovereignty. *ARA* 40: 415-32.

Smith, M. (2005) Networks, territories, and the cartography of ancient states. *Annals of the Association of American Geographers* 95(4): 832-49.

Smith, M. E. and P. Peregrine (2012) Approaches to comparative analysis in archaeology. In M. E. Smith (ed.), *The comparative archaeology of complex societies*. Cambridge University Press: Cambridge; 4-20.

Spencer, C. and E. Redmond (2001) Multilevel selection and political evolution in the Valley of Oaxaca, 500-100 bc *JAA* 20: 195-229.

Stein, G. (1998) Heterogeneity, power, and political economy: some current research issues in the archaeology of Old World complex societies. *Journal of Archaeological Research* 6(1): 1-44.

Steinkeller, P. (1987) The administrative and economic organization of the Ur III state: the core and the periphery. In McG. Gibson and R. Biggs (eds), *The organization of power. Aspects of bureaucracy in the ancient Near East*. The Oriental Institute: Chicago; 19-41.

Stone, A. (1995) *Images from the underworld: Naj Tunich and the tradition of Maya cave painting*. University of Texas Press: Austin, TX.

Surette, F. (2008) *The acllacona: The Inca chosen women in archaeology and history*. Unpublished

M.A. dissertation. Trent University.

Taylor, C. (2011) Women's social networks and female friendship in the ancient Greek city. *Gender and History* 23(3): 703-20.

Teeter, E. (1997) *The presentation of Maat: Ritual and legitimacy in ancient Egypt*. Oriental Institute: Chicago.

Tilley, C. (1990) Michel Foucault: Towards an archaeology of archaeology. In C. Tilley (ed.), *Reading material culture*. Blackwell: Oxford; 281-347.

Tilly, C. (1975) Reflections on the history of European state-making. In C. Tilly and G. Ardant (eds), *The formation of national states in Western Europe*. Princeton University Press: Princeton; 3-83.

Tinney, S. (1998) Death and burial in early Mesopotamia: the view from the texts. In Zettler and L. Horne (eds), *Treasures from the Royal Tombs of Ur*. University of Pennsylvania Press: Philadelphia; 26-8.

Turchin, P. (2011) Warfare and the evolution of social complexity: A multilevel-selection approach. *Structure and Dynamics* 4(3): 1-37.

Veni, G. (1990) Maya utilization of karst groundwater resources. *Environmental Geology and Water Sciences* 16: 63-6.

de Veyrières, P. and G. de Méritens (1967) *Le livre de la sagesse malgache: Proverbes, dictons, sentences, expressions figurées et curieuses*. Éditions Maritimes et d'Outre-mer: Paris.

Vidale, M. (2011) PG 1237, Royal Cemetery of Ur: patterns in death. *CAJ* 21(3): 427-51.

Visicato, G. (1995) *The bureaucracy of Šuruppak: Administrative centres, central offices, intermediate structures and hierarchies in the economic documentation of Fara*. Ugarit-Verlag: Münster.

Viveiros de Castro, E. (2004) Perpectival anthropology and the method of controlled equivocation. *Tipití* 2(1): 1-20.

van der Vliet, E. (2005) Polis. The problem of statehood. *SEH* 4 (2): 120-50.

Vogel, H. (2008) *Wie man Macht macht: Eine macht- und genderkritische Untersuchung der frühesten Repräsentationen von Staatlichkeit*. Unpublished Ph.D. dissertation, Free University of Berlin.

Vogt, E. (1969) *Zinacantan: A Maya community in the highlands of Chiapas*. Harvard University Press: Cambridge.

Vogt, E. and D. Stuart (2005) Some notes on ritual caves among the ancient and modern Maya. In J. Brady and K. Prufer (eds), In The maw of the earth monster: Mesoamerican ritual cave use. University of Texas Press: Austin, TX; 155-85.

Wagner-Hasel, B. (2003) Women's life in Oriental seclusion? On the history and use of a topos. In M. Golden and P. Toohey (eds), *Sex and difference in ancient Greece and Rome*. Edinburgh University Press: Edinburgh; 241-52.

Walker, S. (1983) Women and housing in classical Greece. In A. Cameron and A. Kuhrt (eds), *Images of women in Antiquity*. Croom Helm: Beckenham; 81-93.

Weber, J. and R. Zettler (1998) Metal vessels. In R. Zettler and L. Horne (eds), *Treasures from the Royal Tombs of Ur*. University of Pennsylvania Press: Philadelphia; 125-42.

Weber, M. (1978) *Economy and society*. 2 Vols. G. Roth and C. Wittich (eds). University of California Press: Berkeley, CA.

Westgate, R. (2007) The Greek house and the ideology of citizenship. *World Archaeology* 39(2): 229-45.

Westgate, R., N. Fischer and J. Whitley (eds) (2007) *Building Communities: House, Settlement and Society in the Aegean and Beyond*. Proceedings of a conference held at Cardiff University, 12-17 April 2001. British School at Athens: London.

Wernke, S. (2006) The politics of community and Inka statecraft in the Colca Valley, Peru. *LAA* 17(2): 177-208.

Wetterstrom, W. and H. Wright (2007) Appendix C. A contribution to the paleo-ethnobotany of the central highlands of Madagascar. In H. Wright (ed.), *Early state formation in central Madagascar: An archaeological survey of western Avaradrano*. Museum of Anthropology, University of Michigan Press: Ann Arbor, MI; 281-8.

Wilson, D. S. and E. Sober (1994) Reintroducing group selection to the human behavioral sciences. *Behavioral and Brain Sciences* 17: 585-654.

Winter, I. (2009) Reading ritual in the archaeological record: deposition pattern and function of two artefact types from the Royal Cemetery of Ur. In *On Art in the Ancient Near East*. Collected Essays Vol. 2. Brill: Leiden; pp. 227-70.

Wittfogel, K. (1957) *Oriental despotism: A comparative study of total power*. Yale University Press: New Haven.

Wood, E. M. (1988) *Peasant-citizen and slave: The foundations of Athenian democracy*. Verso Books: London.

Woolley, L. (1934) *Ur excavations II: The Royal Cemetery*. Trustees of the British Museum and the Museum of the University of Pennsylvania: London.

____(1955) Ur excavations IV: The early periods. The British Museum: London.

Wright, H. (1977) Recent research on the origin of the state. *ARA* 6: 379-97.

Wright, H. (ed.) (2007) *Early State Formation in Central Madagascar: An Archaeological Survey of Western Avaradrano*. Museum of Anthropology, University of Michigan: Ann Arbor, MI.

Yoffee, N. (2000) Law courts and the mediation of social conflict in ancient Mesopotamia. In J. Richards and M. Van Buren (eds), *Order, legitimacy, and wealth in ancient states*. Cambridge University Press: Cambridge; 46-63.

_____(2005) *Myths of the archaic state: Evolution of the earliest cities, states, and civilizations*. Cambridge University Press: Cambridge.

Zettler, R. (1998) The Royal Cemetery of Ur. In R. Zettler and L. Horne (eds), *Treasures from the Royal Tombs of Ur*. University of Pennsylvania Press: Philadelphia; 21-32.

Zettler, R. and L. Horne (eds) (1998) *Treasures from the Royal Tombs of Ur*. University of Pennsylvania Press: Philadelphia.

찾아보기

한강문화유산연구원 학술총서 16

고고학과 국가

2025년 2월 10일 초판 1쇄 찍음
2025년 2월 25일 초판 1쇄 펴냄

지은이 브루스 라우틀리지
옮긴이 김경택

책임편집 정용준
편집 김찬호·박훈·정지현
표지·본문 디자인 김진운
본문조판 민들레
마케팅 유명원

펴낸이 윤철호
펴낸곳 (주)사회평론아카데미
등록번호 2013-000247(2013년 8월 23일)
전화 02-326-1545
팩스 02-326-1626
주소 03993 서울특별시 마포구 월드컵북로6길 56
이메일 academy@sapyoung.com
홈페이지 www.sapyoung.com

ISBN 979-11-6707-175-0 93900